本书编委会

顾　问：

　　张晓明　齐勇锋

主　编：

　　张洪生　金　巍

编　委（以姓氏笔画为序）：

　　万晓芳　孙家宝　刘德良　李挺伟

　　李磊磊　张洪生　周凯波　金　巍

文化产业丛书

中国文化金融合作与创新

Cooperation and Innovation: Cultural Industries and Finance in China

张洪生　金　巍◎主编

中国传媒大学出版社

目 录 Contents

序一　融合时代的文化金融研究与实践　　　　　　　　袁　军 / 1
序二　推动文化金融合作创新的新探索　　　　　　　　齐勇锋 / 4

理论篇

第一章　我国文化金融合作的战略基点和焦点领域　　　张洪生 / 2
第二章　产业金融：文化金融合作与创新的新视角　　　金　巍 / 16
第三章　文化金融合作政策研究　　　　　　　　　　　孙家宝 / 37
第四章　文化企业与著作权价值评估研究　　　　　　　李挺伟 / 55

实践篇

第五章　商业银行文化金融创新难点及解决路径　　　　万晓芳 / 76
第六章　经济新常态下的文化产业保险创新　　　　　　骆志威 / 101
第七章　文化传媒企业上市策略与操作实务　　　　　　梁化军 / 124
第八章　文化产业信托服务模式创新与风险分析　　华淑蕊　鲁长瑜 / 150
第九章　文化产业投资与并购市场分析　　　　　　　　吴　江 / 170

专题篇

第十章 文化类上市企业资本运营模式与案例分析	刘德良	/ 196
第十一章 文化产业园区文化金融服务模式研究	王昱东　殷欧阳	/ 229
第十二章 文化产业海外投资分析报告	刘德良	/ 247

后　记　　　　　　　　　　　　　　　　　　　　　　　　　/ 272

序一 融合时代的文化金融研究与实践

○ 袁 军[①]

21世纪的第二个十年,国际政治经济形势严峻,我国经济发展也进入新常态。新常态下,我们需要面对三期叠加[②],从高速增长转为中高速增长,经济结构不断优化升级,从要素驱动、投资驱动转向创新驱动。党的十八大以来,国家推出一系列战略措施应对新的形势:生态文明建设纳入国家战略总体布局,新型城镇化和产业转型升级并举,创新驱动发展战略向纵深发展,亚太经济合作和自贸区启动经济贸易新格局,"一带一路"战略描绘国际合作新蓝图。我们亟须转方式、调结构、促发展,在新的国际环境中确立竞争优势,在新的国内环境中持续稳定发展局面,在中华民族伟大复兴的道路上大踏步前进。

大国崛起,时不我待。在新的形势下,我国的文化产业振兴规划逐步推进,文化产业已经成为当今时代推动创新驱动发展战略和调整产业结构的重点领域。自2008年金融危机以来,我国的文化产业依然保持强劲的增长势头,产业增加值增幅远远高于GDP的增长速度,为国民经济发展做出了重大贡献。文化产业具有文化和经济的双重属性,既是国家文化竞争力的组成部分,也是国民经济体系的一部分,既要满足人民群众日益增长的精神文化需求,又要在经济结构调整、促进就业中承担经济战略任务,所以,文化产业必须纳入到整体经济循环中进行战略设计。产业的经济问题自有经济的逻辑,需用经济思维进行战略设计,文化金融就是这一战略设计的重要组成部分。金融和产业的结合,基于产业持续发展的需要,是产业发展的必然阶段。文化产业被定位为国民经济支柱性产业,文化产业发展经历过政策推动的初级阶段后,需要完善现代文化市场体系,需要市场在资源配置中起决定性作用,这其中,金融的高度介入和金融的内生化是文化产业发展的必然选择。

---

① 作者系中国传媒大学副校长,教授。
② 即经济增长速度换挡期、结构调整阵痛期、前期刺激政策消化期。

文化振兴，金融助力。近几年我国文化金融取得很大的进展，政策体系逐步完善，银行中长期本外币贷款余额、企业债券融资余额、文化企业上市数量等持续增加。我国的文化金融经过了"金融支持"阶段，当前正经历着文化金融的"合作"阶段。2014年3月，文化部、中国人民银行和财政部发布的《关于深入推进文化金融合作的意见》中指出："文化金融合作已经成为我国文化产业发展的显著特点和重要成果，成为我国文化产业持续快速健康发展的重要动力。"当前，虽然我国的各类金融机构都针对文化产业积极推出相应的产品设计和服务，但信息不对称依然明显，这表明文化金融的"合作"已经进入关键的攻坚阶段。

文化金融合作阶段，不仅意味着主体的平等，更意味着产融结合的加强。在文化金融合作阶段，政策性资金更具杠杆作用，制度设计应更具有可操作性；商业性金融机构必须成为主角，金融深度了解文化产业特征，产业资本等各类资本也应发挥必要的作用；金融资本和产业资本的融合应进一步加强；信贷融资、风险管理、价格信号、权益转让、价值增值等多种市场需求应能够得到基本满足，并形成产业金融的基本格局。

在文化金融合作阶段，创新是不可替代的驱动力。如何构建文化金融体制机制，如何建立现代文化市场的要素市场体系，如何充分发挥金融资本、产业资本和民间资本的积极性，如何积极应对互联网发展带来的机遇和挑战等等，都需要积极的制度供给和全领域创新，都需要坚定不移地坚持改革开放，坚定地以创新文化和创新精神开创新的局面。

文化金融合作的促进和产业金融体系的形成还有诸多瓶颈似乎难以突破。然而，凡事都有两面，困境往往孕育新的机遇。如何抓住机遇，需要文化金融工作者具备更加开放性的视野。当前，加强各界合作，共同参与文化金融研究，积极推动文化金融合作与创新实践，应是新时期文化金融研究的新的路径。中国传媒大学张洪生、金巍主编的《中国文化金融合作与创新》，正是这种背景下一种新的尝试和努力。

两位青年学者组织了来自政府部门、高校、民间智库、金融机构和文化企业的管理者、研究者和实践者来共同编撰本书，不同行业背景和专业背景决定了本书具有了不同的视野，尤其可喜的是，具有丰富实践经验的专业人士能够积极参与到这一研究课题中来。中国民生银行、中国太平洋保险、东北证券和吉林信托都是金融行业翘楚，东方资产管理公司是我国四大资产管理公司之一，北京歌华文化发展集团是我国著名的文化企业，新元文智是文化产业研究和咨询的领先智库。来自这些知名金融机构、文化企业和智库的高级管理人员多数都是70后、80后新一代领军人物,很多具有经济学博士学位,不仅具有丰富的实践经验,也具有很强的研究能力。他们能够积极总结经验,结合实践案例,对文化金融进行了既全面又细致的分析,资料翔实可信,观点具有创新性,行文所到之处,能够感受到各章作者的严谨和真诚。

组织不同专业领域的人士聚焦同一问题进行探讨具有一定的风险,容易陷入"各说各话"的困境,但"跨界对话"又是创新的重要路径。我相信这本书从动议到出版不只是形成了一个成果,其本身也是一个艰难的创新过程,需要不断进行协调沟通并不断达成一些新的共识。特别要肯定的是,本书在统一设计上费了一番功夫,为保持主题和结构的统一性,编者在组稿时对有些文章做了很坚决的取舍,这最终使全书结构完整、各章主题明确,成为了一个有机整体而不是一个论文集。

融合才有聚变,合作才能共赢。全球经济和产业都开始进入融合时代,文化产业和文化金融研究和实践也必须具有更高的战略格局、更开阔的经济视野,这不仅需要文化产业研究者学习经济、金融、管理知识,更需要经济、金融、管理专业人士的深度介入。各学科领域学者共同参与,各行业领域专家共同聚焦,广泛研讨交流,互相取长补短,融合与合作风气渐浓,这将开启文化金融研究的融合新时代。

来自多领域的观点,来自多视角的聚焦,这正是本书的最大特点。我相信,这是文化金融研究的一个良好开端,这种开端一定会对推动我国文化金融研究与实践大有裨益。

是为序。

2015年7月 于中国传媒大学

序二 推动文化金融合作创新的新探索

○ 齐勇锋[①]

作为转型中发展中国家,我国的特殊国情决定了文化产业发展具有"新兴+转轨"的鲜明特点。所谓"新兴",是指文化产业作为满足公民精神文化需求的新兴产业和朝阳产业,适应了产业转型和消费转型升级的要求,发展前景广阔,因而不同于一般的传统产业,需要从各方面给予积极培育和大力扶持。所谓"转轨",则是指文化产业发展始终伴随着从计划经济时期的传统文化体制向市场经济时代的新型文化体制改革创新的全面转型。改革创新既是文化产业发展的内生动力,同时也为文化产业发展提供坚实的体制基础。在党的十八大提出全面深化改革要求的今天,坚持改革创新从而推动文化产业实现规模化、国际化发展,已经成为文化市场发展繁荣、建设社会主义文化强国的战略抉择和时代要求。

我国文化产业发展脱胎于计划经济时期的事业体制,长期游离于市场经济的轨道,依赖于国家财政的单一投资支持方式在体制内封闭性发展,与社会资本和金融市场处于"两张皮"的脱节状态,致使我国极为丰富的民族文化资源得不到有效的开发利用。一方面,以行政手段配置资源的僵化体制导致文化生产能力低下,文化产品与服务极度短缺,致使人民群众长期处于"文化饥渴"的短缺状态。另一方面,国有资本单一投资主体,缺乏市场机制和盈利动力,造成我国极为丰厚的文化资源大量闲置,以致巨大的文化财富与我们擦肩而过,如《花木兰》《三国志》等不少民族题材由美、日等国创意开发为电影和动画作品,赚得盆满钵满,与我国文化部门"抱着金饭碗没饭吃"的尴尬状态形成鲜明的反差。

文化体制改革的根本目的是解放和发展文化生产力,激发全社会的文化创新活力,为中华文化的传承和发展繁荣提供制度保障。经过党的十六大以来的文化体制改革试点和"十一五"、"十二五"时期的改革发展,我们对市场化经济

[①] 作者系中国传媒大学协同创新中心教授。

条件下文化产业发展的规律和特点的认识不断深化,全社会的文化自觉、文化自信、文化自强明显增强。在对社会资本开放投资准入门槛、推动国有经营性文化事业单位转企改制、培育文化市场和文化投融资体制改革等方面取得了突破性的进展,从而极大地调动了全社会参与文化建设的积极性,市场机制在文化资源和要素配置中的作用开始显现,文化市场初步形成了日益发展繁荣的可喜局面。我国文化产业由此进入一个新的发展阶段,开始从政策扶持性的培育阶段进入市场机制初步发挥作用的规模化、国际化发展的高成长阶段,从粗放式的外延增长进入内涵式增长的创新驱动发展阶段,从单纯的文化产业发展进入文化与金融等相关产业广泛融合的发展阶段。

金融是现代经济的血脉。在新的起点上实现文化强国的战略目标必须进一步加快文化产业发展,而加快文化产业发展离不开金融的合作与支持。在市场经济条件下,资金、资本作为必不可少的生产要素,其流动方向就像一根指挥棒,引导着文化资源和相关要素的市场配置和结构优化。在全面深化改革开放的新形势下推动文化与金融合作创新,破解文化产业发展面临的投融资困境,既是推动文化产业规模化、国际化发展,促进国民经济优化结构,打造中国经济升级版的迫切要求,同时也为金融机构创新发展、扩大金融产业规模、提高盈利水平和竞争力开辟新的投融资领域,是一个互利双赢、优势互补的改革创新举措。这一点,目前已在管理层、金融和产业界达成了广泛的共识。近几年来,管理层陆续出台了《关于金融支持文化产业振兴和发展繁荣的指导意见》《关于深入推进文化金融合作的意见》等一系列文件,就是这方面的最新政策成果,为进一步推动文化与金融合作创新,构建市场化的新型文化投融资体制指明了方向。

然而,目前无论是文化体制还是财政和金融体制都处于深化改革的攻坚阶段。传统文化体制的惯性仍然在一些领域发挥作用,条块分割和结构不合理的问题仍十分突出,妨碍文化产业发展的一些深层次的体制障碍仍有待进一步研究探索,并通过改革创新的实践逐步破解。我们欣喜地看到,正是在全面深化改革的形势下,在国家"十二五"规划即将完成、"十三五"规划即将开局的节点上,由中国传媒大学教授张洪生、金巍主编的《中国文化金融合作与创新》一书,由中国传媒大学出版社正式出版面世,作者均为长期活跃在文化传媒和金融投资领域有一定学术积累和实践经验的专家学者。全书围绕"文化金融合作与创新"这一前沿性的主题,发挥作者的各自专长,分别从总论、产业金融、政策研究等12个方面进行了深入的研究和探索,涵盖了文化金融合作创新的方方面面,提出了许多富有创新性的新观点、新见解。纵观全书，不难看出该研究有以下几个显著特点：

一是研究内容的前沿性。文化金融合作与创新这一命题本身就是文化改革发展中亟待破解的前沿性课题，其实质是文化与市场的关系，即具有内容价值取向的文化产品与趋利性的市场投融资机制是否能够兼容。事实上，从法兰克福学派开始就一直对此争论不休，赞成者有之，反对者有之。赞成者认为文化产业既然兼具精神价值和商品经济两种属性，那么，就可以引入市场机制和金融工具以有利于其加快发展。反对者则认为，如果在文化领域全面引进市场机制，市场的趋利性可能导致对文化传承、文化价值的破坏和亵渎，甚至造成公民文化权利的不平等。作者虽然对这一问题并未展开进行讨论，但贯穿于全书各个章节的主线正是文化金融合作与创新发展的市场取向，以及对公共财政投资引导、税收优惠、行业监管、风险防控、文化安全等政府职能的研究，从而对这一命题进行了有益的探索。作者在各个章节的专题讨论中，还就文化金融合作与创新的若干前沿性的具体问题进行了广泛而深入的实证研究，如围绕"一带一路"国家战略、"大众创业、万众创新"中的文化金融合作创新等，提出了不少有价值的意见和建议。限于篇幅，在此不一一列举，相信读者慧眼如炬，能够感悟其中的真谛。

二是研究重点的创新性。如果说该研究的主线是文化与金融合作对接中政府与市场的关系问题，那么，其研究重点则是在文化金融制度创新方面。近几年来管理层在文化金融的相关政策密集出台，表明政策框架已经初步形成，而政策落实还需要具体的文化金融制度和相关的配套措施，从而给文化金融制度创新的供给提出了迫切要求。从目前文化投融资市场的现状看，虽然政策指向明确但文化企业仍然普遍反映融资难，其主要原因是缺乏既符合文化产业特点而又契合金融机构规避风险要求的具体制度安排和投融资工具。根据这一实际情况，作者运用创新经济理论，发挥各自的学术积累和部门工作经验，从知识产权、商业银行、保险市场、证券市场、信托市场、投资并购，乃至上市企业、产业园区、国际投资等诸多方面，总结近几年的文化金融合作与创新的做法和经验，同时借鉴国际经验，提炼出一系列富有启发意义的文化金融制度创新的做法和实现途径，读来让人眼前一亮。

三是研究指向的实践性。科学研究的目的不仅仅是为了解释现象，探求规律，更重要的是为了解决问题，为经济社会的实践服务，这也是中国文化"知行合一"的优良传统。本书的作者很多都有丰富的实践经验，在通篇的行文中，采取理论研究与实证研究紧密结合的方法,结合不同文化行业的实际、具体的案例分析和国际比较分析,提出文化金融合作的制度创新的可能举措和实现途径,从而既使该研究显得内容丰满,同时又力求具备可操作性,为文化金融合作与创新提供可选择的做法和具体方案,充分体现了研究指向的实践性。应该说,该研究的最大价值正在于此。

当然,作为一部前沿性和探索性的研究成果,该书不可避免地存在一些值得改进的问题,如有些章节之间内容重复,个别主题的论述还略显粗糙。然而,我们评价一部科研成果,最重要的看它是否有创新性,是否提供了超越前人的新见解和新方法,而不是论述完备却缺乏创见。因此,该研究尽管存在着一些值得进一步改进和完善的问题,但瑕不掩瑜,从总体来看仍是一部具有前沿性、创新性、实践性的富有价值的研究新作。

荀子在《劝学篇》中有一句家喻户晓的名言:"不积跬步,无以至千里;不积小流,无以成江海。"正如我国改革开放是一个渐进式的长期探索过程一样,文化金融合作与创新发展的最终目标是探索与市场经济相融合的新型文化投融资体制,也是一个长期的渐进式积累和不断创新发展的过程,既不能急躁,也不能因循守成,停滞不前。理论工作者的使命和责任就是要解放思想,实事求是,勇于探索,以理论创新的光芒照亮前进的道路,同时又结合实际提供改革创新的可能方案,从而引领时代发展的潮流和产业发展的实践。

是为序。

2015 年 7 月于中国传媒大学

NO.1

理论篇>>>

第一章　我国文化金融合作的战略基点和焦点领域　　　　张洪生

第二章　产业金融：文化金融合作与创新的新视角　　　　金　巍

第三章　文化金融合作政策研究　　　　　　　　　　　　孙家宝

第四章　文化企业与著作权价值评估研究　　　　　　　　李挺伟

第一章
我国文化金融合作的战略基点和焦点领域

○ 张洪生

在新的国际国内形势下,我国经济发展进入"新常态",文化产业发展也进入新的阶段,文化产业已经成为推动创新驱动发展战略和调整产业结构的重点领域。文化产业发展离不开金融的支持和资本市场的构建,文化产业的经济属性要求经济逻辑的深度扩散,文化金融合作与创新成为文化产业发展中的热点和难点。文化金融合作必须要纳入到整体国家战略中考量,本章分析了文化金融需要关注的几个国家级战略,同时分析了当前文化金融合作的五个焦点领域,并作为本书的开篇。

一、文化产业与文化金融的总体现状

文化产业[①]以生产文化产品来满足文化消费需求,在国家经济建设和国家文化竞争力建设中都具有重要的地位。文化产业是资源节约与环境友好型的产业,是国家重点发展并被定位为国民经济支柱性产业的产业,推动文化产业创新,是我国转变经济发展模式、保持国家经济持续发展的重要方式之一。文化产业具有经济和文化的双重属性,从经济属性上,需要依靠经济手段和市场原则促进文化产业发展。加强金融与文化产业的融合,是将文化产业融入经济逻辑的重要内容,我国的文化产业发展迅速,也一直得益于金融资本的融入和资本市场的不断完善。

[①] 文化产业(Cultural Industry)这一概念是法兰克福学派霍克海默和阿多尔诺在 1944 年的《文化产业:欺骗公众的启蒙精神》一文中第一次提出的,此文后来收录在《启蒙辩证法》一书。Cultural Industry 可以译为"文化工业",也可以译为"文化产业"。联合国教科文组织(UNESCO)对文化产业的定义是:按照工业标准,生产、再生产、储存以及分配文化产品和服务的一系列活动。

(一) 文化产业发展现状

在三次产业划分中,文化产业一般被归类于第三次产业。世界各国对文化产业的界定有很大差异,在我国各个层面的定义也不尽相同。在实践中,我们通常使用的"文化产业"是指国民经济行业分类和统计意义所涵盖的产业范畴[①]。北京、深圳等地将文化产业称作"文化创意产业",这一概念一定程度上体现了文化产业的创新和创意的特性,涵盖的范畴和国家分类大同小异。在文化产业研究中,高书生提出的以文化再生产理论对文化产业的分类分析最具有代表性[②]。

在全球视野上,文化产业发展半个多世纪以来,已经以不可逆转的方式成为全球经济发展的重要组成部分。根据世界知识产权组织数据显示,2013年,全球文化产业增加值占GDP的比重平均为5.26%。联合国贸发会议2014年初预测,2015年全球文化产业占世界国内生产总值的比重将升至7%左右,每年平均提高0.7—0.8个百分点。

自2003年9月我国文化部发布《关于支持和促进文化产业发展的若干意见》起,我国的文化产业正式进入真正的产业化进程。2006年国务院颁布《国家"十一五"时期文化发展规划纲要》,此后各地纷纷出台文化产业促进规划,文化产业发展呈井喷趋势。2009年我国颁布的《文化产业振兴规划》是在全球金融危机背景下出台的重要文件,也是我国第一部文化产业专项规划,标志着文化产业已经开始上升到国家战略层面。2011年10月,中共十七届六中全会通过《中共中央关于深化文化体制改革、推动社会主义文化大发展大繁荣若干重大问题的决定》,首次提出了"推动文化产业成为国民经济支柱性产业"。

在国家政策的大力推动下,近十年来我国的文化产业发展势头迅猛,产业增加值增长率一直远远高于GDP的增长率,自2004年以来,我国文化产业增加值年均增速在15%以上,多年保持在20%以上,规模以上文化企业[③]已经达到36000多家。根据2015年1月国家统计局发布的数据,2013年,我国文化及相关产业(文化产业)增加值为21351亿元,与GDP的比值为3.63%(2004—2013年文化

[①] 国家统计局颁布的《文化及相关产业分类(2012)》将文化与相关产业分为10个大类,包括:新闻出版发行服务;广播电视电影服务;文化艺术服务;文化信息传输服务;文化创意和设计服务;文化休闲娱乐服务;工艺美术品的生产;文化产品生产的辅助生产;文化用品的生产;文化专用设备的生产。
[②] 参见高书生:《如何认识文化产业》,《人民日报》2013年3月8日。
[③] 规模以上文化企业是指年收入500万元及以上(其中制造业年主营业务收入2000万元及以上、批发企业年主营业务收入2000万元及以上、零售业年主营业务收入500万元及以上)的文化创意产业法人单位。

及相关产业增加值如图1所示),其中,文化产业法人单位①增加值为20081亿元,比上年增加2010亿元,增长11.1%,比同期GDP现价增速高1个百分点。

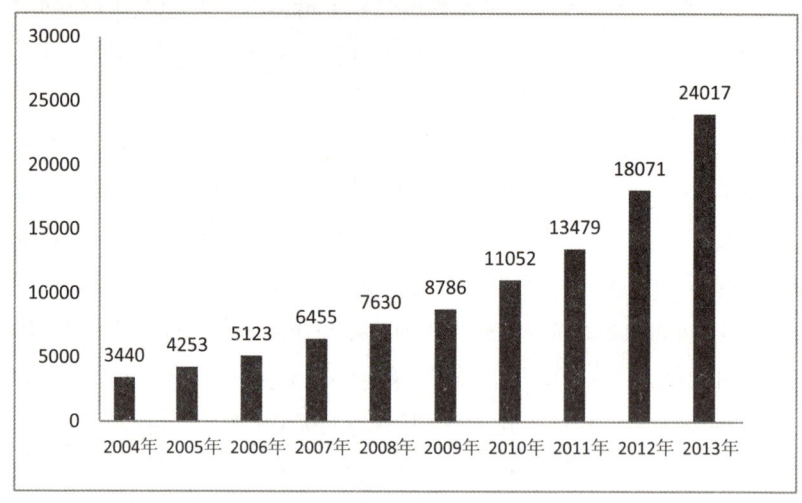

图1 2004—2013年文化及相关产业增加值(单位:亿元人民币)

根据《中国文化产业发展报告(2014)》的分析,目前我国的文化产业发展还有以下问题:文化再生产类别差异较大,文化内容生产盈利水平和生产效率较低;国民经济体系支撑文化产业类别的盈利性较弱;文化融入国民经济程度有待提高。②文化产业不仅可以通过自身发展优化国家产业结构,还可以输出文化动力,提升其他产业的文化含量,与科技一同为产业升级服务。所以,持续大力推动文化产业发展,是未来"十三五"期间我国国民经济发展战略的重要内容之一。

(二)文化金融合作的现状

在文化产业的发展中,文化金融作为一种合作机制也开始起步,体现出了不可或缺的重要作用。2003年,文化部发布《关于支持和促进文化产业发展的若干意见》,开启了多元资本共同参与文化产业的阶段,此后,国家不断公布政策性文件鼓励非公资本进入文化产业。2008年之后,为了积极应对新的经济和金融形势,文化金融政策向纵深发展。2010年,中国人民银行、财政部、文化部

---

① 法人单位是指文化及相关产业增加值只包括从事文化及相关产业活动的法人单位,不包括非文化法人所属的从事文化及相关活动的产业活动单位和个体经营户的数据。
② 张晓明、王家新、章建刚主编:《中国文化产业发展报告(2014)》,社会科学文献出版社2014年版,第21—26页。

等部门发布《关于金融支持文化产业振兴和发展繁荣的指导意见》,2014年3月,文化部、中国人民银行、财政部联合发布《关于深入推进文化金融合作的意见》,这两个重要文件极大地调动了金融机构和各类资本的积极性。此后,金融机构和社会资本在文化产业的参与度提高,多层次资本市场体系开始建立。

以文化产业投资基金为例:自2009年初华人文化产业投资基金成立以来,到2013年底,已有超过100家文化产业基金成立,总规模达1408亿元。根据最新数据,2014年一年新增加51支文化产业投资基金,其中,40支披露募资总金额,总募资金额高达1196.85亿元,平均单支基金的总募集金额达到29.92亿元①。又如银行信贷方面,2014年末全国文化产业本外币贷款余额1955亿元,同比增长30%以上(全国文化企业本外币贷款余额历年年末数据如图2所示)。总体上规模虽然还不是很大,但增速还是比较快的。

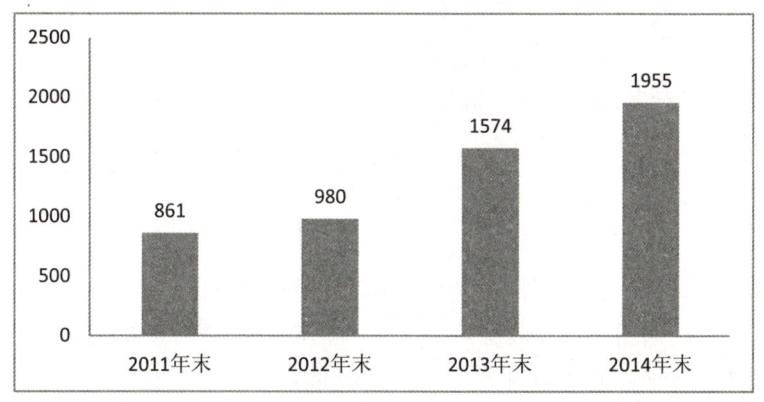

(根据官方发布数据整理制图)

图2 全国文化企业本外币贷款余额历年年末数据(单位:亿元人民币)

但是,由于文化产业的特殊性和信息不对称,金融对文化产业的支撑力度仍然不足。以银行为例,目前我国银行系统中文化产业贷款余额较低(2014年末1955亿元),与文化产业增加值的占比也只有不到10%,占全部金融机构本外币企业及其他部门贷款余额的占比只有0.31%(2014年末61.8万亿元),不及房地产业的1.2%(房地产业2014年末贷款余额为17.37万亿元)②,可见,信贷对文化产业发展的支持力度有待提升。资本仍然是文化产业最主要的发展瓶颈,虽然表面上流入这个产业的资金并不少,国家扶持力度也非常大,但是文

---

① 数据来自中国经济网。
② 根据央行统计数据整理。

化产业的资本需求并未得到满足,金融市场的发展水平低于产业平均水平。

当前,文化产业的资本需求缺口还很大,文化金融合作还需要进一步推动。从金融机构而言,金融和投资机构缺乏文化产业专业知识,对文化企业运营没有足够的了解,对风险一知半解,对文化金融创新也没有足够的动力。我国总体上金融服务水平不高,也影响了文化产业的发展。根据世界经济论坛《2011—2012年全球竞争力报告》,我国综合竞争力排名第 26 位,而金融市场发展水平排名 48 位,金融服务便利程度排名 60 位。① 从政策面看,作为文化产业的核心部分,知识产权评估体系和相关法律体系仍不完善。从文化产业本身而言,文化产业的产业链孤立而破碎,各个门类的产业链完整程度不一;文化企业商业模式不清晰、企业缺乏核心竞争力;文化企业没有规范的公司治理和监管机制。总体上来看,由于我国文化产业发展起步晚,还没有足够的经验积累,参与文化产业和文化金融的各个方面都还在摸索阶段。

二、文化金融的四个战略基点

随着文化产业逐步融入国民经济大循环,国家战略和政策对文化产业具有更明显的导向性作用。经过"十二五"时期的努力,我国经济结构调整和产业转型升级战略取得了很大成就,"十三五"期间将进一步巩固深化经济发展方式的转变,继续推动创新驱动发展战略。文化产业是我国文化大发展的重要组成部分,在国民经济结构调整中具有举足轻重的地位,是国家战略和国民经济的重要领域,所以必须融入国家战略框架内。文化金融的未来发展应紧密结合国家战略并以此为基点,主要包括:创新驱动发展战略;大众创业、万众创新;公共服务和公共产品;"一带一路"战略和"文化走出去"战略。

(一) 创新驱动发展战略是文化产业发展的重要基点

创新驱动发展战略是我国可持续发展战略的重要支撑。可持续发展战略,第一,要转变经济发展方式,调整产业结构,而文化产业作为资源节约型和环境友好型产业,是调整产业结构的重要内容;第二,要摆脱物质要素投入依赖,调整要素投入结构,以技术创新、知识创新、管理创新等促进经济发展,所以创新驱动发展战略是可持续发展的重要保障。

---

① 马光远等主编:《中国创造力报告(2012—2013)》,社会科学文献出版社 2013 年版,第 41 页。

党的十八大报告指出:"实施创新驱动发展战略。科技创新是提高社会生产力和综合国力的战略支撑,必须摆在国家发展全局的核心位置。要坚持走中国特色自主创新道路,以全球视野谋划和推动创新,提高原始创新、集成创新和引进消化吸收再创新能力,更加注重协同创新。"

文化产业的创新驱动发展主要体现在促进文化与科技的融合。科技部、中宣部、财政部、文化部、广电总局、新闻出版总署等六部委印发《国家文化科技创新工程纲要》(以下简称《纲要》),《纲要》指出,科技已交融渗透到文化产品创作、生产、传播、消费的各个层面和关键环节,成为文化产业发展的核心支撑和重要引擎。关于总目标,《纲要》提出:到2020年,文化和科技深度融合,科技创新成为文化发展的核心支撑和重要引擎。

文化金融在文化产业创新驱动发展中具有不可替代的作用。金融机构对具有科技创新能力的文化企业更具服务的热情,但是往往因为对文化企业风险的评估不足,使得文化金融合作仍然不能深入。一方面需要政府通过资金引导,带动社会资本、金融资本参与文化科技相关领域的研发和产业化;另一方面要继续鼓励民间创业投资机构、科技担保机构搭建文化科技投融资服务平台,为文化科技企业提供创业投资、贷款担保和银行融资服务。这一工作将在未来五到十年内持续进行,也是文化金融工作的重点。

(二)推动"双创"战略,扶持和助力小微文化企业创新创业活动

小微企业能不能成为真正的"企业",需要时间的磨砺和经验的积累。实际的情况是,我国的小微企业的平均寿命只有不到三年,更谈不上成为一个真正的企业。根据国家统计局统计,至2013年底,我国文化产业的小微企业(小微文化企业①)约有77.3万个,占全部文化企业的98.5%,吸纳就业人口979.9万人,占全部文化企业的63.3%。小微文化企业在满足人们的文化消费方面具有独特的优势,是文化产业的重要力量,但是在投融资领域属于绝对"弱势群体",既不受金融机构和投资商的青睐,本身也没有投融资能力。

---

① 小微文化企业是小微文化及相关产业法人企业(不含个体经营户)的简称。根据《文化及相关产业分类(2012)》和《统计上大中小微型企业划分办法》的有关规定,小微企业指从业人员在300人以下或主营业务收入在2000万元以下的制造业企业,从业人员在20人以下或营业收入在5000万元以下的批发业企业,从业人员在50人以下或营业收入在500万元以下的零售业企业,从业人员在100人以下或营业收入在1000万元以下的信息传输业、软件和信息技术服务业企业,从业人员在100人以下或营业收入在8000万元以下的租赁和商务服务业企业以及从业人员在100人以下的其他服务业企业。

2015年政府工作报告提出"大众创业、万众创新"的战略思路,并将此作为经济新引擎之一,这为小微文化企业的发展提供了强有力的战略基点。2015年3月,国务院出台《关于发展众创空间推进大众创新创业的指导意见》。2015年6月11日,国务院发布《关于大力推进大众创业万众创新若干政策措施的意见》。"大众创业、万众创新"战略是基于新的经济形势提出的,在这一战略背景下,小微文化企业迎来新的发展机遇。

2013年,国务院发布了《关于金融支持小微企业发展的实施意见》[1],对小微企业的金融扶持做了具体的规定。2014年8月19日,文化部、工业和信息化部、财政部联合下发专门针对小微文化企业的政策性文件——《关于支持小微文化企业发展的实施意见》,为支持小微文化企业发展工作明确了目标、方向和任务,其中,强化和延伸了财税和融资方面的相关政策,要求从创新金融服务方式和拓展企业融资渠道两个方面健全小微文化企业的金融服务体系。2015年5月,结合"大众创业、万众创新"的战略,文化部发布了《2015年扶持成长型小微文化企业工作方案》,文件中要求以鼓励金融创新、拓宽融资渠道为重点,通过继续深化部行合作机制、举办小微文化企业项目路演和融资对接活动等方式,进一步缓解小微文化企业融资难的问题。

完善针对小微企业的金融服务,应围绕国家已经出台的相关政策加强政策实施效果,着力打造小微文化企业的文化金融公共服务平台,推动有针对性的文化金融产品的研发。同时,作为企业本身,必须加强创业和创新能力,聚焦品牌塑造和核心业务,注重创业管理,打造企业核心竞争力,这样才能进一步融入文化金融体系当中。

(三)推动公共文化产品和服务领域投融资创新

著名经济学家贾康说,中国在投资领域的关键问题其实并不是总量和增速,而是结构、质量和综合效益。在机制优化基础之上的高明聪慧的投资决策和行为,在当下及其未来的一段时间里有着非常重要的核心意义。这样的"聪明投资"能够释放潜力、增加有效供给,有助于稳增长、优结构、护生态、惠民生、防风险。[2] 增加公共产品、公共服务是新时期经济"双引擎"之一,是国家经济战略的一部分。公共产品和服务投资既是保持经济增长的一个手段,更是涉及

---

[1] 《国务院办公厅关于金融支持小微企业发展的实施意见》,国办发〔2013〕87号。
[2] 《贾康:从今天起"聪明投资"》,http://news.xinhuanet.com/fortune/2015-06/04/c_127879404.htm。

民生和人民生活水平的重要领域,所以,在公共产品和服务领域加大投资并创新投融资机制是一种"聪明投资"。

我国依靠投资拉动经济的模式不会再延续,但是对公共产品和服务的投资却会持续增加。虽然我国的公共文化与服务的投入年年增高,但还远远不能满足人民群众对公共文化服务的需要。据统计,2014年全国文化事业费583.44亿元,占财政总支出的比重仅为0.38%。公共产品与服务一般依靠政府投资、服务收费、机构捐赠等方式实现,金融手段不是常用的方式。但是,我国进入经济"新常态"以来,正在创新更多的方式增加公共产品和服务的供给。

在2015年3月的政府工作报告中,李克强提出,要把握好总体要求,着眼于保持中高速增长和迈向中高端水平"双目标",坚持稳政策、稳预期和促改革、调结构"双结合",打造大众创业、万众创新和增加公共产品、公共服务"双引擎",推动发展调速不减势、量增质更优,实现中国经济提质增效升级。报告提出增加公共产品和服务供给,加大政府对教育、卫生等的投入,鼓励社会参与,提高供给效率。"增加公共产品、公共服务"成为新引擎之一,这是以往未曾有过的表述。关于在公共产品和服务领域进行投资,报告中提出,要增加公共产品有效投资,"但政府不唱'独角戏',更大激发民间投资活力,引导社会资本投向更多领域"。在文化方面,报告提出要让人民群众享有更多更好的文化发展成果。2015年5月,文化部、财政部、新闻出版广电总局、体育总局《关于做好政府向社会力量购买公共文化服务工作的意见》发布,社会力量在公共文化产品符合服务领域需要发挥更大作用。

所以,公共文化产品和服务领域,需要更多的社会力量以投资公共产品和服务设施(如以PPP模式)、提供公共文化产品和服务的形式参与,而文化金融在其中也承担重要角色。社会力量参与公共文化服务建设,受制于投资周期长、收益率较低等因素,建议政府就金融扶持社会力量参与公共文化服务建设提出更可行的政策方案。当社会资本参与度提高时,金融机构也将根据企业参与公共文化服务建设的情况给予更多的融资服务。目前,我国公共文化产品和服务领域尤其是文化建设项目领域的社会资本参与度还不高,未来这将是一个热点。

(四)着力文化贸易与文化产业国际合作

文化贸易和文化产业国际合作不仅是一个国家对外经济贸易与合作的重要组成部分,也是一国文化战略的重要内容。文化在国际政治、经济、外交等各个方面都具有润滑剂的作用,有时这种作用甚至是决定性的。虽然我国的文化贸易近几年规模不断扩大,但是总体上并不乐观①。我国文化贸易面临的困境,主要是由于我国文化产业的内容创新方面与国际交融度不够而导致的文化产品创新力不足,在国际市场上的竞争力相对较低。

国家政策支撑下的文化产业国际贸易与合作,必然使得很多文化企业由此受益,但是我国文化企业也会受到更多国外文化产品的挑战。鉴于文化贸易的严峻形势,强化金融服务是未来文化金融的一个关注点,尤其是带有政策性质的金融机构更是责无旁贷。2014年3月,《国务院关于加快发展对外文化贸易的意见》(国发〔2014〕13号)提出,从各种所有制文化企业待遇、内容创新、出口平台和渠道、文化科技融合发展四个重点方面进行扶持,并加大财税扶持力度、强化金融服务、完善服务保障三个方面的措施,建立健全多部门联系机制,由商务、宣传、文化、外交、财税、金融、海关、统计等部门统筹推进各项政策措施的制定与落实。《关于深入推进文化金融合作的意见》明确指出要"开发推广适合对外文化贸易特点的金融产品及服务"。意见明确,积极支持文化企业海外并购、境外投资,推进文化贸易投资的外汇管理和结算便利化,完善金融机构为境外文化企业提供融资的规定,探索个人资产抵质押等对外担保的模式,提高文化企业外汇资金使用效率,防范汇率风险。积极发挥文化金融在自由贸易区、丝绸之路经济带、海上丝绸之路等建设中的作用。

随着"文化走出去"战略和"一带一路"战略的实施,我国的对外文化贸易必将迎来新的机遇,贸易数量和质量都将得到改善。在"一带一路"战略中,亚投行和丝路基金作为战略资本会不会更多关注文化产业,这是政府需要抉择的问题,但是金融机构和社会资本将设立各种以此为主题的金融扶持项目和基金,而国有和民营企业的境外融资、投资、并购、境外机构的设立等也将成为常态。未来"十三五"规划时期,将是我国文化贸易和国际合作的蓄力期,并在2020年左右形成比较良好的战略态势。

只有在平等和互惠的基础上,文化产业合作和贸易才能持久。冲突思维和对立思想都不利于文化产业合作和贸易的开展。当国家通过自贸区、亚投行、

---

① 统计数据显示,2014年上半年,中国核心文化产品(包括视觉艺术品、视听媒介、印刷品、声像制品和中国特色文化产品)进出口总额为98亿美元,比2013年同期下降了7.3%,核心文化产品的进出口仅占同期货物贸易总额的0.5%。而文化服务出口的金额更低,仅能占到文化出口总额的1/5。以影视行业为例,其贸易逆差从2009年的2亿美元扩大到2013年的6亿美元。版权服务贸易也一直处于逆差,但近年有逐步改善的趋势。来源:《文化贸易:2014 喜与痛》,《中国文化报·文化财富周刊》2015年2月28日第一版。

经济走廊建设和人民币国际化努力将经济融合到区域经济体时,文化产品不仅是经济的一部分,也是民心相通的文化使命承担者。

三、文化金融合作与创新的五个焦点领域

文化金融合作与创新是一项系统性工程,在国家战略和宏观政策之下,文化金融的研究和实践还需关注中观和微观的一些实际问题。从创新要素、创新主体和焦点领域入手讨论文化金融合作与创新问题是贯彻于本书的三个基本维度,本文重点探讨文化金融合作与创新的几个焦点领域。

文化金融微观运行机制不仅需要建立在完善的现代文化市场体系基础之上,需要资本市场各主体的深度参与,而且需要将当前文化金融的一些焦点领域作为抓手,逐步深入。关于文化金融合作的几个焦点主要包括:金融与文化"对接";企业金融能力;互联网金融;版权问题;文化资源产业化。这些焦点之所以引人关注,是因为这是完善文化产业金融体系的基础性工作,不解决则往往成为推动文化金融工作的瓶颈。

(一)金融与文化产业的正向"对接"

金融机构中介性质的支持与合作,是目前文化金融的主要方式。在文化金融合作上,金融往往更具有专业话语权,所以金融到文化的路径是文化金融合作的主要方面。金融对文化产业的正向"对接"是金融和产业的磨合期,也是金融对产业金融的孵化期,这是通向产业金融的必要环节。银行、保险、证券和信托等金融机构在引导文化企业进入信贷、企业债、融资租赁、担保、信托业务、基金、股权融资、企业上市等金融市场方面,仍然具有指导作用。

金融工具的使用往往从熟练的金融机构设计的产品开始发酵,所以需要进入机构进一步了解文化企业特性,能够真正为文化企业提供服务。第一,传统金融机构需要进一步开发文化金融产品,将金融渗透到创作、生产、传播和消费各个环节当中。第二,加强与知识产权(版权、商标等)有关的产品设计,对文化产业进行分业产品设计。第三,除了有针对性地开发金融产品,传统金融机构的内部机制和管理也需要得到改善。很多机构对文化产业缺乏足够的兴趣,内部绩效、内部评级等制度没有针对文化产业的设计,所以业务部门也不具有积极性。第四,金融界和文化产业界之间需要搭建更多的交流合作平台,共同探索文化金融问题,只有相互了解,才能促进合作。

(二)文化企业在金融工具运用和资本市场方面的能力

从文化到金融的路径,是文化金融合作的另一个方向,但需要文化企业或产业资本具有极大的创新精神和专业能力。金融工具形成金融资产,当文化企业、文化产品和要素能够呈现良好的市场价值,资本就会源源不断流入,这需要充分了解和掌握资本的价值标准和运作模式。我国文化企业在金融工具使用的熟练程度上落后于其他传统产业。以融资工具为例,传统的直接融资模式在文化产业的应用需要极大的创新精神,需要企业在文化金融创新方面具有非常专业的团队。例如文化产业的债券融资一直是薄弱环节,文化企业往往从内部融资直接通往股权融资,而往往忽视了债市的利用。《关于深入推进文化金融合作的意见》中要求,"鼓励大中型文化企业采取短期融资券、中期票据、资产支持票据等债务融资工具优化融资结构。支持具备高成长性的中小文化企业通过发行集合债券、区域集优债券、行业集优债券、中小企业私募债等拓宽融资渠道"。

目前,我国各类证券交易市场上的数量比重和市值比重都很低,这与文化产业在国民经济中的地位是不相称的。据重阳投资总裁王庆介绍,"跟其他行业相比,中国文化行业的资本运作处于起步阶段",他说,A股文化行业上市公司仅占A股总市值的0.66%,远低于金融板块的30%、制造业板块的3%,甚至低于农业板块的0.8%,在证监会所有十三大行业的分类中排名最后。造成这一现象的主要原因,除了市场接纳度较低外,文化企业本身也有责任。虽然我国稍具规模的文化企业很多都有在主板、新三板等上市的意愿,但因为对这一领域的专业性了解不足,与券商沟通也不舒畅,往往事与愿违。

(三)互联网金融作为一种形态的文化金融

在我国这样一个拥有十三亿人口的巨大市场,互联网正在发挥独特的优势,"互联网+"成为一种趋势,作为金融与互联网两大业态的结合,互联网金融的发展已经初具规模。2015年7月18日,中国人民银行、工业和信息化部、公安部、财政部、工商总局、法制办、银监会、证监会、保监会、国家互联网信息办公室等十部委发布《关于促进互联网金融健康发展的指导意见》(以下简称《意见》),对互联网金融做了明确定义:"互联网金融是传统金融机构与互联网企业利用互联网技术和信息通信技术实现资金融通、支付、投资和信息中介服务的新型金融业务模式。"《意见》指出:"互联网金融是新生事物和新兴业态,要制定适度宽松的监管政策,为互联网金融创新留有余地和空间。""支持互联网企业依法合规设立互联网支付机构、网络借贷平台、股权众筹融资平台、网络金融产品销售平台,建立服务实体经济的多层次金融服务体系。"

国家也在大力推动文化产业与互联网金融业务的融合发展①。互联网为文化便利经济②提供了无限可能,不仅在文化消费环节,而且在创作、生产、传播等各个环节都为便利性提供了巨大空间,形成"互联网文化产业"这一独特的业态形式。虽然有些文化产业的很多业态在消费端不借助互联网,但在消费之前的环节上要得益于互联网技术,互联网金融就是重要的环节之一。文化产品具有一定的特殊性,互联网金融在文化产业的潜能还未得到充分发挥,当前立足于文化产业的互联网金融平台还比较少,成功案例也不多,但是互联网金融一定会成为未来投融资创新的方向并成为一个巨大的新型金融市场。

互联网金融不仅仅是一种便捷的服务工具。在"互联网+"的背景下,互联网金融是一种新的产业升级和转型的思路,能够构建新的产业竞争能力。银行、保险公司等传统金融机构如何利用互联网技术提供金融服务只是其中的一部分,更引人注意的是那些利用移动互联网、云技术、大数据等建立新的机制的创新活动,例如云技术服务于版权交易市场等。更重要的是,文化产业在"互联网+"的时代背景下,将迎来更多的发展机遇,文化产业将全方位进入互联网机制当中,而文化金融合作也必然离不开互联网金融。未来,互联网金融将成为一种文化产业金融市场机制,并由此产生以这种机制为中心的庞大体系。

(四)版权价值评估和交易市场建设

文化与金融的融合,是反直觉经济逻辑的深入,这需要建立在对要素的价值评估的基础上。文化产业是创意与创新高度集中的产业,其要素市场的核心是知识产权市场,包括专利、版权、商标和设计等,其中,版权是最主要的要素。版权是价值载体,是企业无形资产的主要内容之一,拥有版权就意味着拥有话语权。美国的文化产业被称为版权产业,原因就是它是以版权为核心建立的完备的市场体系。文化产业中的内容生产是核心层,其主要资产就是版权,在投融资市场也是主要依靠版权作为抵押、质押、股权和金融对接。山寨时代即将过去,IP 时代已经到来,从游戏、动漫到影视、出版,从网络文学到演艺市场,拥

---

① 《关于深入推进文化金融合作的意见》要求:"推动互联网金融业务与文化产业融合发展,鼓励电子商务平台类机构发挥技术、信息、资金优势为文化创业创意人才、小微文化企业提供特色金融服务。"
② 凯文·梅尼在《权衡》(Trade-Off)中将以用户为中心的消费分为注重体验性和便利性两种类型,企业必须在用户体验度和便利性两者之间做出取舍。

有版权才拥有未来,已经成为一种共识。

版权归根到底是靠科学的价值评估,形成定量的货币价值标准。当前我国版权领域的版权评估研究开始深入,但在实施操作上还面临很多困境。版权评估难,首先,因为满足精神需要的版权产品本身弹性过大,因此受市场消费变化的影响也很大;其次,由于我国版权市场发展历程短,因此还没有足够的数据库和经验作为参考系;其次,我国的版权价值评估虽然在银行、保险、投资、交易所等各类金融机构领域都有探索,但互相没有衔接,彼此的评估不兼容,导致各自的评估不能相互承认;最后,各个系统的版权交易市场的评估、定价、挂牌、竞价流程也还未完善。

建立完善的价值评估体系是文化产业投融资的难点和特点,在这个点上的任何突破,都将会催生一个庞大的新业态。未来十年内,版权价值的计量体系、服务体系、交易体系等建设都是文化金融合作与创新领域的攻坚课题。

(五)文化资源的资本化和产业化

文化资源是文化产业的基础,文化资源的资本化是产业化关键的一跃。拥有独占性文化资源的企业可以通过资源评估进行资本化并进入资本市场,公共文化资源通过独特的形式转化也可以形成企业竞争能力,所以,拥有文化资源的企业往往也是资本市场的宠儿。

文化资源有物质类和非物质类两大类,包括历史文化资源、建筑文化资源、宗教文化资源、文学艺术文化资源、民族民俗文化资源、科技及工程文化资源(如大运河、都江堰)等等,大多数的文化资源存在于文化事业单位(如博物馆)和各类保护单位。在现代科技条件下,文化资源能够以文化基因库、文本库、数据库等形式得以保留和延续,一些民营企业也能够参与到文化资源的整理和传承当中。

不是所有文化资源都可以用来做资本化和产业化开发,很多文化资源属于公共产品,无法进入市场体系,还有很多文化资源需要保护,盲目开发则会破坏文化基因,非但不能使价值增值,反而导致文化传承的断裂。我国文化遗产资源丰富[1],是文化资源集中领域,如果没有严格的制度约束和模式设计,对其产业化开发往往是危险和不负责任的。但是,所有文化资源都有价值,既然有价值,就有和市场进行关联的潜质。对保护性文化资源,可以在保护的基础上做外围衍生产品

---

[1] 根据《文化部2014年文化发展统计公报》:截至2014年,国务院共公布了1372个国家级非物质文化遗产名录项目,文化部共认定了1986名国家级非物质文化遗产项目代表性传承人。据初步统计,到2014年末,全国共有非物质文化遗产保护机构2645个。

开发;对其他文化资源,可以对其本身进行价值评估,并进行产权化、资本化,进入文化要素市场。掌握文化资源的企业,尤其是那些掌握文化资源的国有文化企业,应提升资源转化能力,形成企业核心竞争力。

我国是文化资源大国,文化资源的开发和有效利用,不仅是未来五年文化及相关产业的热点,也是东西部发展平衡与城乡结合发展的重要内容。我国东部地区开发较早,但中西部地区由于经济发展缓慢,丰富的文化资源还没开发出来,未能形成资产化,更没能形成资本化并作为产业的内生动力。所以无论是国家战略层面还是企业投资层面,都对中西部地区的文化资源开发投入了更多关注,如国家专门制定的《藏羌彝文化产业走廊总体规划》等。这些趋势对文化企业和金融机构来说都是良好的市场机会。在文化资源保护的前提下,无论是国有企业还是民营企业,都可以以文化资源为中心进行商业模式设计,这需要对资源的评估并在此基础上进行资本化和产业化运作。

主要参考文献:

1. 高书生:《感悟文化改革发展》,中信出版社 2014 年版。
2. 〔英〕大卫·赫斯蒙德夫:《文化产业》,张菲娜译,中国人民大学出版社 2007 年版。
3. 张洪生、金巍:《创新的力量——美丽中国建设路径探析》,北京时代华文书局 2014 年版。
4. 马光远、李勇强、骆国俊、张杰等主编:《中国创造力报告(2012-2013)——创新驱动中国梦》,社会科学文献出版社 2013 年版。
5. 张晓明、王家新、章建刚主编:《中国文化产业发展报告(2014)》,社会科学文献出版社 2014 年版。

(张洪生:国家文化产业创新实验区中国传媒大学推进办公室主任,中国传媒大学副教授,财政部财政科学研究所博士后)

第二章
产业金融：文化金融合作与创新的新视角

○ 金　巍

在"十二五"规划末期,我国的文化产业发展进入转型期,提质增效和创新驱动成为主题,文化金融也被赋予了新的内容。在文化市场体系建设中,文化金融从支持到合作,从外部影响到内部整合,已经成为影响文化产业发展的重要因子。如何通过文化金融合作与创新促进产业创新和发展,成为一个需要深入探讨的重要课题。

在我国,产业金融是一个相对比较新的金融研究和实践领域。文化和金融的结合促进了文化产业的发展,文化金融合作在产融结合的趋势中,渐露产业金融的雏形。本文重点解读了文化金融合作与创新的发展脉络,并以产业金融理论和创新经济理论为依据,分析了文化产业金融的特征,提出了文化产业金融创新维度和路径的一些观点。

一、文化金融的演进与意义

近十几年来,我国的文化产业得到了飞速发展。根据国家统计局初步测算数据,2014年我国文化产业增加值已经达到24017亿元,占GDP的比重达到3.77%[①]。而这一数据在2004年只有3440亿元和2.15%。文化产业的发展离不开金融的支持。自2003年以来,各级政府和各金融机构对文化金融进行了积极的探索和努力,使得文化金融内涵不断丰富,在宏观政策、中观规划、微观运行等层面都取得了不断的进步。

（一）文化金融的界定

"文化金融"这一概念使文化和金融发生了某种特殊的关系。文化金融不

[①] 国家统计局社会科技和文化产业统计司、中宣部文化体制改革和发展办公室编：《2015文化及相关产业统计概览》,中国统计出版社2015年版。

是简单的"文化+金融",从现状看,文化金融至少表现为包含政策、体系、产品等内容的一种机制。但是,什么是文化金融中的"文化",什么是文化金融中的"金融",都有必要做一个界定。

根据十几年来文化金融的发展历程,一般认为,文化金融是立足于文化产业和文化发展的金融研究和实践领域,它涉及宏观政策、中观规划和微观运行体系多个层次。所以,文化金融是关于文化产业的金融问题,而不是关于金融的文化问题,文化对金融行业的影响不在研究范围之内。文化作为外生因素或内生变量对金融行业具有影响作用,这是文化和金融的另一种关系,但这是制度经济学的研究范畴。

在文化产业融合趋势下,所谓文化产业应保持宽窄结合、宽窄适度的视野[①]。我国极力促进文化产业与其他产业的融合(首先表现在"七大文化创意融合性产业"[②]),提升文化作为相关产业生产要素的作用,增强其他产业的文化动力,业界流行的 TMT 产业概念也在打破文化产业的界线,有泛文化产业的倾向。但是,文化金融是基于文化的特性而形成的金融形态,作为文化金融的"文化"仍然是以内容生产为主的文化产业。

通常所说的"文化事业"建设也不排除利用金融手段。有学者认为,文化金融是指发生于文化资源的开发、生产、利用、保护、经营等相关活动中的所有金融活动。所有与文化产业、文化事业相关联的金融业务都是文化金融[③]。所以狭义上可以将文化金融理解为关于文化产业的金融问题,但是更广义上还包括文化事业建设中的金融问题,例如 PPP(Public—Private—Partnership)在公共文化建设项目中的作用。本文采用狭义的文化金融含义。

最后,我们所指的金融,不单是以银行和货币为中心的信贷融资市场,也不

---

① 笔者认为,宽窄适度的文化产业视野是:一方面,文化产业的统计框架不宜过宽,必须立足于科学性和易操作性。当前的国家级和各个地方的文化产业统计口径不是窄了,而是已经过宽了,不能"文化产业是个筐,什么都能往里装"。当前的文化产业统计框架内,严格地说也不是一个产业,而是一个"产业群",这个产业群整体上的同质性已经相当弱,所以过于宽泛的统计设计是不利于文化产业政策执行和文化产业发展的。另一方面,文化产业作为"文化"这一"要素"的重要输出地,与其他产业的联系总是千丝万缕,文化的渗透力和影响力在其他产业越来越明显,各个传统行业和产业都不同程度地与"文化含量"相关,所以,研究文化产业又不能完全局限于统计框架。
② 2014 年 3 月,国务院出台《关于推进文化创意和设计服务与相关产业融合发展的若干意见》,《意见》要求将"文化创意和设计服务"作为先导产业,要求农业、装备制造业、消费品工业、建筑业、信息业、体育、旅游这七大产业积极与文化创意和设计服务融合发展,提升"文化含量"。笔者将这七大产业称为"文化创意融合性产业"。
③ 蔡尚伟、钟勤:《对我国发展文化金融的初步探讨》,《深圳大学学报(人文社会科学版)》2013 年 7 月第 30 卷第 4 期。

是狭义的信贷、保险、证券、信托、租赁、担保等金融机构共存①组成的金融中介服务体系，而是指与资本相关的政策性金融、金融中介服务体系和企业资本运营市场等所有金融产品和元素的资本市场。所以，我们所说的文化金融，也是指在文化领域（包括文化产业和部分文化事业）宏观、中观和微观层面形成的多元资本市场集合体。

（二）文化金融从"支持"到"合作"的演进

文化产业发端以来，金融和文化产业相生相伴，无论是政策推动还是利益使然。在2003年至2008年之间，文化产业与金融的关系一直处于摸索阶段，并无实质性进展。2008年是我国文化金融发展的一个拐点。为了应对国际金融风险和经济结构的调整，国家通过出台多个政策文件对文化金融政策做了实质性的完善，这些重要文件包括《关于加快文化产业发展的指导意见》（文产发〔2009〕36号，2009年9月10日），《关于金融支持文化出口的指导意见》（商服贸发〔2009〕191号，2009年5月），《文化产业振兴规划》（2009年7月22日）等。此后，中央财政支持力度逐年增强，文化产业的直接融资和间接融资发生了很大变化，金融工具的创新和使用日趋增多，产业资本也开始慢慢渗透到文化金融领域。文化金融在文化产业保险、信托、债市、企业上市、要素交易市场等方面都有了很大的发展，文化金融作为产业创新和发展的驱动力正在发挥着不可替代的作用。

总体上，从各类与文化金融相关的政策文件和产融互动的演变看，我国文化金融基本上就是从"支持"到"合作"的推进路径，文化产业和金融的互动呈现层层递进的关系。在2014年之前都是"支持"阶段，2014年之后进入"合作"阶段。这种演进和国家推出的文化金融政策密切相关，标志性的文件有两个：一是2010年中国人民银行、财政部、文化部等部门发布的《关于金融支持文化产业振兴和发展繁荣的指导意见》（银发〔2010〕94号，2010年3月19日），二是2014年由文化部、中国人民银行、财政部联合发布的《关于深入推进文化金融合作的意见》（文产发〔2014〕14号，2014年3月17日）。

在2014年之前，文化金融的主题是如何解决金融支持不足的问题。贾旭

---

① 按照2010年中国人民银行发布的《金融机构编码规范》，我国的金融机构共分九大类：1.货币当局；2.监管当局；3.银行业存款类金融机构；4.银行业非存款类金融机构；5.证券业金融机构；6.保险业金融机构；7.交易及结算类金融机构；8.金融控股公司；9.新兴金融企业。

东(2010)认为:从文化产业的立场来看,金融支持不足意味着流入文化产业的资金量不足;从国家金融配置的角度来看,文化产业金融支持不足反映的是国家金融政策存在着"包容"性缺陷,即金融(贷款)在不同行业间配置的不平衡,使文化产业成为事实上的资金流动回避和忽视的行业①。2010年印发的《关于金融支持文化产业振兴和发展繁荣的指导意见》是第一部就金融支持文化产业颁布的专门性指导文件,是对2008年以来文化金融政策的整理和完善,也是对未来数年文化金融政策的战略指引。此后,银行、保险、信托等金融机构积极研究,推出了很多有针对性的方案,在文化金融创新方面都取得了不小的进展;各类社会资本参与到文化产业之中,在形成多层次、多渠道、多元化的文化产业投融资体系建设上更进一步;上市文化企业数量急剧增加,文化产业投资基金也呈现井喷式增长。

《关于深入推进文化金融合作的意见》是贯彻十八大精神、进一步推动文化金融创新的重要文件。文件中鼓励文化企业深度参与金融业,鼓励民间资本参与文化金融,加快文化产业资本向金融资本方向的拓展,从而体现了文化金融合作的双向性。虽然文件没有直接解释"文化金融合作"的内涵,但是将"加快推进文化企业直接融资"等作为重要内容,体现了企业作为文化金融主体的重要性。此后,北京、上海等地区陆续发布了类似的相关政策文件,结合本地实际情况推出实施计划,推动了文化金融的发展。

虽然学界对"文化金融合作"还没有比较系统的学理解释,但是文化金融从"支持"到"合作"的转变,可以肯定是本质上的一种变化。支持,是外部诱导与外部约束,破题是自外而内的;而合作,则体现了在文化金融中的角色变更和主体责任变化,文化产业本身(以企业为主体)需要更多发挥作用。从"支持"到"合作",不仅是力度和深度的增加,更重要的是确立了文化企业在文化金融创新中的主体地位。至此,"文化金融合作"成为一个专有名词,合作的内涵虽然还未清晰,但开启了文化产业金融的一个路径。

(三)发展文化金融的根本意义是促进文化产业创新

我国的文化产业同许多其他产业一样,经过了政策驱动、资源驱动阶段,当前的主要问题是效率较低,创新能力不足。根据《中国文化产业发展报告(2014)》显示,我国文化产业文化再生产类别差异较大,作为核心的文化内容生

---

① 贾旭东:《文化产业金融政策研究》,《福建论坛·人文社会科学版》2010年第6期。

产盈利水平和生产效率较低①,需要向创新驱动转型,向提质增效阶段转型。文化产业是最具创新活力的产业,所以文化金融的本质是通过完善的金融服务体系促进文化产业创新活动。

资本要素依旧是产业创新的基础,文化产业创新与资本具有长期因果关系。发展文化金融能够解决文化产业融资瓶颈,激活资本力量,为文化产业注入资本活力,促进文化产业发展。在传统的生产三要素中,土地的要素作用弱化,劳动力要素表现为技术、知识、管理、人才等形式,只有资本依旧坚挺地承担原有的角色。当前我国的文化产业发展中,创新受制于资本瓶颈是一种常态,因为产业创新往往预示着高于平均水平的投入和较长的应用期等待。有人认为创新和资本没有直接关系,但是从长期看,只有通过系统性、持续性的资本要素供给,才能刺激文化产业的创新,才能提供文化产品供给,形成文化生产良性循环。金融使资本这一产业血脉更加畅通,而产业金融的创新能够放大货币乘数效应,优化资源配置,促进文化产业的转型升级。

金融政策通过诱发性创新活动促进文化产业创新。产业创新②是产业中由某个创新主体推动的并最终形成整个产业的变革的一种过程或现象。文化金融创新,需要文化金融制度与政策方面的诱发性创新活动。这种活动从产业而言是外生的,是破解外部约束的创新活动,但就整体经济而言具有内生性。新制度经济学家罗纳德·哈里·科斯(Ronald H. Coase)和道格拉斯·诺斯(Douglass C. North)阐述了制度在经济体系运行中的地位和作用。他们认为,制度之于经济增长,不是假设不变的外生因素,经济增长的关键是设定一种能对个人提供有效刺激的制度,这种主动的、人为的对制度的变革能够使创新者获得追加利益。所以,在文化产业发展中,政府可以作为一个创新主体,通过基于产业发展的制度创新推动或影响产业金融的发展,并由此形成文化金融的制度、组织、技术等方面的变革。随着文化金融合作的日趋深入,我国通过制度供给(金融改革)促进文化产业创新,增强产业创新的诱发因素,已经取得了不错的效果。

---

① 该指数在2014年12月中国人民大学和文化部文化产业司共同主办的第六届"文化中国:中国文化产业指数发布会"上发布。根据介绍,该指数衡量文化产业转型升级的内在动力主要包括3个指标:内容创新、商业模式创新和科技创新。前两项指标很难通过量化收集数据,而科技创新可以通过企业科研经费投入、高技能职称人数等4个指标进行精确量化。

② 美国经济学家弗里曼第一次提出了"产业创新"的概念,其名著是《产业创新经济学》(又译《工业创新经济学》)。他认为产业创新包括技术和技能创新、产品创新、流程创新、管理创新和营销创新。他从历史变迁的角度对许多产业的创新做了实证研究,认为不同产业的产业创新的内容也是不同的。

文化金融通过资本利用方式的创新促进文化产业创新。就文化产业特性和当前我国文化产业发展现状而言,最重要的是要素创新、内容创新、模式创新、市场创新。从产业创新的要素性上看,技术创新、知识创新、制度创新、管理创新、文化创新、人才创新都是文化产业创新的重要内容①。资本本身并不具有创新的要素性,因为资本和土地一样只有量的变化而没有质的变化,所以资本不是要素创新的内容。但是资本的产生和利用方式却是创新领域,创新的资本方式能够极大节约使用成本,提高使用效率,也能够促进企业资本的管理能力和治理能力。资本的产生和利用,不仅能解决外部约束问题,同时也是解决产业内生动力的关键,这正是金融创新的要点。

产业资本的金融创新活动能够带动整个文化产业的新变局。创新经济理论的鼻祖熊彼特(Joseph Schumpeter)认为创新是一种"创造性的破坏",是一生产要素和生产条件的"新组合",实现创新、进行"新组合"的人就是企业家②。文化产业发展需要增加资本供给和资本流动性,资本供给不仅来自政策性资金的撬动(如政府贷款贴息)和商业金融资本,更需要产业资本的高度介入。在我国金融实践领域,已经有产业资本和企业家的创新活动对金融格局、业态和秩序产生了深刻影响(如互联网金融领域)。由产业资本或文化企业开展的产业金融的技术、市场、产品、组织、管理等方面的创新,能够完善风险控制、降低金融风险、增强资本盈利能力,由此引发整个产业的变革就是一种产业创新,这是文化金融创新的重要方面。在文化产业创新中,金融的角色正在内部化,最终结果就是形成文化产业金融形态。

二、产业金融及文化产业金融特征

金融与产业是经济发展中的一个统一体。在现代经济体系中,金融的发展一直都是基于产业的资本需求,金融和产业是相互促进的平行发展关系,偏离产业的金融往往导致畸形的经济发展模式。产业和金融的关系一直非常紧密,但是产业金融(Industrial Finance)的产生,是基于产业发展到一定阶段后对金融的高级需求。

---

① 要素性创新是指在具有内生性的六个要素(技术、知识、制度、管理、文化和人才)上进行创新而取得驱动性作用的活动。参见张洪生、金巍《创新的力量——美丽中国建设路径探析》,北京时代华文书局2014年版。
② 参见熊彼特:《熊彼特:经济发展理论》,邹建平译,中国画报出版社2012年版。

文化金融合作的高级形式就是"文化产业的产业金融",即"文化产业金融"。在当前阶段,文化金融合作还未成熟,以产业金融思维考量文化金融合作与创新活动还具有一定的前瞻性,但随着文化金融合作的深入,基于文化产业金融特征、以产业金融为框架分析和推动文化金融将成为一种新视角。

(一)产业金融是金融资本与产业资本的高度融合

当一个产业具有一定的规模,产业不仅要满足资金融通的需求,还要满足信用管理、风险转移、资源配置、价格信号、股权增值等多层次规模性需求,这孕育了巨大的市场。当金融和产业的合作逐渐深入,尤其是金融资本和产业资本在这一市场高度融合,金融具有极强的产业特性时,产业金融开始形成。所谓产融结合就是资本结合的动态过程,这种结合表现为产业金融。现代金融体系趋向综合化,产业金融是在产融结合趋势的基础上形成的一种产业形态。从产业规划与微观角度,产业金融是一个整合了金融与产业各种主体和金融资源的资本运行系统和立体平台,需要全产业链参与并具有良好的金融生态。

产业金融成为一个相对独立的研究领域也是近二十年的事。一般认为,产业金融是"依托并促进特定产业发展的金融活动总称"[1]。许建生和韩芳侠(2013)认为:所谓产业金融,是以满足生产者的融资需求为主要功能的金融体系,与之相对应的是"商业金融",即以满足储蓄者的投资效用为主要功能的金融体系。产业金融的基本原理是以产业为基础平台,以金融为催化剂,金融与产业良性互动创造新的价值,实现财富的倍增效应[2]。钱志新认为,产业金融的基本原理为四个资本化,即资源资本化、资产资本化、知识产权资本化、未来价值资本化[3]。广义上,产业金融是立足于产业发展的微观金融活动(企业)、中观金融活动(产业)、宏观金融活动(经济)等全部活动的有机整体,企业的自主行为、产业组织的协调行为和政府的干预行为都是产业金融活动不可缺少的组成部分。

纵观国际国内金融发展历史,产业金融发展比较成熟的市场主要是汽车金融、交通金融、航运金融、房地产金融和一些与高科技相关的产业金融等。这些行业中都形成了较完善的产业金融体系,在这个体系中都有较有代表性的几种

---

[1] 纪敏、刘宏:《关于产业金融的初步研究——兼论我国财务公司改革的一种思路》,《金融研究》2000年第8期。
[2] 许建生、韩芳侠:《做强产业金融,推动战略新兴产业和先进制造业发展》,《中国发展》2013年第4期。
[3] 钱志新:《产业金融》,江苏人民出版社2010年版。

金融机构和金融产品,如航运金融中的航运交易所、汽车行业的财务公司和汽车金融公司。以汽车金融为例:在汽车产业金融中,企业财务公司和汽车金融公司①起到了关键作用。我国从 1987 年开始有第一家企业财务公司,目前已经有 100 多家。这些财务公司的金融业务还受到一定限制,但是近几年,企业集团开展了多种形式的产融结合,如投资金融机构、投资设立小额贷款公司等。在大型企业集团,尤其是资金实力雄厚的央企中,产融结合已然成为一种趋势。随着经济的全球化,产业的全球一体化和金融的一体化趋势更加明显,产业金融将得到进一步发展。

产业金融作为一种业态,是产融结合的表现形式和结果,必须具有产业特性。产业金融是一个系统,虽然各类产业金融的特点不同,但是具有一些基本特征:政府对某一产业的金融政策和制度设计具有明确的指向性,干预力度较大;在整个系统中,金融和产业之间呈现双向互动关系;除了银行、证券、保险、信托、交易所外,具有产业特色的金融机构,如投资控股公司、企业财务公司、消费金融公司等各类金融机构共存,以良好的运营模式服务于产业发展;各类资本以不同方式充分参与资本市场,产业银团、财团具有中流砥柱的作用,企业的主体性作用明显。

作为一个国民经济支柱性产业,没有一个完善的产业金融体系是不可想象的,但我国文化金融还未形成一种系统性业态。我国文化产业规模已经超过 2 万亿元人民币,根据增长趋势,未来五年,文化产业增加值的 GDP 占比将超过 5%,文化产业将成为国民经济支柱性产业。如此庞大的经济规模能够支撑一个相对独立的产业金融体系。随着文化产业在国民经济中的作用日趋重要,金融资本和产业资本在文化金融中的角色和着力点都将发生变化,一个从外至内、内外结合的资本市场形态——文化产业的产业金融形态,即将形成。

(二)文化产业金融具有不同于文化金融的特征

"文化金融"是一个相对宽泛的概念,被用来描述各个阶段的文化和金融的

---

① 2004 年 8 月 18 日,中国第一家汽车金融公司——上汽通用汽车金融有限责任公司在上海宣布开业。在随后的两年中,大众汽车金融(中国)有限公司、戴姆勒-克莱斯勒丰田汽车金融(中国)公司,均从中国银行业监督管理委员会获得正式批复,开展金融业务。2008 年,经中国银监会批准,奇瑞徽银汽车金融有限公司正式成立,这是第一家中国自主品牌汽车与中国本土银行合资成立的汽车金融公司。

关系。所以,当文化金融向一种新型业态①进步的时候,使用"产业金融"的概念就更恰当一些。"产业金融"是一个专用金融术语,在产业金融框架下界定"文化产业金融",将"文化产业金融"作为文化金融的一种高级金融形态,则区别了文化金融和文化产业金融。

金融要在文化产业发展和创新中真正发挥作用,必须发展具有鲜明特色的产业金融。产融对接、版权评估与交易、资源产业化、产品设计和互联网金融机制等,只有在产业金融系统中才能得到长远的发展和固化。"支持"与"合作"主题的文化金融是一种产业关系的描述,是产业金融的前奏。未来五到十年时间,我国的文化产业金融必将以产业金融为主题。

文化产业金融的特殊性源于文化产业的特殊性,包括:文化产品再生产过程与传统产业不同;文化产业轻实物资产,知识产权是最重要的资产;文化产业中的很多产品(如艺术品)具有金融特性;文化产业分类繁杂,十大行业的共性较弱,因而文化产业金融业需要分门别类对待,如电影行业、艺术品行业等具有鲜明的产业特征,都有专门的金融服务机构。

根据这些特性,一个完善的文化产业金融运行体系,就是紧紧围绕文化产业的创作、生产、传播和消费等各个文化再生产环节②形成的独立运行系统,这一系统形成的重要标志在于:制度供给是否具有系统性,制度环境是否有利于产业发展;产业内的各类资本能否高度参与产业金融;金融服务是否形成链性覆盖;是否生成独特的金融生态与文化;是否以内容生产为中心,等等(如图1)。

所以,文化产业金融形成的基本特征有五个方面:

第一,有执行性较强的顶层设计和产业金融制度,形成立足于产业的制度环境。我们这里所指的制度,是指以政府为供给方的正式制度。制度供给形成制度环境,制度环境对体系中的各主体具有强制、指导、引导等作用。除了现有政策与制度,文化金融还应形成文化产业保险、文化产业信托等各个细分领域的专门政策和制度设计。尤其是推动知识产业制度和各层级机制的形成,是文化产业制度供给的重中之重。当以知识产权为核心的价值评估和交易体系完

---

① 学者西沐认为,文化金融本身就是一个新的业态。他认为文化金融不是简单意义上的文化产业与金融业的融合,而是指在文化资源资产化、产业化发展过程中的理论创新架构体系、金融化过程与运作体系、以文化价值链构建为核心的产业形态体系及服务与支撑体系形成的系统活动过程的总和。参见《文化金融:新的发展框架与视野》,《北京联合大学学报(人文社会科学版)》2014年第1期。
② 文化再生产理论是研究文化产业的全新视角。参见高书生:《如何认识文化产业》,《人民日报》2013年3月8日。

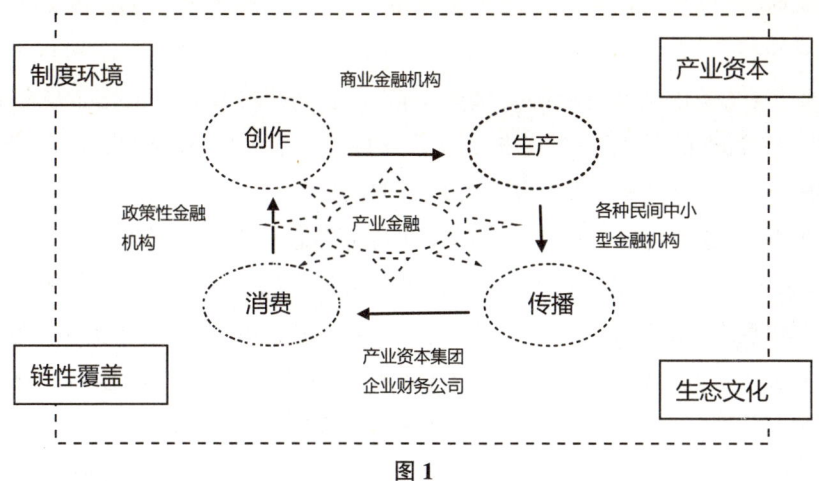

图1

备,文化产业无形资产和产品本身的金融价值超过实物资产的金融价值时,文化产业金融生存方式才能真正形成。

第二,金融资本与产业资本充分融合,并形成立足于产业的产业组织体系。政府不能代替市场,要形成完善的产业金融运行体系,还必须依靠市场和组织的力量。金融资本的作用无可替代,但是产业资本更不可忽视,各类产业组织也必须发挥作用。产业金融的形成,需要产业资本通过参股、持股、控股等方式对产业金融进行内在融合。产业资本通过投资金融机构进行金融活动,降低和防范各种贷款风险,保证资金的安全运行。企业财务公司是产业资本进行产业金融的重要形式,如2014年成立的湖南出版集团财务公司[①]和更早于2012年成立的华强集团财务有限公司。产业资本的这种趋势,慢慢催生一种通行的融资解决方案,形成一种产融结合模式。

第三,形成覆盖产业链、供应链和价值链的体系。文化产业经过多年发展,其中的主要行业形成了基本的产业链,横向之间也形成了一定的共生关系。资本不仅要关注产业链,同时要关注供应链和价值链,使得各个节点的融资、信用、风险、价格、增值等各种金融需要得到满足,金融服务产品通过传统手段和现代互联网手段(如在线供应链金融)实现贯通,并形成一个以资产与资本为中心的、运作规范的系统,这就是所谓的"链性覆盖"。

---

① 被认为是全国文化企业首获金融牌照的湖南出版集团财务公司经中国银监会批复于2014年5月6日成立,注册资本为10亿元,业务范围包括财务和融资顾问、信用鉴证、交易款项收付、经批准的保险代理业务、对企业成员单位提供担保、吸收存款、办理贷款及融资租赁、同业拆借等。

第四，形成特有的产业金融生态环境和生态文化，以及以创新的金融工具和产品为特色的金融生存方式。产业金融生态形成，一是文化金融聚焦于文化内容生产；二是政府推动的各类金融部门或专业机构与民间文化金融机构共存，并形成良性的运作环境；三是文化产业能够不依赖外部资本进行自我生成的金融产品，如融资担保产品设计、互联网金融产品设计等。

第五，形成以内容生产为中心的产业金融形态。文化产业之中的行业较多（按国家统计局分类有十大类），业态特性差别也较大，文化产业金融的产业特性主要体现在文化产业的核心层——内容生产行业中，形成以内容生产为中心的产业金融形态，这与"链性覆盖"并不相悖。而其他行业，如文化用品、装备制造等则与其他产业金融趋同，不具备文化产业金融的典型性。

三、文化产业金融创新的路径分析

信息不对称是文化产业与金融之间的关系能否进入良性轨道的最大障碍，以往这种障碍使得金融市场的博弈常常处于零和状态。我国近年来出台的各种政策要求金融支持文化产业以及促进文化金融合作，都是为了努力破解信息不对称。这些努力基本达到了效果，文化和金融之间的关系开始进入良性轨道，但并未形成良好的体系和产业生态。随着文化产业的进一步发展，培养并形成根植于文化产业的金融业态——文化产业金融形态，是解决文化产业资本市场的关键所在，也是为文化产业创新提供动力的关键所在。

（一）文化产业金融创新的三个维度

熊彼特提出了创新的五种"情况"，归纳起来包括产品创新、技术创新、市场创新、资源创新和组织创新[①]。他认为创新就是"建立一种新的生产函数"，就是把生产要素和生产条件的"新组合"引入生产体系；创新并非从外部强加而来，而是生产过程中内生的。这对我们认识文化产业金融创新具有指导意义。

文化产业金融的创新，不仅要自外部推动金融制度改革，更要促进产生新的市场、新的组织，使金融创新内生化，关注创造或使用新的金融工具。所谓创新可以从三个维度考量：从创新要素展开，从创新主体入手，或者聚焦某些关键领域。产业金融的创新主体是一个重要创新维度，它与创新要素、关键领域（焦

---

① 熊彼特：《熊彼特：经济发展理论》，邹建平译，中国画报出版社2012年版，第69页。

点领域)构成三个维度互相交叉的创新维度,这是文化金融创新的新视角和重要切入点(见图2)。

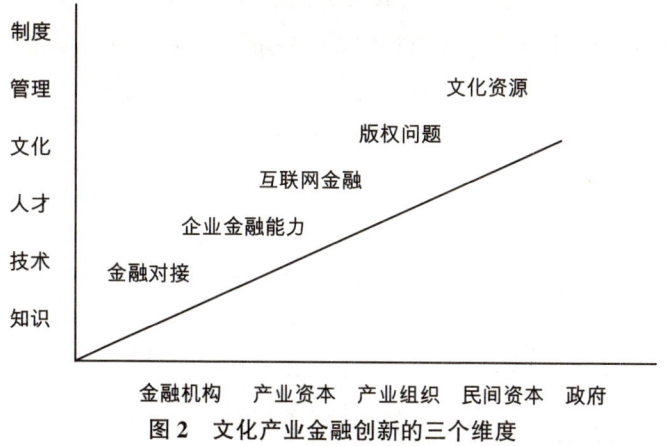

图2 文化产业金融创新的三个维度

从创新要素的维度,产业金融创新具有创新经济理论的普遍性,是任何产业和任何层面都需要关注的创新基础,从要素端入手分析创新活动,是创新研究的基本思路。技术、知识、制度、管理、文化和人才这六个要素是外生或者内生,往往根据研究范畴的边界的变化而变化,我们把在这六个要素上的创新称作"要素性创新"[①]。

创新主体可分为政府、金融机构和企业三类,从资本形态和机制角度,又可分为五类:作为产业金融的主体,政府以政策和制度进行干预,金融机构(金融资本)、产业资本、产业组织和民间资本是产业金融的推动者和参与者。产业内的各类资本能否高度参与产业金融,是文化产业金融是否形成一种业态的重要标志,所以本文重点从创新主体角度分析文化金融合作创新的关键路径。

当我们将创新要素和创新主体置入某一领域,这一领域可称为创新领域。在特定领域中讨论创新问题必须涉及要素和主体问题。

(二)从主体入手:文化产业金融创新的关键路径之一

传统的以金融中介机构为主体的金融创新已经不能满足产业发展需要,创新主体范畴应放在更宽广的视野上。从我国当前的实际情况看,文化产业金融创新的关键路径除了金融机构和产业资本的推动外,还有以产业园区为特殊形

---

① 张洪生、金巍:《创新的力量——美丽中国建设路径探析》,北京时代华文书局2014年版,第84-85页。

式的产业组织的推动、以民间资本为主体的小微金融市场的构建等。而政府作为主体,必须以文化市场体系建设为中心提供制度供给。

这样,一个由五个基本主体构成的文化产业金融体系就形成了。政府作为主体,需要在各种主体和资本之间取得平衡,而其他四种力量在资本市场上的市场响应(资本活力)和政策响应具有各自不同的特点,如果以市场响应和政策响应两个维度构建一个简单模型,则如图3所示。

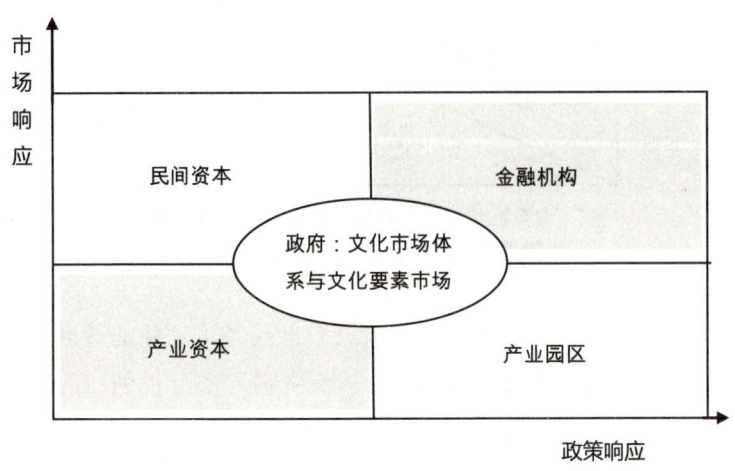

图3 文化产业金融创新的五个基本主体

显然,从资本市场的逻辑上来分析,只有创新主体具有良好的市场响应度,即主体的积极性和活力需要尽可能地发挥出来才能解决根本问题。推动产业金融创新,路径就是要从更多的主体入手,发挥主体的创新作用。

以主体讨论展开,内容极其丰富,因篇幅所限,本文不能涵盖五个创新主体的所有内容,所以在这五个主体中择其中最要紧的部分加以分析,以期对当前文化金融合作与创新有所助益。

1.政府制度供给:突出文化产业要素市场作用

我国改革开放后三十多年来的经济发展,得益于强大的制度创新能力,而这种制度供给是经济增长或产业发展中要素供给的动力。文化产业创新的基础是要素性创新,需要产业政策的刺激和诱发;文化产业金融创新也需要文化金融制度供给的诱发,政府是制度创新的主要创新主体。诱发性创新活动推动产业的整体变革,主要取决于推动者如何通过创新机制作用于产业这一系统,这些机制包括竞争机制、合作机制、动力机制、扩散机制、学习机制等。

当前,继续完善文化产业领域的制度供给是基本共识,但是着力点在哪里?党的十八届三中全会提出完善和构建一个良好的现代文化市场体系[①],难点在哪里?现代文化市场体系是围绕产品和要素两大内容形成的供求平衡、结构合理的体系,文化市场体系的核心是文化产业要素市场。要素中,版权和资本两个要素是重点,版权又是整个体系的核心,是资本要素市场或者文化产业金融市场的基础。所以,如果需要一个着力点,那么就是文化要素市场机制的制度供给。

从生产或经济增长要素上来看,除了传统的劳动力、土地、资本外,在现代生产过程中,技术、知识、管理、人才都是要素。在文化生产中,知识产权表现为文化创意和版权,是融资渠道多样化的关键。关于知识产权的政策工具主要有两类,一类是知识产权的资产化工具,另一类是使知识产权这种无形资产流动化[②]。作为文化金融要素市场无形资产流动化的体现,以知识产权(主要是版权)为标的的各类文交所和版权交易中心在全国纷纷建立,已经形成了一定规模,在北京就有权益类和商品类9家要素市场。但是,由于经验不足、功能单一、层次性较差,很多要素市场还未起到应有的作用。

只有在以知识产权为核心的要素市场建设的基础上,不断提高资本要素的市场化和法治化程度,切实保障要素拥有者的权益,才能真正奠定文化产业金融的基础。资本要素市场的构建和优化,有赖于积极的制度创新,大力推动健全法律法规、国有机构的管理体制,建立多层次的投融资平台,开发证券化交易市场和文化金融衍生品交易市场。政府应将主要力量投放于制度供给,培育市场机制,以市场规律培育金融和投融资市场是未来的主要方式。

总之,制度供给能够促进其他要素供给,进而达到文化市场的供求平衡。所以,在产业层面,文化产业金融的创新首先需要制度创新,政府的积极干预是产业金融形成的重要特征之一。

2.金融机构:拓展与文化产业融合的路径

文化产业金融的形成一般有两个方向,一种是从金融到产业的路径,如由金融机构发起成立专业金融机构(专业银行等)服务于文化产业;另外一种就是

---

① 党的十八届三中全会通过的《中共中央关于全面深化改革若干重大问题的决定》中,关于文化市场体系建设的内容包括:市场准入、国有经营性文化单位改革、非公经济主体公平竞争、建立多层次文化产品和要素市场、强化文化经济政策保障等。

② 贾旭东:《文化产业金融政策研究》,《福建论坛·人文社会科学版》2010年第6期。

从产业到金融的路径,如产业资本独立或参与成立金融机构服务于文化产业。金融机构助力文化产业是产业金融的一般路径,是文化产业融资与交易方式多样化的主要推动力量。因此我们必须推动传统金融机构和文化产业形成双向互动并共存的关系。

传统上金融机构对文化产业缺乏兴趣,一方面是对文化产业的不熟悉,但主要原因是认为文化产业金融不仅风险高,机会成本也很高。打通从金融到产业的产业金融路径,传统金融必须能够通过产业的发展实现自身的价值,降低机会成本。近两年来,通过政府财政政策的刺激以及银企磨合,文化产业对传统金融机构的业务发展开始形成足够的吸引力,成为从金融到产业的路径的创新动力。

当前,我国与文化产业相关的金融系统中,大多数的政策性金融机构和商业性金融机构都提供文化产业金融服务。例如,国家开发银行支持大批文化基础设施建设;中国进出口银行为文化企业境外投资、并购提供多样化的金融服务;商业金融机构中,中国工商银行、中国建设银行、中国银行等高举高打,而中国民生银行、北京银行、华夏银行、招商银行等将文化产业作为重点业务领域;在保险领域有中国人保财险公司、太平洋保险公司等商业保险公司,证券公司、信托公司等商业金融机构也积极参与其中。很多金融机构以成立产业事业部(如民生银行文化产业金融事业部)、专业分支机构(如交通银行无锡文化产业分行)等方式,一方面贯彻国家政策对文化产业进行支持,另一方面积极分析市场需要,以市场手段应对快速发展的文化产业。金融资本银行等传统金融机构,还包括投资控股公司、资产管理公司、风险投资基金、产业基金等。作为产业金融的主体之一,金融机构是产业金融形成的推动者和参与者,它们的积极介入将能够促进文化产业金融的形成。

国有大型金融机构的政策响应度比较好,其他类型的金融机构市场响应度也比较高,总体上,金融机构仍然是文化产业中政策响应和市场响应都最高的。传统金融机构应结合文化市场的特点,加强互联网金融和普惠金融的服务体系。由于金融机构的主体是中介性质的企业,金融资本融合文化产业,主要表现在商业银行、保险公司、证券公司、信托公司等金融机构通过对文化产业进行新的金融产品设计,提供传统金融服务,主要是赚取利息收入和经纪收入。除此以外,国家政策鼓励银行、保险、投资基金等机构联合采取投资企业股权、债券、资产支持计划等多种形式为文化企业提供综合性金融服务,这是文化金融合作的真正体现,也是产融结合的关键点。

目前我国的金融机构整体结构比较单一,应进一步放宽文化产业金融机构限制,鼓励成立多种所有制金融机构,推动政府掌控的原有的具有金融资质的各类机构进行市场化运作。由于各类金融机构与文化产业对接还有一定的壁垒,各级政府正在推动国有资本以金融资本的形式专门从事文化产业金融,这具有一定的政策引导和市场引领作用,如北京市国有文化资产监督管理办公室独立出资发起成立或与社会资本合作的投资公司、基金管理公司、融资租赁公司、小额贷款公司等,广东、陕西、南京、黑龙江等地也正在建立文化金融服务体系。

但是,政府直接投资成立各种文化金融机构(如小贷、融资租赁等),并不是建立文化金融服务体系的主要任务。商业性金融机构作为市场主体,并不适合政府部门过多参与经营和实际工作,金融市场主体应该交给市场。政府应将工作重点放在完善金融环境、对接金融服务和孵化新型金融企业上。

金融机构的文化金融创新,除了在文化金融产品创新着力以外,还应借鉴国外文化产业金融经验。随着我国金融体系的进一步开放,在文化产业更富有经验的国际金融机构将对我国金融机构构成新的挑战。据报道,全球最大的完片担保金融机构——美国电影金融公司,于2015年年初在上海成立分公司,这对我国电影产业金融发展具有特别的意义。金融资本在文化产业的控制力有目共睹,时不我待。

3.产业资本:大型企业在金融创新领域的特殊作用

产业资本是产业内循环的多种形态的资本。产业资本如何参与到产业金融领域是当前很前沿的课题,没有产业资本的参与,产业金融是无法真正形成的。

产业金融的创新是一个体系(系统),需要政府的积极干预以及社会组织和厂商的积极参与。体系(系统)的倡议者、设计者、推动者、参与者,通过利益驱动共同构建产业创新体系。产业金融要求资本参与主体多元化,产业资本参与金融体系构建,是"从产业到金融"的产业金融路径,也是文化产业金融的难点。

文化产业内的大型企业,尤其是国有大中型文化企业在文化金融方面应大有可为。国家引导和促进各类资本参与文化金融创新,必然需要文化企业直接参与其中,这为文化企业尤其是一些拥有充足资源优势但又缺乏创新力的国有大中型企业提供了一个绝佳商机。国有文化企业在内容创新上往往缺乏原动力,但又具有相对规模的资本,因此在创新方面应该聚焦产业金融领域,开发这一巨大的市场。大型国有文化企业参与文化金融的方式主要有四种:一是通过成立投资控股公司(准金融控股公司)专门从事文化股权投资和管理,并以此为主导业务或主要业务,这是进入资本运营市场最直接的方式,也没有政策限制;二是大型国有文化企业成立企业财务公司,这是文化产业金融的一种重要形态,这些财务公司在为集团提供金融服务的同时,也开始积累产业金融经验,成为产业金融创新的发源地;三是自主成立具有金融资质的融资担保、小额信贷类企业,并吸引民间资本加入;四是参股控股金融企业(如专业银行、产业银行等),在其他行业中,这种产融结合的方式已经很普遍,目前我国还没有独立的文化产业银行、文化产业保险公司和文化信托公司。

产业资本参与的一种形式是文化产业外的产业资本的投资行为,这种跨领域的投资行为有时是一种产业转型的表现,有时也表现为金融资本,关键看资本方的运作模式。其他产业的产业资本迅速整合资源,形成与文化产业的融合性业态,已经对我国文化产业的格局产生了重大影响,而且这种影响可能是颠覆性的。

万达集团进入文化产业并一跃成为文化产业的领军企业,说明文化产业变局的真正力量并不在产业之内。阿里巴巴、腾讯、百度三大互联网企业并不是典型的文化企业,但是由于互联网和文化的紧密联系,介入文化产业是近水楼台。这些产业外资本往往对文化产业金融更具有敏感性,因为他们在其他产业金融领域已经积累了丰富的经验。

4.产业组织:发挥文化产业园区的产业金融创新能力

通过发展园区经济,建立文化产业园区(如艺术园区、创意产业园区等),打造主导产业集群,形成地域经济发展的增长极,一直以来都是各地试图进行产业结构调整、改变增长方式的重要发展思路。据有关数据显示,我国当前正常运行的文化创意产业园区有2047家[1],包括政府主办和企业主办的各级、各类文化产业园区。而据有的专家估算,全国和文化创意产业相关的园区可能有上万家。文化产业园区和文化金融的关系,不仅表现在金融如何支持产业园区的发展,更重要的是产业园区本身如何整合资源,构建产业金融生态系统。

将产业园区看作特殊的产业组织,是文化产业创新和文化金融创新的特别视角,这种视角具有学理上的逻辑性和实践上的价值。可以说,将产业园区当作一个产业组织对我们突破固有的思维藩篱具有深刻的意义。但是,文化产业

---

[1] 据中国文化创意产业网2015年发布《中国文化创意产业园区分布图》的数据。

园区作为一种产业组织的性质还未得到足够的重视。政府主导的园区被当作政策执行者和行政组织,企业主导的园区只被当作纯粹的企业。

产业园区是在特定政策、机制、区域条件下运行并由政府、管理者、众多产业关联性较强的企业共同组成的组织形式,也集中表现了一个产业内的各种经济和市场关系。从形式上,产业园区作为产业组织,表现为企业、企业联盟、第三部门等单位的一种组织集合,具有一定的统一主体性。政府主导的产业园区一定程度上体现国家意志、政府意志,企业和其他社会单位主导的园区也受政策影响较大,但是从产业组织的角度定位产业园区,可以使我们清晰地认识到,金融在产业园区不仅是一种功能,更是一种机能。

产业园区是产业集聚区,是形成产业金融的最佳土壤,在文化产业金融构建中具有中枢作用。我国高科技产业园区(如北京亦庄经济技术开发区[①])的产业金融已经取得显著效果,可以作为文化创意产业园区的借鉴。

文化产业园区能够切实落实政府的金融政策。产业园区是经济政策、国家行为的缩影,是文化产业制度创新和产业管理的焦点。作为上承政府、下接企业的纽带,园区管理部门既可以通过执行金融制度提供制度供给,也可以通过扶持金融手段开发企业技术、产品、市场等方面的创新活动影响整个产业的发展。

通过投融资公共服务平台服务企业,是文化产业园区的重要功能之一。投融资公共服务平台建设方面,主要是通过对接银行、保险、证券、信托等外部专业金融机构服务于企业,这是建立产业金融服务体系的初级阶段,也是必要阶段。作为外部金融机构和企业之间的纽带,金融机构能够通过服务平台更加了解文化企业,企业也能够更多了解金融机构。在此基础上,投融资服务能够进一步促进企业治理能力和管理水平的提高,能够整合企业资源共同打造文化金融体系。

文化产业园区可以通过自有资金并与社会资本结合,共同设立金融机构,如产业投资基金、融资租赁公司等。由于园区具有入驻企业群体的优势,基于实体产业的潜在价值,金融机构能够和企业需求紧密结合。同时,园区主导或参与的金融资本,可以辐射园区外的更多企业,这对产业金融的发展具有示范作用。

[①] 北京亦庄国际投资发展有限公司总经理王晓波在"2015中国金融论坛"表示:"发展产业金融是基于实体产业的潜在价值,创造投资效益,达到产业经济发展的目的。基于产融发展思路,我们建立了产业金融服务体系。以企业信用为基础,培育上市为目标,建立六大金融资源体系,并通过各类配套政策培育支撑,充分实现六类资源与园区企业的有效对接。……已经为北京奔驰等重大产业化项目的产业升级提供了超过120亿元的投融资。"

5.民间资本:参与文化金融与小微金融服务

民间资本是中国的特有概念(与产业资本有一定的交集),广义上是指所有非政府拥有的资本。狭义上,民间资本是私人所有的民营企业和股份制公司中的股份及其他形式资产的统称,主要指私营企业和个人资产以及个人投资①。如何盘活引导民间资本,使之更好地参与国民经济建设和文化产业发展,是经济政策决策者和文化产业管理者必须面对的问题。

我国金融市场事实上存在规范金融和民间金融的二元结构,但所谓规范的金融系统,对小微企业的支持力度明显不足。统计数据显示,银行中小贷规模仅占信贷总额的8%左右。文化产业创业企业多、小微企业多,完全依靠大型金融机构的服务很难满足市场需求。银行、保险公司等大型金融机构本质上是企业,逐利是基本需要,强制性要求大型金融机构支持小微企业,既不符合市场规律,在执行上也不会有很好的效果。所以,基于小微文化企业的市场需要,鼓励民间资本进入文化金融领域成为产业金融体系的一部分,是文化产业金融的必然要求。

在文化产业中,民间资本进入金融领域成为金融资本不存在政策障碍,在这个方面比较有代表性的主要有五个文件:2010年《国务院关于鼓励和引导民间投资健康发展的若干意见》,为民间资本进入金融行业打开大门;2012年颁布的《文化部关于鼓励和引导民间资本进入文化领域的实施意见》,明确鼓励和引导民间资本参与的金融机构、中介组织、各类投资基金进入文化产业领域;2013年国务院办公厅发布的《关于金融支持经济结构调整和转型升级的指导意见》(称为"金十条"),明确指出鼓励民间资本投资入股金融机构和参与金融机构重组改造;2014年,文化部、中国人民银行、财政部联合发布的《关于深入推进文化金融合作的意见》明确指出,在加强监管的前提下,支持具备条件的民间资本依法发起设立中小型银行,为文化产业发展提供专业化的金融服务;2015年6月26日,国务院办公厅正式转发银监会《关于促进民营银行发展的指导意见》,明确指出,在加强监管的前提下,积极推动具备条件的民间资本依法发起设立中小型银行等金融机构,提高审批效率,进一步丰富和完善银行业金融机构体系,激发民营经济的活力。

民间资本进入文化产业参与金融体系建设在执行上却存在诸多难点,主要原因是民间资本独立进行金融业务风险高,一旦失控,社会影响大;二是政策执

---

① 刘晓明:《我国民间资本的宪法地位及其保护》,《学术交流》2014年第10期总247期。

行者经验较少,政策的操作细则也还缺乏,对风险的控制缺乏判断,执行上"多一事不如少一事"。另外,民间资本参与金融常常处于"地下"状态,普遍处于一种被歧视的境地。在文化产业中,鼓励民间资本进入金融建设体系,应充分利用现有的金融资源,因时因地推动产融结合。

第一,继续通过政府资金建立各类市场化金融机构,吸引民间资本加入并参与经营。政府通过国有资本建立文化金融机构,除了承担政策执行功能外,还应通过吸引民间资本加入,用混合所有制的形式培育民间资本的金融参与度,尤其要让民间资本更多地参与到经营运作中来,慢慢培育文化产业金融的熟练运营者。2013年国务院"金十条"明确提出要扩大民间资本进入金融业,鼓励民间资本投资入股金融机构和参与金融机构的重组改造;允许发展成熟、经营稳健的村镇银行在最低股比要求内,调整主发起行与其他股东的持股比例;尝试由民间资本发起设立自担风险的民营银行、金融租赁公司和消费金融公司等金融机构。虽然"金十条"并不是专门针对文化产业的政策措施,但文化产业在经济结构调整和转型升级中的作用越来越明显,民间资本参与文化产业银行、金融租赁公司等,是在文化产业中贯彻"金十条"的应有之义。民间资本对参与金融机构意愿强烈,所以在这个领域的推进,需要进一步开放思想。

第二,在文化产业发展较成熟的城市试点设立由民间资本独立出资、独立运作的民营银行、金融租赁公司等金融机构。文化产业中的民间资本参与文化金融机构也是重要的产业金融发展方向,具有文化产业背景的民间资本参与文化金融,能够充分发挥文化企业的产业优势,更好地为文化产业服务。风险控制需要加强管理,但不能因为风险存在而止步不前;可以通过地方立法形式,对民营金融机构进行差异化管理,通过监管部门设计和建立相应的考核和评估体系,尽快推动民间资本参与,丰富文化金融市场主体。

第三,充分利用已经初具规模的小额贷款公司,推动其和文化产业积极对接。我国各地政府,如北京、天津、陕西、江苏等地纷纷发起建立文化产业小贷公司,对文化产业进行支持。但是,这些远远不能满足市场需要,现有的小额贷款公司也应充分利用,和文化产业进行对接。自2008年我国小贷公司试点以来,小贷公司的数量和贷款规模飞速增长。根据中国人民银行2015年4月发布的数据,全国小额贷款公司机构数量共计8922家,从业人员为113118人,实收资本8392.05亿元,贷款余额达9453.7亿元。

第四,对已经在运营的民间融资性担保机构进行文化产业辅导和引导。我国民间金融市场的最重要成分是数量规模巨大的民间融资担保公司,由于市场减缩、监管不力等原因,常常违规操作甚至进入非法借贷、非法集资领域。但这一行业仍然具有利用价值。政府可引导一些具有良好业绩和记录的融资担保公司进入文化产业,与影视、艺术品、版权等领域进行对接,充分利用其原有的金融资源。这既对文化产业发展有利,也对整顿疏导不规范的民间金融市场有利。

主要参考文献:

1. [美]克里斯·弗里曼、罗克·苏特:《工业创新经济学》,华宏慈、华宏勋译,北京大学出版社2004年版。
2. 熊彼特:《熊彼特:经济发展理论》,邹建平译,中国画报出版社2012年版。
3. 钱志新:《产业金融》,江苏人民出版社2010年版。
4. 陈震:《金融创新概论》,中国财政经济出版社2010年版。
5. 方家喜:《新兴产业金融大战略》,经济管理出版社2013年版。
6. 纪敏、刘宏:《关于产业金融的初步研究——兼论我国财务公司改革的一种思路》,《金融研究》2000年第8期。
7. 许建生、韩芳侠:《做强产业金融,推动战略新兴产业和先进制造业发展》,《中国发展》第13卷,2013年第4期。
8. 贾旭东:《文化产业金融政策研究》,《福建论坛·人文社会科学版》2010年第6期。
9. 蔡尚伟、钟勤:《对我国发展文化金融的初步探讨》,《深圳大学学报(人文社会科学版)》2013年第30卷第4期。
10. 西沐:《文化金融:新的发展框架与视野》,《北京联合大学学报(人文社会科学版)》2014年第12卷第1期总43期。
11. 高书生:《感悟文化改革发展》,中信出版社2014年版。
12. 张洪生、金巍:《创新的力量——美丽中国建设路径探析》,北京时代华文书局2014年版。
13. 《文化产业专题研究报告(上、下)》,中央文化企业国有资产管理领导小组办公室、中国社会科学院文化研究中心编,社会科学文献出版社2014年版。
14. 《中国文化产业发展报告(2014)》,张晓明、王家新、章建刚主编,社会科学文献出版社2014年版。

(金巍:中国传媒大学媒介形象与推广研究所研究员,国家广告研究院展示技术与创意研究分院学术委员会主任,中关村梅花与牡丹文化创意基金会副秘书长)

第三章
文化金融合作政策研究

○孙家宝

作为"随着我国社会主义市场经济的逐步完善和现代生产方式的不断进步而发展起来的新兴产业"①,中国的文化产业在进入新世纪后获得快速发展,体量迅速增加,影响日益广泛,虽仍处于起步阶段,却已成为新的经济增长点,并向着成为国民经济支柱性产业的目标大步迈进。经过这些年的"原始积累",有了产业增加值超过两万亿、占 GDP 3.63%(2013 年)的产业规模,文化产业逐渐告别"小米加步枪",进入了向创新要发展、向资本要效益的时代。党的十八届三中全会适时提出了"鼓励金融资本、社会资本、文化资源相结合"的要求,文化部、中国人民银行、财政部印发了《关于深入推进文化金融合作的意见》,成为当前文化金融合作政策的扛鼎之作。本文将围绕我国文化金融合作政策这一核心,回顾其发展历程,梳理其基本特点,评估其实施效果,并提出创新建议。

一、文化金融合作政策的演变

罗马非一日建成,《关于深入推进文化金融合作的意见》同样有其前世今生。经查阅文化部历年政策法规②,笔者对涉及文化金融合作的政策进行了梳理,发现文化金融合作政策经历了以下三个阶段:一是文化向金融示好阶段;二是文化与金融初步合作阶段;三是文化与金融融合发展阶段。经过了这样三个阶段,文化金融合作政策也逐步由单纯的金融支持文化转向文化金融合作。

(一)第一阶段(2003 年-2008 年)

在文化部印发的正式文件中,系统谈及文化金融合作,始于文化部 2003 年

---

① 文化部:《关于支持和促进文化产业发展的若干意见》(2003 年 9 月 4 号)。
② 本文所考查的政策法规,主要指国家和部委层面的政策法规。

印发的《关于支持和促进文化产业发展的若干意见》(文产发〔2003〕38号,2003年9月4日)。该文件中,对文化金融合作提出了三个方面的原则性要求:一是鼓励民营资本投入文化产业。"凡鼓励和允许外资进入的文化领域,均鼓励和支持国内资本,特别是民营资本以独资、合资、合作、联营、参股、特许经营等方式进入,鼓励和允许上市公司以资产重组或增发新股的方式进入。"二是争取金融支持对外文化贸易。"积极争取有关部门支持,对出口的文化产品和文化服务给予优惠,在金融、保险、外汇、财税、人才、法律、信息服务、出入境管理等方面,为文化企业开拓国际市场、扩大市场份额、提高国际竞争力创造必要条件。"三是争取金融机构信贷支持。"拓宽文化产业融资渠道,形成多渠道投入机制。加强与金融机构的联系与沟通,积极推荐有发展前景、有良好效益的文化产业项目,争取银行给予信贷支持。"这份文件提出的三项要求,意图十分明显,即主要着眼于为发展文化产业争取资本支持,基本上是站在"文化"的立场上,向"金融"示好、请"金融"支持。

2004年,文化部印发的《关于鼓励、支持和引导非公有制经济发展文化产业的意见》(文产发〔2004〕35号,2004年10月18日)同样提出要"鼓励支持非公有制经济以独资、合资、合作、联营、参股、特许经营等多种方式进入。逐步形成以国有文化企业为主导、多种所有制经济共同参与、投资主体多元化、融资渠道社会化、投资方式多样化、项目建设市场化的文化产业发展新格局"。"逐步建立有利于非公有制文化企业创业的人才交流、技术和政策咨询、信息查询、高新技术产品和项目孵化、银行信贷担保等社会化服务体系。"这里的要求同样集中在鼓励民间资本进入文化产业和为文化企业争取信贷服务上,主要内容和基本立场与《关于支持和促进文化产业发展的若干意见》几乎没有变化。

2006年,《国务院办公厅转发财政部等部门〈关于推动我国动漫产业发展的若干意见〉的通知》(国办发〔2006〕32号,2006年4月25日)结合动漫行业的发展特点,提出要"加大投融资支持力度","政策性银行对符合条件的动漫企业要提供融资支持","优先安排符合条件的动漫企业境内上市融资","中国进出口银行可以为动漫企业出口动漫产品提供出口信贷","积极利用国家出口信用保险促进动漫产品海外市场营销"等举措,在为动漫企业争取融资支持、为动漫产品出口争取信贷支持之外,首次将保险服务纳入金融支持文化范畴。

2008年,《国务院办公厅关于印发文化体制改革中经营性文化事业单位转制为企业和支持文化企业发展两个规定的通知》(国办发〔2008〕114号,2008年10月12日)提出设立文化产业投资基金、鼓励非公有制资本进入文化产业、对文化产品出口提供贴息服务、加大信贷支持、完善担保体系、鼓励上市融资等政策。

此外,2005年国务院颁布的《关于非公有制资本进入文化产业的若干决定》(国发〔2005〕10号,2005年4月13日)、文化部等五部委印发的《关于文化领域引进外资的若干意见》(文办发〔2005〕19号,2005年7月6日)和中共中央、国务院印发的《关于深化文化体制改革的若干意见》(中发〔2005〕14号,2005年12月23日)中,也对支持文化金融合作提出了有关要求。

可见,自2003年以来,金融支持文化已经浮出水面,成为各项文化产业政策中的重要组成部分。但在这一阶段,文化与金融可以说仍在互相"试探",还没有开始真正意义上的合作。政策出台了,要求提出了,但是如何合作、在哪些领域合作,仍在探索之中,双方都在"摸着石头过河",努力寻找对方优势,寻找对接点,为进一步拓展合作不断积累经验。

(二)第二阶段(2009年-2013年)

经过几年的探索,2009年成为文化金融合作相关政策密集出台的一年。这一年,有三个重要文件对文化金融合作产生了重要影响。

第一个是文化部出台的《关于加快文化产业发展的指导意见》(文产发〔2009〕36号,2009年9月10日),首次提出要"建立健全文化产业投融资体系"。这个体系的主要组成部分包括三个方面:一是制定政策,即"研究制定金融扶持文化产业发展的政策和办法";二是建立合作机制,即"与银行等金融机构建立长期合作关系,不断扩大合作领域";三是具体合作形式,即"支持组建文化信贷担保公司,争取建立文化企业贷款贴息机制。支持组建多种形式的文化产业创业、风险投资基金。通过改进无形资产评估和抵押办法,促进银行开展文化企业授信工作,为文化企业融资创造条件。鼓励具备条件的文化企业上市融资和发行企业债券、融资票据等。积极引进实力雄厚的战略投资者,开展多种形式的长期投资合作,增强文化企业资金实力"。相比第一阶段的"示好"与"试探",这个时期的文化金融合作已经有了实质性进展,开始了积极的"互动"。

第二个是商务部、文化部、广电总局、新闻出版总署、中国进出口银行联合出台了《关于金融支持文化出口的指导意见》(商服贸发〔2009〕191号,2009年5月)。这一次,金融机构首次成为了联合发文单位,成为了直接参与者,文化部门不再唱"独角戏"。这份文件提出了建立商务、文化、银行协力推动文化出口的协调机制的要求,提出中国进出口银行所要提供的金融服务和金融产品,即"进出口银行本着独立审贷的原则,为文化企业提供包括文化产品和服务(含动漫)出口信贷、旅游文化国际化贷款、国际会展服务设施建设贷款、境外投资贷款、高新技术产品出口卖方信贷、进口信贷等信贷类业务产品以及结算、结售汇、贸易融资、对外担保、财务顾问等中间业务产品,以提供便捷全面的融资服务满足文化企业的多元化融资需求"。这份文件虽然只是指向文化贸易这一特定领域,但由于中国进出口银行的参与变得很不一般,可以说开启了文化金融合作的新篇章。

第三个是新中国成立60年来首部全国性的文化产业专项规划《文化产业振兴规划》(2009年7月22日)。该规划由国务院常务会议审议通过、新华社授权发布。规划在"政策措施"部分,用一整段来谈文化金融合作,即"加大金融支持。鼓励银行业金融机构加大对文化企业的金融支持力度。积极倡导鼓励担保和再担保机构大力开发支持文化产业发展、文化企业'走出去'的贷款担保业务品种。支持有条件的文化企业进入主板、创业板上市融资,鼓励已上市文化企业通过公开增发、定向增发等再融资方式进行并购和重组,迅速做大做强。支持符合条件的文化企业发行企业债券"。这里面提出要银行、保险、证券等多个行业对文化产业的支持,扩充了金融支持文化产业的领域。

2010年,为推动《文化产业振兴规划》的贯彻落实,文化金融合作进程中的一个标志性文件诞生了,那就是由中宣部、中国人民银行、财政部、文化部、广电总局、新闻出版总署、银监会、证监会、保监会联合发布的《关于金融支持文化产业振兴和发展繁荣的指导意见》(银发〔2010〕94号,2010年3月19日)。这份文件由九部门联合印发,是金融支持文化产业发展繁荣的第一个宏观金融政策指导文件,汇集了主管文化事务的中宣部、文化部、广电总局、新闻出版总署,主管金融、财政事务的中国人民银行、财政部,以及中国金融监管的"三驾马车"的集体意见,可以说是文化金融合作政策史上的第一个"大满贯"。文件分为七个部分:一是充分认识金融支持文化产业发展的重要意义;二是积极开发适合文化产业特点的信贷产品,加大有效的信贷投放;三是完善授信模式,加强和改进对文化产业的金融服务;四是积极培育和发展文化产业保险市场;五是大力发展多层次资本市场,扩大文化企业的直接融资规模;六是建立健全有利于金融支持文化产业发展的配套机制;七是加强政策协调和实施效果监测评估。这样一份"大而全"的政策性文件,总结了过去多年来文化金融合作的经验,奠定了今后一个时期文化金融合作的基础,成为文化金融合作的纲领性文件。这份文件的出台,也是文化产业在国际金融危机影响下逆势上扬、持续保持高速增长,以自身的硬实力吸引金融资本的必然结果。可以说,从这个时候开始,文化与金融能够坐在圆桌前,展开平等的对话,发起共赢的合作。这份文件出台之后,保监会印发了《关于保险业支持文化产业发展有关工作的通知》(保监发〔2010〕109号,2010年12月29日),过去在文化金融合作中相对最弱的一环也在不断加强。文化部、中国工商银行印发了《关于贯彻落实支持文化产业发展战略合作协议的通知》(文产函〔2010〕1031号,2010年5月7日),将文化产业与银行业的合作提升到了"战略合作"的层面。

2011年,十七届六中全会召开。会议以文化为议题,通过了《中共中央关于深化文化体制改革 推动社会主义文化大发展大繁荣若干重大问题的决定》(2011年10月18日)。《决定》对文化金融合作未做专门部署,却也在鼓励和支持社会力量和社会资本投入文化产业时,多次提到了文化金融合作议题,比如,"在国家许可范围内,引导社会资本以多种形式投资文化产业,……在投资核准、信用贷款、土地使用、税收优惠、上市融资、发行债券、对外贸易和申请专项资金等方面给予支持,营造公平参与市场竞争、同等受到法律保护的体制和法制环境","加大财政、税收、金融、用地等方面对文化产业的政策扶持力度,鼓励文化企业和社会资本对接"。文化金融合作的主体进一步扩大。

2012年,文化部出台了《文化部"十二五"时期文化产业倍增计划》(文产发〔2012〕7号,2012年2月23日),提出在"十二五"期间,文化部门管理的文化产业增加值年平均增长速度高于20%,2015年比2010年至少翻一番,实现倍增。要实现倍增计划,需要完成十大任务,其中一项即为"健全投融资体系"。这项任务包括四个方面:一是推进银行业全面支持文化产业;二是发挥资本市场的作用;三是促进文化产业投资;四是完善文化产业投融资配套服务。其中的具体要求,基本上延续了《关于金融支持文化产业振兴和发展繁荣的指导意见》的精神。这一点也再次印证了《意见》的基础性地位。

此外,2013年,国务院办公厅还印发了《关于金融支持小微企业发展的实施意见》(国办发〔2013〕87号)。该意见虽未直接提及金融支持文化产业,但考虑到文化产业领域小微文化企业众多的事实,这份文件也可以看作是金融支持产业发展的政策性文件。

(三)第三阶段(2014年至今)

2014年是文化产业政策"大年",一系列重磅政策文件密集出台,密度之大、级别之高、力度之强均前所未有。2月26日,国务院出台了《关于推进文创意和设计服务与相关产业融合发展的若干意见》（国发〔2014〕10号，2014年2月26日），八大政策措施中有"加强金融服务"一项，内容基本上是对前期文化金融合作主要政策举措的概括。3月3日，国务院出台《关于加快发展对外文化贸易的意见》（国发〔2014〕13号，2014年3月3日），四大类政策措施中，"强化金融服务"独占5条，涵盖信贷、融资、保险、融资担保、外汇5个领域，成为加快发展对外文化贸易的重要政策保障。4月16日，国务院办公厅《关于印发文化体制改革中经营性文化事业单位转制为企业和进一步支持文化企业发展两个规定的通知》（国办发〔2014〕15号，2014年4月16日），提出：要进一步促进文化与金融对接，鼓励文化企业充分利用金融资源；鼓励金融机构积极开展金融产品和服务方式创新，加大对文化企业的有效信贷投入；鼓励已上市文化企业进行并购和重组；鼓励文化企业进入中小企业板、创业板、"新三板"融资；鼓励符合条件的文化企业实现融资渠道多元化；建立符合文化企业特点的信用评级制度；探索设立文化企业融资担保基金等。

紧随这些文化产业重磅政策，文化部、中国人民银行、财政部联合印发了《关于深入推进文化金融合作的意见》（文产发〔2014〕14号，2014年3月17日），这是继《关于金融支持文化产业振兴和发展繁荣的指导意见》之后，又一项专门指向文化金融合作的重大政策。《意见》从认识推进文化金融合作重要意义、创新文化金融体制机制、创新文化金融产品及服务、加强组织实施与配套保障这四个方面提出了深入推进文化金融合作的要求，共15条具体内容。与《关于金融支持文化产业振兴和发展繁荣的指导意见》相比，《关于深入推进文化金融合作的意见》有三个特点：一是力求推广提升部行合作的经验做法，将完善文化金融合作信贷项目库、文化产业投融资公共服务平台、贷款贴息，将直接融资、区域股权市场、普惠金融等推广到文化产业领域；二是考虑到过去4年在落实前者的过程中存在的瓶颈环节、薄弱领域，着力在创新体制机制、创新产品与服务方面下功夫，针对性更强，措施更具体，比如，提出建立文化金融合作部际会商机制、完善文化金融中介服务体系、加大财政对文化金融的扶持力度、推进文化金融在重点领域的实施、推动文化企业直接融资、创新文化金融服务组织形式、创建文化金融合作试验区等；三是结合文化产业领域的新趋势，在推进文化产业与相关产业融合发展、加快对外文化贸易、扶持小微文化企业发展、促进文化消费等方面做出了部署，拓宽了文化金融合作领域和受益范围。客观地讲，这份文件仍然有进一步拓展的空间和需要完善之处，但这并不影响它开启文化金融合作新时代的重大意义。

目前,贯彻落实《关于深入推进文化金融合作的意见》成为各有关部门、各地方促进文化产业发展的重要任务,文化金融合作部际会商机制和文化金融合作试验区等重大项目都在稳步推进,北京、江苏、浙江、辽宁、安徽、江西等地则已结合实际,出台了具体的落实举措。可以说,文化金融合作政策进展到此,文化、金融相互支撑、互利共赢,已经是众望所归,其意义之大、前景之广也已无需赘述。

二、文化金融合作政策的主要内容及特点

(一)文化金融合作政策的主要内容

经过十多年的磨合,文化金融合作随着一个又一个政策的出台不断深入推进。综观十多年来的文化金融合作政策,对接点越来越多,合作领域不断扩充,合作内容不断丰富,这些方面在《关于金融支持文化产业振兴和发展繁荣的指导意见》和《关于深入推进文化金融合作的意见》中得到了集中展现,前者初步完成了文化金融合作政策框架体系的搭建,后者则是文化金融合作过去多年经验的总结和今后一个时期努力的方向。因此,我们梳理文化金融合作政策的主要内容,基本上可以围绕这两项政策展开,具体可以从三个层面来归纳。

一是从金融机构的角度来看,主要包括信贷服务、保险服务、融资服务等。

(1)信贷服务。主要由政策性银行和各级各类商业银行向文化企业提供资金支持,同时鼓励发展文化类小额贷款公司,为文化企业提供各类贷款、支付结算、外汇管理等信贷方面的优惠服务。

(2)保险服务。主要由保险公司为文化企业提供财产、人身等各类保险服务,特别是知识产权侵权保险、出口信用保险等优惠服务。

(3)融资服务。主要由证券、投资、信托、基金等机构为文化企业提供上市辅导、发行债券、股权转让、兼并重组等融资方面的优惠服务。

二是从文化企业的角度来看,主要是建立现代企业制度,完善公司治理结构,规范会计流程,加强财务管理,提高信息披露透明度,积极与金融机构对接,提升与金融机构的议价能力。

三是从政府、中介机构等第三方的角度来看,主要包括财政支持、机制保障、制度支持、平台建设、中介服务等。

(1)财政支持。主要由财政部门出资设立文化产业发展专项资金、文化产

业投资基金,实施"文化金融合作扶持计划"等方式,为文化企业提供贷款贴息、保费补贴等服务,引导金融资本投向文化产业。

(2) 机制保障。主要由文化部、中国人民银行、财政部建立文化金融合作会商机制,加强对文化金融工作的组织领导、统筹协调,密切政银合作,加强银企对接。

(3) 制度支持。主要由立法机构制定和完善促进文化产业发展、保护知识产权等方面的法律法规体系。

(4) 平台建设。主要由政府部门牵头,加强文化金融公共服务,如建立文化金融合作试验区、发挥文化部文化产业投融资公共服务平台作用、建立文化产业投融资数据库、引导建立文化金融社会化组织等。

(5) 中介服务。主要由法律、会计、审计、资产评估、信用评级等中介机构为文化企业和金融机构提供专业服务,推动文化产业知识产权评估与交易、发挥产权交易所的交易平台作用等。

(二) 文化金融合作政策的主要特点

综观文化金融合作政策的发展演变,分析各项政策的主要内容,笔者认为,我国的文化金融合作政策体现出以下几个特点:

一是文化金融合作政策的实施,主动权在金融机构。无论是综合性文化产业政策中涉及的文化金融合作部分,还是专门的文化金融合作政策,指向的主体都是金融机构,大量的篇幅都是要求金融机构支持文化产业。相对而言,这些政策对文化企业几乎没有提出任何要求,即便有一些,也都放在配套保障部分。这一点,从《关于金融支持文化产业振兴和发展繁荣的指导意见》这项政策的名称中可以得到印证。即便到了《关于深入推进文化金融合作的意见》的出台,文化金融合作政策的这一特点也没有发生根本的转变,但是单从政策的名称来看,我们还是能够看出一些转向的意图。毕竟,文化金融既然是合作,总不能让金融机构一直唱"独角戏",总不能让"施"与"受"一直那么悬殊。呈现这种局面,是多个因素共同作用的结果,一方面与我国文化产业仍然处于起步阶段、需要金融资本的注入有关,另一方面也与金融机构自身的"工具性"密切相关。因此,这种局面的存在,在现阶段是有其合理性的。但是,也不可否认,当前文化金融合作政策的落实,可能会在一定程度上受到"卖方市场"的影响,出现文化企业贷款难、融资难的现状一时难以改变的问题。要解决这个问题,只能依靠文化产业整体实力的不断增强、文化企业自身管理的不断规范,以硬实力打动金融机构、以好收益为自己赚分。所幸,目前这一切正在朝着我们想要的方向前行。

二是文化金融合作政策的推进,离不开财政的支持。回顾所有文化金融合作政策,无一例外地能够找到财政支持的内容。比如,在《关于支持和促进文化产业发展的若干意见》中,提到要对非国有经济投资的文化产业项目和对出口的文化产品和文化服务给予金融、保险等政策优惠的同时,同样提到了给予财税方面的政策优惠。在《关于金融支持文化产业振兴和发展繁荣的指导意见》中,专门拿出一条来讲财政支持"中央和地方财政可通过文化产业发展专项资金等,对符合条件的文化企业,给予贷款贴息和保费补贴。支持设立文化产业投资基金,由财政注资引导,鼓励金融资本依法参与"。《关于深入推进文化金融合作的意见》同样用专门的一条来强调"加强财政对文化金融合作的支持"。同样的要求,在其他一些政策中也基本上都有体现。在政策性文件中提出财政保障要求,这在目前是比较常见的做法。但是,我们应当看到,在文化金融合作中提出的财政支持,与其他多数政策文件还是有很大区别的:多数提供财政支持的要求都集中在财税方面的优惠和项目支持,目的在于吸纳财政资金的直接投入,在早期的文化金融合作政策中也是如此。随后的政策有了很大的改变,争取财政支持的重点变成了落实贷款贴息、保费补贴等要求,目的在于引导金融资本投向文化产业。这一点,对于金融机构占据绝对主动权的文化金融合作政策的落实来说,非常关键。因为财政的支持,最终还是流入了金融机构,这样的一种撬动作用非常明显。它能够让金融机构在支持文化产业的同时,提前就稳稳地收获了投入之外的一份回报。

三是文化金融合作政策的创新,仍然有较大的空间。首先,文化产业是一门新兴产业,发展到目前这个阶段亟须金融资本的不断投入。随着我国进入经济发展新常态,保增长、调结构、扩内需、促改革、惠民生依然是今后一个时期的主要任务,文化产业作为战略性新兴产业,发展潜力巨大。这个潜力的挖掘,无疑需要金融资本的投入。因此文化金融合作,可以说是文化产业加速发展、突破升级的重要动力。其次,因为文化的双重属性,文化产业的发展也有其特殊性,政策的把控和推动显得尤为重要。金融资本和文化产业的对接与合作,对政策的需求度和依赖度都要大于一般的行业。随着改革的全面深化,文化产业的业态不断增加、领域不断扩大,与金融资本的对接点也会越来越多,必将为文化金融合作的创新提供更加充足的空间。此外,经过前期的磨合,文化金融合作已经取得了一定的实效,未来的政策创新有了较好的基础。作为进入新世纪之后才逐渐发展起来的新事物,文化金融合作才刚刚上路。从目前来看,我们的政策还主要集中于金融机构支持文化产业的发展上;但是从长远来讲,文化产业的发展必将推动金融行业的创新,文化与金融的合作共赢必将带动政策的不断创新。

三、文化金融合作政策的实施效果

文化金融合作政策涉及政府有关部门、金融机构和文化企业三类主体,它的实施同样需要三类主体的共同推动。

(一)政府层面

文化部作为文化产业发展主管部门,积极开展组织协调工作,为文化金融合作提供公共服务。一是推动建立起以部行合作机制为代表的覆盖全国的政银合作机制,文化金融合作已经是遍地开花。二是与财政部共同建立了文化金融合作信贷项目库,目前正在探索建立文化金融服务中心和文化金融合作试验区,为文化企业搭建了便捷的融资平台。

财政部发挥财政资金的引导和支持作用,推动文化资源与金融资本相结合。一是修订了《文化产业发展专项资金管理暂行办法》,明确将"促进金融资本和文化资源对接"作为重点支持方向之一。在国家级文化产业发展专项资金的引导下,除个别地区外,绝大多数省(区、市)纷纷建立了符合本地实际的文化产业类专项资金,支持本地文化产业发展。二是联合文化部,组织实施文化产业金融扶持计划,并纳入文化产业发展专项资金重大项目管理。2013年,文化金融扶持计划安排贴息金额4.6亿元,撬动社会资金770亿元;2014年安排6.7亿元,撬动社会资金830亿元。积极推动中央和地方文化产业投资基金发展,鼓励金融资本通过风险投资、股权投资等方式进入文化产业。三是根据《文化产业振兴规划》中关于"由中央财政注资引导,吸收国有骨干文化企业、大型国有企业和金融机构认购,设立中国文化产业投资基金"的要求,2011年财政部会同有关部门出资设立了中国文化产业投资基金。基金实行市场化运作,目标是推动资源重组和结构调整、振兴文化产业,重点投资领域包括文化创意、影视制作、出版发行、印刷复制、广告、演艺娱乐、动漫、网络文化、文化休闲等行业。截至目前,基金已成功投资人民网、新华网等多个项目,并参股江苏紫金文化产业发展基金、湖南省文化旅游产业投资基金等地方文化产业基金,各项业务全面展开。

中国人民银行作为我国的中央银行,及时将文化产业纳入国家经济运行范畴,将文化金融纳入国家金融运行的整体框架,在信贷政策中将支持文化产业作为金融支持实体经济发展的重要举措。一是自2011年起,开展文化产业信贷规模统计,发布文化产业中长期贷款统计数据,为政策实施提供数据支持。二是自2012年起,联合银行间市场交易商协会,与文化部共同启动文化企业债券融资试点,推动银行间债券市场发展,推出了短期融资券、中期票据、私募债和中小企业集合票据等适合文化企业的债务融资工具。截至2013年末,共有110家文化企业通过银行间债券市场发行了325支债券,累计融资2529.99亿元。三是将文化企业纳入企业征信系统,解决了文化企业与金融机构之间的信息不对称、抵押担保品不足等问题。此外,人民银行的分支行也与当地文化部门密切合作,开展了不少符合地方实际的文化金融合作实践。如人民银行北京营业管理部多年来将文化产业信贷业务开展情况纳入信贷政策导向效果评估体系,引导辖区金融机构加大对文化领域的信贷投放;人民银行南京分行多年来积极推动银保合作融资,通过银行与保险机构合作,为无固定资产可以抵押的小微文化企业提供履约保证险贷款业务,满足企业的贷款需求。

银监会、证监会、保监会"三驾马车"齐头并进,推动文化金融合作不断深化。银监会作为银行业的监管部门,认真研究文化产业的行业特点,鼓励和引导银行机构积极探索文化产业的信贷模式和信贷服务创新,推动文化产业信贷规模稳步增长。根据中国人民银行的统计,截至2015年1月末,文化产业中长期贷款余额达到2023亿元,比上年同期增长25.1%,远高于同步中长期贷款15.4%的增速。① 证监会通过多层次资本市场的建设,支持文化企业建立现代企业制度,完善财务管理,不断拓宽融资渠道,推动符合条件的文化企业在主板、创业板和新三板等股权交易市场上市融资。截至2015年1月末,全国共有126家银行企业在银行间市场累计发行债务融资工具4428.9亿元。境内上市的文化企业已达31家,其中9家为创业板上市公司。② 保监会与文化部自2010年起就共同推动文化产业保险试点,认定了一批试点保险机构和险种,发挥保险在化解风险、资金融通等方面的作用,为文化产业发展提供风险屏障。

(二) 金融机构层面

参与部行合作的各银行机构针对文化产业的特殊需求,不断创新文化金融

---

①② 《中国人民银行副行长范一飞:要扩大文化企业直接融资规模》,http://www.cs.com.cn/sylm/jsbd/201503/t20150323_4670158.html。

产品，提升服务质量，扩大信贷规模。

国家开发银行是较早自觉地投入文化产业的政策性银行，2009年便成立了支持文化产业大发展、大繁荣工作领导小组，随后在全行召开了支持文化产业大发展、大繁荣工作会议，部署相关工作，提出了"十二五"期间全行文化产业融资总量达到两千亿元的发展目标，并利用作为国家中长期融资银行的开发性金融优势，将投、贷、债、租、证有机结合，为文化产业发展提供全产业链金融服务。主要包括：与文化部、财政部、新闻出版总署、广电总局等相关部委合作建立了文化产业重大项目推荐机制；与文化部和12个省（市）签订了文化产业的合作备忘录，意向性合作额度达到一千多亿元，同时协助多个地方政府编制了区域性文化产业系统性融资规划，并积极推动规划成果的落地转化；为重大文化产业项目和重点文化企业提供大额中长期信贷支持，开发培育了万达文化等多个文化企业30强客户，支持了西安大明宫遗址保护、上海世博演绎中心、上海东方传媒等一批重大文化基础设施项目；与上海东方传媒共同发起成立了我国第一支文化领域产业基金"华人文化产业投资基金"，目前该基金已经投资了人人网、东方梦工场、星空卫视亚洲业务等项目，总投资额超过了12亿元；先后为多个文化企业开展了承销企业中期债券、中期票据和融资权等业务；开展知识产权质押融资研究与应用，通过文化创意贷款，支持影视剧的制作和生产，为华谊兄弟公司提供3亿元贷款，支持12部影片拍摄；创新综合金融服务模式，在西安曲江新区设立了开行曲江新区金融服务平台，支持曲江新区小微企业发展。截至2014年3月底，国家开发银行文化产业贷款余额已经达到1590多亿。

中国进出口银行自2007年以来就有针对性地开发了文化产品和服务（含动漫）出口信贷、旅游文化国际化贷款、国际会展服务设施建设贷款、进口信贷、出口基地建设贷款、开放型产业整合贷款及支持吸引外商直接投资贷款等创新信贷产品，支持中国企业文化产品和服务出口。此外，它还是第一家与文化部开展部行合作的银行，早在2009年3月就与文化部签署了合作协议。在随后的合作中，它不仅支持了哈尔滨冰雪文化、平遥古城、常州恐龙园等一批文化旅游项目，还发挥自身作为境外投融资主渠道的独特优势，扶持、培育文化出口重点企业和重点项目，着力打造文化出口重点企业和重点项目的融资平台，推动文化产品和服务走出去，为华强集团等企业的文化科技产品出口和项目输出、万达文化产业集团等文化企业境外投资并购业务提供多样化的金融服务。

中国工商银行作为全球规模最大的商业银行，2010年便与文化部签署了支持文化产业发展战略合作协议，全方位支持文化产业发展，承接了首笔文化企业私募债——华侨城集团私募债,率先推出了"文化+金融"的文化产业金融产品手册和综合化金融服务方案,对文化产业龙头客户提供组合服务,并积极开展对其上下游企业的供应链融资;对中小文化企业,以订单融资、国内保理等贸易融资产品组合方式满足客户的资金需求。截至 2014 年 3 月,工商银行提供融资支持的中小文化企业达到 4000 余家。

中国建设银行设立了国内第一支由商业银行组建的文化产业股权投资基金——建银国际文化产业股权投资基金,自身规模超过 20 亿元,投资范围涵盖出版、电影、广播电视、网络游戏等多个文化产业领域。通过文化部文化产业投融资平台,该行有效把握优质客户的信贷需求,与西安曲江大明宫、内蒙古响沙湾旅游有限公司、龙城旅游控股集团有限公司等知名文化企业建立了紧密的合作关系,并提供了有效的信贷支持。

其他一些商业银行也积极开发金融产品和服务,支持文化产业发展。如中国银行引导由其参与发起设立的中国文化产业投资基金,投资文化部门推荐的项目 14 个,投资金额 13.6 亿元,涵盖了艺术品制作、舞台艺术、影视、动漫、游戏等多个业务领域。中国农业银行推出了影视动漫专项贷款,创新担保管理,认可未来版权质押、未来应收账款质押等新兴担保方式。交通银行推出了以合法有效的注册商标专用权、专利权、著作权提供质押担保的"智融通"和以影视版权价值为核心的"视融通"等信贷产品,支持了《花木兰》等多个影视娱乐项目。招商银行为电影、电视剧制作企业量身打造了"影视贷"产品,支持了《鸿门宴》《集结号》《画壁》等影视作品。北京银行开发了"创意贷""影视贷"等特色产品,探索文化类无形资产质押融资,支持了像"雷子乐笑工厂"等一大批小微文化企业。民生银行在总行层面新设了文化产业金融事业部,组建专业团队和专营机构,从体制、机制上创新突破。截至 2013 年末,已有 10 家银行与文化部建立了良好的部行合作关系。

中国出口信用保险公司作为政策性出口信用保险机构,成为文化产业保险试点单位。经过 3 年的试点,公司形成了针对文化对外贸易的几大服务功能:一是为文化出口企业提供融资便利和风险保障,确保文化出口企业可以凭借短期出口信用保险保单获得银行的融资。二是为海外演出、会展所需的大型设备提供通关关税担保,通过投保信用保险(ATA 单证册保险)获得免征关税的保障。三是避免合同履行中关键人员违约造成的风险。四是为文化出口企业提供强大的资信服务。目前,公司已与全球 100 余家资信企业建立了合作关系,可以快速获知海外企业的资信信息,为企业"走出去"提供信息支持。五是为文化企业的海外投资提供政治风险保障。2014年,中国出口信用保险公司共承保文化产品和服务出口约10亿美元,其中向文化企业支付的赔款超过170万美元。[①]

中国人保财险公司也是文化产业保险试点单位之一。公司针对文化产业的风险特点,开发了演艺会展、工艺美术、动漫游戏三大门类九款文化产业保险专属产品,推动北京、深圳、山东、河北、海南、厦门、湖南等七省市签订地方政府合作协议或出台政府指导意见,并搭建起国内首个E-CULTURE电子商务投保咨询服务平台,为文化产业发展保驾护航。截至2013年6月30日,人保财险累计承保文化企业2万余家,保费收入9.27亿元,其中专属产品保费收入2027万元。

(三)文化企业层面

政府的大力推动,金融机构的积极作为,文化金融政策的踏实落地,拓宽了文化企业的融资渠道,它源源不断地输送着新鲜血液,为文化企业的发展注入了强大动力。

据统计,自2004年国家统计局开始统计文化产业发展数据以来,我国文化产业增加值已从2004年的3100亿元、占GDP的1.94%,增加到2013年的21351亿元、占GDP的3.63%,增加值现价年均增速超过23%。[②] 截至2013年末,全国国有文化企业共计12159家,同比增长12%;从业人员120.5万人,同比增长5.9%;资产总额22420.2亿元,同比增长23.1%;实现营业总收入10715.7亿元,同比增长18.8%;利润总额1081.2亿元,同比增长23.2%;净利润946.4亿元,同比增长22.3%。今年(2014年)的"文化企业30强"呈现出文化企业总体实力更强的特点。[③] 而第六届全国"文化企业30强"的主营收入2451亿元、净资产2706亿元、净利润316亿元,均创历史新高。其中,国有或国有控股企业21家,占总数的70%,主营收入和净资产均占入选企业主营收入总和的80%,反映了国有文化企业作为文化产业的主力军,发展活力和市场竞争

---

① 郑洁:《文化"出口"借力信用保险》,《中国文化报》2015年1月24日。
② 《统计局:2013年中国文化及相关产业增加值超2万亿》,http://www.chinanews.com/gn/2015/01-23/6998025.shtml。
③ 《国有文化企业发展报告2014》,中央文化企业国有资产监督管理领导小组办公室正式发布。

力进一步增强。①

截至2013年末,我国A股市场共有国有控股文化上市公司17家,总股本合计151亿股,总市值合计达1937.2亿元,比2012年末增长了62.7%,国有控股文化上市公司已成为我国文化市场上的重要力量,并购重组也成为国有文化企业改革发展的"助推器"。② 截至2015年4月13日,沪深两市共有43家文化传媒类上市公司发布了2014年年报,其中只有7家公司全年净利润未实现增长,其余八成文化传媒公司归属于母公司的净利润同比实现增长,三成公司净利润同比增长超过50%。③

民营文化企业的数量、规模等信息,虽然目前还没有权威部门统计,但通过部分省市的一些统计数据也可以看出,在文化金融合作、扶持小微文化企业、支持非公有资本进入文化产业等政策的支持下,民营文化企业的数量不断增多,实力也在不断加强,正逐步成为推动文化产业发展的重要力量。比如,截至2012年4月,广东省民营文化企业总数超过4万家,从业人员达25万人,这两个数字分别占广东省文化企业法人单位数和从业人员总数近80%,资产总额、营业收入也能占到50%左右。④ 截至2014年6月,重庆市民营文化企业达到4.9万户,占文化企业总数5.17万户的94.8%。⑤ 而在第六届全国"文化企业30强"企业中,民营企业有9家,占总数的30%,比上届增加2家;主营收入和净资产均占入选企业主营收入总和的20%左右。⑥

与此同时,文化企业积极与金融机构对接,主动加强文化金融合作。如深圳华强集团作为龙头文化企业,率先组建了集团财务公司,促进企业融资集约化和投资科学化。南京文化投资控股集团组建全国首家文化金融服务中心,探索为文化企业提供综合文化金融中介服务,提升小微文化企业融资能力。同时,越来越多的文化企业由依靠自有资金积累慢慢发展,逐步学会运用金融资本做大做强,把小作坊、皮包公司逐步打造成现代企业。

总的来说,文化金融合作不仅给文化企业带来了实实在在的发展资金支持,提升了文化企业的发展质量,也为金融机构的投入带来了可喜的市场回报,

---

①⑥ 《第六届"文化企业30强"发布 文化企业总体实力更强》,http://news.xinhuanet.com/politics/2014-05/15/c_1110712702.htm。
② 《国有文化企业发展报告2014》,中央文化企业国有资产监督管理领导小组办公室正式发布。
③ 《43家文化上市公司三成去年净利增逾50%》,《经济参考报》2015年4月14日。
④ 《民营文化企业数量超4万》,《南方日报》2012年4月27日。
⑤ 《2014上半年重庆市文化企业数量达5.17万户》,http://www.askci.com/chanye/2014/11/26/84927wvo4.shtml。

拓宽了金融机构的服务领域,可以说文化与金融合作实现了双赢。

四、文化金融合作政策的创新

经过十多年的探索,文化金融合作单从政策设计层面可以说已经比较成熟,能够适应形势,金融支持、财政撬动相得益彰,为文化企业的发展拓展了空间,增添了动力。但是,从政策落实、深化合作层面来讲,从文化产业健康快速发展、成为国民经济支柱性产业的目标来讲,文化金融合作仍有很长的一段路要走。笔者认为,下一步应当着重从担保体系、市场运作、政策合力和创新合作机制等几个方面入手,推动文化金融合作创新。

(一)在完善担保体系上下功夫,努力解除文化企业和金融机构合作的后顾之忧

在文化金融合作政策的支持下,文化企业的信贷和融资问题得到了一定程度的缓解。但是,对占据文化产业发展大半壁江山、最具发展活力、最需要金融支持的小微文化企业和文化类个体创业者、经营者、工作室而言,贷款难、融资贵问题还没有得到根本性改善。究其原因,从他们自身来看,主要有财务制度不够健全、内部管理不够规范、固定资产规模较小、可供质押的资源定价困难、抗风险能力较差等因素;从外部环境来看,缺乏健全、完善的担保体系也是影响他们贷款、融资的重要原因。

鉴于小微文化企业自身的一些特点很难改变,建立健全贷款、融资担保体系,理应成为文化金融合作政策的重要着力点。因此,应在文化金融合作政策中鼓励贷款担保公司、融资性担保公司等专业中介服务机构介入,开发适合小微文化企业特点的产品,在企业和金融机构之间搭建"第三方"平台。注重发挥行业协会作用,加强行业自律和自我管理。在此基础上,发挥金融机构、中介服务机构、行业协会的合力,建立完善针对小微文化企业或文化项目融资的信用评级制度,根据信用等级评估风险,实行差别化定价,对诚信度较高、风险较小的企业,降低贷款利率和融资费用,放宽还款期限和方式。在金融机构降低风险的同时,也为成长型小微文化企业提供更加优质的贷款和融资服务。

(二)在市场化运作上下功夫,努力实现文化企业和金融机构合作中的互惠双赢

天下没有免费的午餐。对于企业和金融机构而言,盈利都是经营活动的主要目的。文化金融合作政策只有在双方实现互惠和双赢的前提下,才能够维系下去。目前的政策主要指向金融机构,落实与否、落实到什么程度,也要看金融机构能否达成自己的目标、能否实现可观的效益。因此,要深入推进文化金融合作,相信市场的力量,充分发挥市场在金融资源配置中的决定性作用。投什么、投多少、怎么投,都应由市场说了算。

金融机构应注意发挥金融政策和金融市场的调节作用,优化文化产业机构和融资模式,通过文化企业与金融机构的互动,帮助企业更好地适应市场,增强抗风险能力。

文化企业要从自身实际出发,找准与金融对接的模式和路径,谋划好、孵化好、推介好各类项目,开发市场前景广阔、模式清晰、方案切实可行的好项目,去争取贷款、吸引投资,推动文化金融资源的有效配置;同时提升自身与金融机构的议价能力,形成合理的市场价格,实现对文化企业和金融机构的有效激励和市场预期。

行业协会应加强与文化企业的沟通联系,凭借在市场走向把握能力方面的优势,适时提供行业供需信息,引导文化企业把握准市场脉搏,开发适销对路的产品。

(三)在发挥政策合力上下功夫,努力实现各项政策的效益最大化

文化产业作为一门新兴产业,仍然处于需要政策扶持的阶段,属于政策密集型产业。随着一系列文化产业政策的陆续出台,文化产业领域的政策框架体系基本建立。正如前文梳理的那样,近年来的文化产业政策基本上都会涉及文化金融合作,并将文化金融合作作为实现政策目标的重要保障。在政策实施中,应注重形成政策合力,实现政策的效益最大化。

应当把促进文化创意和设计服务于相关产业融合发展、扶持小微文化企业、发展特色文化产业、推动对外文化贸易等领域的政策,与建设文化产业投融资体系结合起来,注重政策的整体性、系统性和协同性,一方面拓展文化金融合作的空间,丰富金融支持文化的手段,另一方面也能够更好地以文化金融服务推动产业发展。

应当把文化产业政策、财政政策和金融政策结合起来,实施"文化金融扶持计划",巩固贷款贴息等成熟的支持方式,继续探索建立文化金融服务中心、文化金融合作试验区、文化产业融资风险分担补偿机制等模式,实现产业政策指引、财政政策支持、金融政策放大的效应。

另外,应调动各方主体的资源和积极性支持文化金融合作,争取到更多方面的支持,并力一向,最终形成政策合力,切实把政策用足、用好,发挥出政策的最大效益。

(四)在创新合作机制上下功夫,努力搭建文化金融合作的服务平台

《关于深入推进文化金融合作的意见》提出,文化部、中国人民银行、财政部等部门共同建立文化金融合作部际会商机制,协调文化金融合作政策的实施。2014年3月25日召开的全国文化金融工作会议标志着这一机制的正式启动。加上先前已经建立运行的部行合作机制,文化金融合作已经形成了宏观(部际会商机制)和微观(部行合作机制和全国各地已经普遍建立起政银合作机制)两个层面的工作机制,在顶层设计方面已经有了良好的基础。

但在具体操作层面,仍有重大的缺憾,那就是金融机构和文化企业之间的合作机制。目前的合作,多数还是一对一的合作,而非行业之间的合作,资源相对分散、结合不够紧密。这方面如果能够有所加强,势必会提升文化金融合作质量。随着行业协会建设的不断推进,文化金融行业间合作机制的建立将成为可能,需要我们在今后的机制建立上予以推进。

在政府、行业、企业等各主体之间建立纵横交叉的多层次合作机制,并在此合作机制的基础上,搭建文化金融合作的公共服务平台,加强各类公共服务的提供,必将推动文化金融合作不断走向深入、取得实效。

(孙家宝:文化部政策法规司,博士)

第四章
文化企业与著作权价值评估研究

○ 李挺伟

发展文化产业,推进经济结构调整,加快转变经济发展方式,是当今中国经济社会发展的重要引擎。经过多年努力,我国文化产业发展取得了长足进步,规模和实力不断增强,市场主体日益壮大,市场体系逐渐形成,成为了国民经济和社会发展的新亮点。

文化企业具有自身的特点和价值驱动因素。文化企业价值评估是企业改制、上市和并购等经济活动的重要基础,著作权及其资产评估是文化企业价值的重要内容,在文化企业的投融资活动中发挥着不可替代的作用。文化产业和文化企业的健康发展需要完善的知识产权制度保障,需要科学的价值与资产评估理论和制度体系保障。本文从知识产权制度与文化产业的关系角度切入,分析了文化企业价值评估的两个路径(盈利模式和获利能力),并重点分析了著作权在文化企业价值中的重要性及评估方法。

一、文化产业与知识产权制度

文化产业,又称文化创意产业或版权产业(世界各国和国际组织对文化产业的定义均有一定差异),它是以创新为核心,以知识产权运作为手段,向大众提供文化、艺术、娱乐等精神产品的新兴产业集群。当代文化产业在全球化的消费社会背景中迅猛发展起来,其中"创新"或"创意"是文化产业的核心动力,正如保罗·罗默所指出的,知识与技术推动了经济增长,创意会衍生出无穷的新产品、新市场和财富机会;能否提供和使用更多的创意或知识品,将直接关系到一国或地区经济能否保持长期增长。① 文化产业与知识产权的关系极为密切,一方面知识产权制度是文化产业发展的保障,另一方面知识产权法律制度要适应文化产业发展的变化。

(一) 知识产权制度是文化产业发展的重要保障

按照我国的知识产权实践,知识产权包括著作权(版权)②、专利权、商标权等,相应的立法主要有著作权法、专利法、商标法和反不正当竞争法等。在文化产业实践中,著作权是最具有文化产业特征的知识产权。

文化产品生产需要知识产权法律的保护。文化产品作为文化产业基础的智力成果,也是一种无形财富,如果没有知识产权的保护,其经济利益得不到保障。更重要的是,文化产品的知识产权通过产业过程,使其潜在的财产利益最大限度地得以实现。只有当每个创新者都能从自己的劳动和投入中有所收获,创新才能成为全社会积极追求的目标。文化资源的开发如果不能受到法律的保护,创新积极性就无从激发,潜在的创新就无法变成实际的成果。在市场经济条件下,没有合理的知识产权保护制度,文化资源就不能有效商品化、要素化。

知识产权法律制度是文化产业发展的重要前提。知识产权法律制度首先是保障了创意者的利益,推动了创意者阶层(群体)的形成,维护了产业发展的市场环境,通过实现文化创意上游环节的利益,进而延伸到产业的中下游,打通产业发展的各个环节。发展文化产业必须要建立在保护创新、创意的知识产权制度的基础上。文化产业发展的核心因素是实现人的价值,尊重创意主体特别是高端创意人才的价值,使创意者的权益得到保障,形成激励创新创意的市场环境和社会环境,从而带动更多的创意人才加入文化产业,为文化产业的发展提供源源不断的动力。最终要形成保护创意的社会文化,促进文化产业的健康可持续发展。

---

① 内生经济增长理论代表人物保罗·罗默在20世纪90年代提出了著名的四要素增长理论,即新古典经济学中的资本和劳动外,又加上了人力资本和技术水平,模型中的劳动是指非技术劳动,而人力资本则用正式教育和在职培训等受教育时间长度来衡量,这样,罗默就强调了创新和知识在经济增长中的作用,罗默的知识溢出模型更明确了知识的作用。1992年罗默在世界银行发展经济学年会上进一步把上述思想运用到发展中国家和地区的发展战略的研究中,并认为:能否提供和使用更多的创意或知识品,将直接关系到一国或地区经济能否保持长期增长。
② 《中华人民共和国著作权法》第五十六条规定:本法所称的著作权即版权。

(二)知识产权制度要适应文化产业发展的变化

在社会发展的常规时期,文化产业主要是内容的创新,但在当今全球科技迅猛发展下,特别是信息时代,文化与科技创新的融合突变就强烈地显现出来。"观念创新,技术创新,机制创新"成为文化产业创新的迫切需求。正如德鲁克所定义的:"创新就是改变资源的产出","创新就是通过改变产品和服务,为客户提供价值与满意度。"[①]互联网环境下,数字网络技术正在给世界创造新的巨大资源,如数字电影、数字电视、网络游戏、数字音乐、微博微信,都是在满足消费需求的过程中高速发展的。

互联网新媒体对传统媒体造成了巨大的冲击。虽然媒体无论新旧,在信息的生产和销售上都要恪守知识产权法律的底线,但新技术的创新也带来诸多新变化和新问题。传统现实环境下,可以通过知识产权法律保障当事人的权利,实现经济利益,但互联网下的分享和商业模式转移,使传统的知识产权制度无法最大化地保障和实现当事人的利益,特别是对先授权后使用的挑战,以及文化产品著作权的收益模式转变,如收入第三方化、利益分配后置化。这种对立,也体现了创新与法律制度的不协调:前者如飞驰的车轮,而后者如跑道,当前者另辟新径时,后者无法及时地跟进。

需要直面的现实是,站在传统知识产权保护的路径出发,著作权原有制度对传统媒体的庇护,实际上也已经捉襟见肘,互联网创新带来利益的二次分配,直接影响到知识产权保护与利益的平衡。

二、文化企业价值:盈利模式与获利能力

文化企业作为市场经济主体,以利润最大化、实现股东价值为企业的经营目标,所以文化企业的价值归根到底是市场价值。从盈利模式及其获利能力入手对企业价值包括资产和获利能力等进行分析是基本路径。

对企业价值的分析,不仅要关注其商业与经营模式,更要关注其盈利模式和获利能力。盈利模式的创新对文化企业价值具有重要的影响,成为评估企业价值中利润来源的重点关注内容,也成为分析文化企业未来预期收益的重要前提。在分析盈利模式的基础上,还要全面分析文化企业能够给投资者带来的效

---

① 彼得·德鲁克著,蔡文燕译:《创新与企业家精神》,机械工业出版社2012年版,第30页。

用,即文化企业的获利能力,分析影响文化获利能力的内部因素和外部环境因素。这种分析要结合不同文化类型企业的特点,关注不同方法适用的前提、特点和参数,合理选择和运用评估方法。

在企业价值分析中我们也可以发现,以著作权为主要资产的知识产权是文化企业价值的重要内容,是企业获取经营收益的核心资源。文化企业通过对著作权内容的生产、管理、运营,形成了著作权资产,构成了企业的核心竞争能力。

(一) 盈利模式——文化企业价值分析的基础

盈利模式是指企业以赢利为目标,根据经营环境和自身资源,将市场、产品、服务、人力及资本等要素进行配置、管理的过程和方法,它直接影响企业的收益情况。文化企业资产评估,无论是对企业目前经营业绩的分析,还是对未来盈利的预测,乃至评估方法的选择,都需要关注企业的盈利模式。因此,盈利模式成为文化企业价值分析需要关注的重点。盈利模式中的盈利,有时候是单一的,有时候是组合的,根据文化企业盈利模式的主体和运营方式的不同,主要分为四类盈利模式:产品盈利模式、资源盈利模式、产业链盈利模式、价值网盈利模式。

1. 产品盈利模式

产品盈利模式又称标准型盈利模式。结合文化企业特点,标准型盈利模式又可分为专业化模式、大制作影片模式、拳头产品模式、速度创新模式和利润乘数模式。

(1) 专业化模式

文化企业在初创时期都表现出某些方面的专长,通过充分挖掘自身专长可以迅速在市场竞争中占有一席之地,即充分利用专业化优势获取利润。例如,亚马逊专注于图书而成就其网络第一书店的地位,盛大网络专注于游戏而成为网游的领先者等。对于创业期以及成长期的企业来说,应努力树立本专业的权威地位,并通过不断推陈出新来延长产品专业化的生命期。

(2) 大制作影片模式

文化企业的一个显著特征表现在其"新产品"开发的成本通常较高,而开发之后的边际生产成本较低。因此,提高利润的最好方式就是在最短的时间内增加产品的发行数量。这种模式在影视、书刊、音像企业表现尤为突出。美国好莱坞是成功实践该模式的典范。好莱坞大制作影片的成本投入很高,情节内容符合大众口味,加上其营销宣传的运作,频频创下票房神话,如《阿凡达》一部电影就卷走了中国内地13亿元的票房,至今仍保持着票房之王的桂冠。"卖座大制作影片"模式可以在短时间内快速收回成本,实现赢利,企业在市场推广方面要通过高投入的宣传推广,迅速扩大产品的知名度,吸引消费者眼球。

(3)拳头产品模式

在激烈的市场竞争中,文化企业往往无法保证所有产品的市场竞争优势,因此需要通过提炼具有吸引力的独特卖点,着重打造一系列拳头产品。纵观文化产业中的许多企业,大都有自己的拳头产品,而企业的核心利润来源也在于这些拳头产品,如出版业中的商务印书馆,凭借字典出版的权威性和影响力,占据了字典和词典市场的重要份额,也产生了拳头产品所形成的稳定利润。拳头产品也体现在以技术领先为基础的盈利模式,如谷歌、百度等通过持续保持领先的技术,使其搜索产品获得良好赢利能力。从国家文化传播层面看,拳头产品就是超级IP,作为一个国家和文化的标签能够拉动文化产业的整体影响力。如韩国的《江南Style》,征服了各色人种,曾经一度成为世界的Style,这对韩国音乐产业的海外影响力发挥了巨大的推动作用。

(4)速度创新模式

高于行业平均水平的创新速度使企业总是具有先行优势。文化产业常常被称作"文化创意产业"或"创意产业"(范畴上还是略有区别),因为"创意"作为一种创新类型是这个产业的核心动力。"创意产业是以创意为核心增长要素的产业",其创意包括文化创意和科技创意(即科技创新)[①]。一个好的创意所迅速推出的"新产品"总会获得超额回报,而创新者不断利用自身的速度优势,可以有效阻止效仿者的模仿,获得持续的高利润率,并始终处于行业的龙头地位。

(5)利润乘数模式

对于拥有知名消费娱乐品牌的企业来说,利润乘数模式是一个强有力的赢利武器。一旦投入巨资建立了一个品牌,消费者就会在一系列的产品上认同这一品牌,企业就可以用不同的形式,从某一产品、产品形象、商标或是服务中,重复收获利润。美国迪士尼是这一模式的缔造者和实践者,它将同一形象以不同方式包装起来,米老鼠、美人鱼等卡通形象出现在电影电视、书刊、服装、背包、手表、午餐盒、主题公园、专卖店上,每一种形式都为迪士尼带来了丰厚的利润。

[①] 厉无畏、王慧敏:《创意产业新论》,东方出版中心2008年版,第6页。

同样,风靡全球的哈利·波特,也打造了商业上的魔法帝国,其品牌衍生所产生的利润乘数模式,取得了高额的利润回报。

2. 资源盈利模式

文化企业所拥有的资源大体包括两类:一是外部获取的资源,主要包括企业获得的特许资格(如出版权和特许营运牌照),以及特定的行业资源(如一些依存有关部门资源的国有出版企业,长期以来所形成的市场,特别是教辅类和专业类图书。此类资源虽然与企业自身的市场拓展相关度不高,但会直接影响企业的市场地位和占有率,同时,外部资源的变化也会直接影响企业的发展和规模);二是内部形成的资源,主要是企业经过发展所形成的人力资源、品牌资源,还包括所占有的文化资源(此类资源多属于内生性资源,与企业的经营能力相关度较高)。

资源盈利模式,主要体现在资源的重构和整合,通过盘活文化企业资源,将优质资源向优势产品集中,做大、做强主打产品,提高市场占有率;或者将企业的品牌资源、文化资源、信息资源这些"软资源"和资金资源、物资资源这些"硬资源"进行整合,产生协同价值,增强竞争力。特别是把相关企业的人、财、物和市场等要素集成起来,促进企业整体价值的提升。

3. 产业链盈利模式

目前,国内文化企业普遍存在产业链不完整的问题,存在"有企业、无产业","有产业、无链条"等诸多问题。在出版行业,传统的出版企业产业链条也不完整,局限在"编、印、发",盈利模式不成熟。

(1) 全产业链盈利模式

即以核心文化产品和资源为基础,向产业链上下游延伸,打造具有完整产业链的经营模式。如国内曾经热播的古装电视剧《武林外传》,通过以电视剧为产业链的起点,进行了深度的文化产业衍生开发,形成了包括电视剧、电影、动漫、网络游戏、话剧、图书、玩具等系列衍生产品,通过产业链的延伸,在市场上创造出较好的业绩。

(2) 产业平台盈利模式

即通过经营数字化或者现实的产业平台获得利润。例如苹果公司除了IT产品的生产和销售,还通过APP STORE建立了一个虚拟的产业生态圈,成为了该公司重要的收入来源。现实产业平台主要是各种文化产业园,通过产业要素和资源的聚集实现赢利。作为平台载体的文化产业园,必须具备两个条件才能形成盈利模式:一是企业总部的规模集聚;二是产业链形态的有效集聚。

(3) 跨产业链盈利模式

此处的跨产业链是指横向融合，主要包括：一是文化产业与制造业融合的盈利模式，例如苹果公司和雅昌印刷就是文化产业与制造业跨产业链融合的成功例子。这种盈利模式需要大幅度提升制造过程中文化、艺术和创意设计的水平和含量。二是文化产业与旅游地产融合的盈利模式，通过文化与旅游、地产的结合，提升旅游、地产的文化附加值。目前，在文化企业领域获利较多的就包括文化旅游地产，如万达和华侨城，地产利润与文化价值相得益彰，形成高额的利润回报。三是跨媒体经营盈利模式，许多文化企业正在走向这样的趋势。所谓跨媒体经营就是文化企业利用所拥有的多家媒体、不同平台来进行各种经营活动。跨媒体经营可以进一步扩大赢利的领域，并能降低成本，使企业获得最大化的利益。四是泛娱乐经营盈利模式，特别是在互联网企业中，泛娱乐战略已成为跨媒体经营盈利模式的延伸，即"互联网+多领域共生+明星IP"的粉丝经济。在泛娱乐中，游戏、动漫、文学、影视等都不再孤立存在和发展，而是互相连接，共融共生。目前，小米、华谊、阿里数娱、百度文学、360等企业纷纷将泛娱乐作为公司战略大力推进。

(4) 项目制盈利模式

很多文化企业通过经营文化项目获得赢利，主要包括以下三种形式：

一是项目运营制盈利模式。通常情况下，文化企业的赢利主体是企业，通过企业的整体运营和管理产生效益。但现实中，许多文化企业依靠某个项目、某部影片、某个事件获取赢利。许多好莱坞大制作电影靠的是一些项目工作室，如《阿凡达》的特效制作汇集了全球优秀的动漫制作团队。此类企业也可以称为项目型企业，通过项目制运营的灵活性、创造性和竞争性，使其获取相应的利润回报。项目运营制也适应当前国家鼓励的大众创业和万众创新，在文化产业领域，使灵活创新与合作共赢有机结合起来。

二是项目品牌化盈利模式。一些好的文化经营项目，通过塑造项目品牌、积累项目品牌、运营项目品牌，产生了新的盈利模式。如近年来一直火爆荧屏的《中国好声音》等选秀节目，该节目通过持续化、品牌化的经营，体现出项目制盈利模式的优势。在电视节目领域，项目品牌的模板化正在逐步形成，通过模板的复制和运营，获取很好的收益。

三是项目定制盈利模式。如中移动等通讯公司的动漫、游戏内容定制，或者某些地方和大型企业的演艺节目定制等。这种模式通过定制开发文化产品，获取赢利。

4.价值网盈利模式

在此模式中,利益主体非常多,复杂的价值链已经超出了传统环环相扣的价值链概念,而更像是一张以某一产品或服务为核心不断扩散的商业价值网,这种模式称为价值网模式。在价值网中,各种利益主体采取协同营销的方式针对同一目标消费者进行服务,并获取利润实现价值,它们互相依存、优势互补,形成了一个不可分割的整体。如国内的一些选秀类节目,通过将传统电视节目并入新的品牌流水线,链接众多的利益主体,如赞助商、运营商、娱乐传媒等,形成一张商业价值网。从盈利模式上看,它改变了以往电视台以广告收入为主要来源的赢利结构,将电视、电台、报纸、杂志等媒体充分融合,并运用手机、网络等新媒体,创新了传统电视的赢利手段。

(二)获利能力——文化企业价值评估的核心

从价值评估理论来看,文化企业的获利能力是影响文化企业价值的重要因素,也决定着文化企业给投资者带来的效用。一个文化企业能够拥有良好的获利能力,并使文化企业获得稳定的现金流入,对于提高该企业的市场价值具有重要意义。文化企业的获利能力,往往取决于企业的内部因素和外部环境因素。另外,不同类型文化企业的获利能力影响因素存在着一定的差异。

1.影响获利能力的内部因素

(1)文化企业的创新性

文化企业与一般工业企业的最主要区别就是其发展与人的创意密切相关,无论是文化企业的经营,还是文化企业的产品,都充满了创意,只有依托于具有创新精神的员工,文化企业才能不断地推陈出新,只有具有创新精神的文化企业才能不断创造价值、取得发展。如影视企业只有依托于有创意的导演才能取得持续的发展,新媒体企业只有依托于有创意的经营模式才能生存、发展,网络运营企业只有不断创新盈利模式才能赢得客户群体。针对文化企业具有的创新性,开展文化企业价值评估时,需要特别关注被评估企业是否具有维持创新性的内部机制和匹配的知识产权管理制度,以及对于企业来说重要的具有创新精神的员工。对于创新性机制的考察,需要调查被评估单位对创新人员的奖惩机制、近年来企业主要贡献人员的变动情况及原因,并对目前企业的创新氛围进行访谈;同时关注企业具有创新贡献的员工,了解其对目前工作的满意程度和对企业发展的改进想法等。

(2) 文化企业盈利模式的多样性

文化企业的发展依托于清晰的盈利模式,一方面可以降低经营风险,另一方面可以增强经营优势。而盈利模式的多样性也会对企业价值产生重要影响。对文化企业价值的评估如果涉及多种盈利模式,需要详细分析各模式的相关性和差异性,如产业链盈利模式中,就需要分析其是属于全产业链盈利模式还是跨产业链盈利模式,或者是产业平台盈利模式,如果界定不清,则可能会出现价值重复或者价值确认不合理。

(3) 文化企业经营的特殊性

每一家文化企业都有其经营独特性,或者说是核心价值区域。例如,对网络运营企业应重点关注客户的数量和质量,对电影发行企业应重点关注电影产品在受众心里的接受程度以及导演、演员阵容的配备,对出版发行企业应重点关注出版物的作者知名度以及内容的吸引力等。同样,对网络运营企业,其关注点也有所不同,如有的应关注网络游戏,有的应关注资讯,有的应关注即时通讯,有的应关注产品应用等。文化企业经营的特殊性往往反映的就是企业的核心价值,在开展企业价值评估时,应当通过对文化企业的现场勘查及访谈、取证,了解其经营的特殊性以及有重要影响的因素,同时搜集相关资料了解同行业企业的经营特点,进而对被评估企业的经营优劣势进行判断,为确定企业价值提供重要思路。

2. 文化企业外部环境因素

文化企业面临的外部环境因素包括宏观环境因素和经营环境因素。

宏观环境因素又包括经济环境、政策环境和社会环境等。经济环境因素的覆盖面非常广,它对文化企业的影响通常要比其他方面的环境因素更加有力,属于此项的因素主要有国民经济运行现状及其趋势、利息率、通货膨胀率、汇率等。政策环境因素包括国家制定的法规、政府制定的经济政策、政府管制措施等。近年来,国家十分支持文化产业的发展,对于文化产业发展的"红利政策"还将会持续,由此使文化企业的发展前景十分广阔。社会环境因素包括传统、价值观、社会发展趋向、消费者心理、社会各阶层对文化企业的期望等。

经营环境因素包括影响行业环境和竞争状况的各种因素,如行业的经济特征、发展前景、市场竞争力、行业的关键成功因素等。

3. 不同类型文化企业价值评估影响因素分析

文化企业整体的价值在于其获利能力,而不同类型文化企业由于其主要产品的不同，在获利形式和途径方面存在着很大的差异。因此，不同类型文化企业价值的影响因素差异较大。其中，出版、影视、音乐和动漫等类型文化企业的价值影响因素最为特殊。

在出版文化企业中，其价值的影响因素主要包括：外部的经济和政策环境，内部的经营特点和盈利模式。由于著作权是出版发行企业的核心资产，在价值影响因素分析中，还应重点关注著作权市场的容量和竞争程度，包括：作品的类型、作者的知名度、作品的艺术水平以及作品实现收益的方式、著作权使用区域的社会环境、著作权使用区域的经济环境等；著作权的税收政策；著作权的法律保护力度以及出版业管理体制和管理方式，还有著作权实施的法律环境，著作权的法律保护期限；出版企业附属权经营意识和经营能力；数字出版技术的成熟程度等。

在影视文化企业中，其价值实现受到内外部因素的影响。其中就外部因素而言，在外部政策环境方面，受到国家法律法规和相关政策的影响，例如国家对电影、电视剧的摄制、进口、出口、发行、放映和电影制片公映实行许可制度。在外部社会环境因素中，受到消费者心理的影响。在外部经济环境因素方面，受到影视产业的发达程度、影视市场的成熟度、影视著作权保护制度以及影视行业的科技发展程度等方面的影响。

在音乐文化企业中，其价值实现受到的内外部因素影响主要是基于音乐产品的特性，例如：高固定成本、低边际成本的特征，公共物品特征；音乐产业的发达程度；音乐产业的科技发展水平；音乐作品的内容，比如歌手的知名度和歌曲的感染力；音乐作品的传播渠道等。

在动漫文化企业中，其价值主要受国家对动漫产业的政策扶持力度等外部政策环境，以及动漫产品的品牌效应、动漫产品的科技投入和动漫产业链的发达程度等内部因素的影响。

三、文化企业著作权与资产评估

著作权（版权）是知识产权的重要类型，是文化企业价值体系中的核心资源，也是文化企业国有资产管理的核心内容。对著作权资产进行盘活、利用和保护，充分实现其价值，一是能够保障国有资产的合法权益，避免著作权资产流失；二是能够推动企业提高盈利能力和加快发展速度，实现企业做大、做强的目标。

(一) 著作权是文化企业的核心竞争力

1.著作权是文化企业的核心资源

著作权涉及文化领域的方方面面,作为知识产权的一种类型,著作权是作者和其他著作权人对文学、艺术和自然科学、社会科学、工程技术等作品所享有的各项专有权利。著作权涉及自然科学、社会科学以及文学、艺术、戏剧、绘画、雕塑、摄影和电影等方面的作品。著作权是文化企业获取经营收益的核心资源,通过对著作权内容的生产、管理、运营,形成了著作权资产,也构成了文化企业的核心竞争能力。

国际上,以德国贝塔斯曼出版集团为例,该集团旗下拥有多家文化企业,分别运营文字、音乐、影视等著作权内容,著作权相关业务收入占该集团总收入的60%以上,其中每年著作权许可的收入(IP收入)就高达22亿美元,国内热播的《达人秀》《中国最强音》等均为其版权作品,著作权资产始终是贝塔斯曼集团赖以生存的核心资产。又如美国米高梅电影公司虽然于2010年11月宣布破产,但其片库中的4100部电影具有很高的著作权价值,每年还能给米高梅公司带来5亿美元的收入。

在国内,盛大文学曾作为中国最大的社区驱动型网络文学平台,将网络文学打造为集出版、影视、游戏等多环节、多渠道的文学产业链公司。2015年初,腾讯收购盛大文学,并整合成立最大的网络文学平台"阅文集团"。阅文集团的定位是立足于网络文学业务,利用所掌握的"著作权资产",与游戏、动漫、影视等跨行业泛娱乐业务进行更深入的合作与联动。又如华谊兄弟,作为A股第一家以影视娱乐为主业的上市公司,公司以其在电影著作权上的优势,积极开展"品牌授权"业务,切入电影衍生品业务,目前公司将业务拓展到音乐、游戏、影院、衍生品(品牌授权)、互联网等,成为A股业务线较为完整的文化上市公司。

2.著作权是文化企业国有资产管理的核心内容

国有文化企业经过长期的发展和积累,形成了大量的著作权资源。如上海文艺出版集团经过数十年的积累,拥有丰厚的文学和艺术作品著作权资源,仅旗下的一家上海人民美术出版社,就拥有民国至今8000余种连环画中约60%的著作权。又如中国唱片总公司,作为老字号的国有文化企业,拥有13万块金属母版,4.5万条录音母带,构成企业真正有价值的资产。这些著作权资源经过梳理和价值的重新认定,能够成为国有文化企业重要的著作权资产,其价值和规模甚至能够超过固定资产。对这些著作权资产进行激活、利用和保护，充分实现其价值，一是能够保障国有资产的合法权益，避免著作权资产流失；二是能够推动企业提高盈利能力，加快发展速度，实现做大、做强的目标。

（二）开展文化企业著作权资产评估的必要性

通过运用资产评估的价值发现手段，可以合理分析文化企业的著作权价值，为文化企业加强著作权价值管理提供专业支持，最终实现著作权资产价值最大化，从而保持企业的核心竞争力。

1. 著作权资产评估成为文化企业融资的关键点

当前，随着以著作权资源为核心的出版、动漫、影视等文化产业的迅猛发展，在对著作权创造、运用、管理和保护的过程中，对著作权作品价值评估的需求也不断增加。在企业融资中，著作权资产的价值评估正在成为文化企业与金融机构高度关注的重点，成为促进文化产业发展、控制金融风险的关键点。合理评估出文化产品的著作权价值，能够搭建起文化企业与银行、投资人之间的桥梁。

2. 著作权资产评估是盘活文化企业存量资产、挖掘价值潜力的有效手段

著作权资产评估根据著作权资产所对应的运营模式，合理估计评估对象的预期收益，并关注运营模式法律上的合规性、技术上的可能性、经济上的可行性。综合考虑法律保护期限、相关合同约定期限、作品类别、创作完成时间、首次发表时间以及作品的权利状况等因素，确定著作权资产的剩余经济寿命。这些工作既为评估提供依据，也有助于理清文化企业著作权资产状态，将未来不再获得收益、剩余经济寿命到期的著作权，与未来尚可带来经济利益、剩余经济寿命较长的著作权区分开来，从著作权资源中发掘出可以为文化企业带来价值的著作权资产，建立文化企业重点管理的著作权资产清单。在此基础上，按照未来收益大小、剩余经济寿命长短、著作权中财产权利多少、可开发权利类型等进行分类，对不同类别著作权资产分别建立不同的管理制度。在价值链的延伸上，重点考虑剩余期限长、可开发权利类型多的著作权作品。在产权交易中，重点关注潜在收益大、著作权中财产权利多的著作权作品，采取许可使用不同期限、范围、使用方式权利的办法，解决一次性买断存在的问题。对著作权作品期权管理，同样也可以重点监控价值大、剩余期限长、权利类型多的著作权作品。因此，著作权价值评估是盘活文化企业存量著作权资产、充分挖掘其价值的有效手段。

著作权资产价值评估,不仅有助于解决文化企业融资难问题,盘活企业存量资产价值,还有助于推进文化企业改制,进一步激发文化创造活力,促进著作权贸易,而且也将带动资本市场和金融机构对文化产业的投资热情,极大地鼓励文化产品的创作和传播,更好地维护文化市场秩序,促进文化产业的健康有序发展。

(三) 加强文化企业著作权资产评估及管理工作的思路

1.深入进行研究实践,为细化评估操作提供技术支撑

虽然资产评估行业出台了《著作权资产评估指导意见》[①],在一定程度上解决了我国著作权资产评估缺乏专门准则指导的问题,但由于我国文化体制改革尚在深化,大部分文化企业处于起步发展阶段,企业核心竞争力的建立、企业著作权资产管理都还处于探索过程中。一方面,文化企业对于利用著作权资产评估提升价值的手段还不熟悉;另一方面,评估机构在此方面的实践也还不多。因此,我们需要开展更深入细致的理论研究,同时配合文化企业发展,进一步探索著作权资产评估实践活动。

(1) 清晰界定著作权评估对象,是著作权价值评估的前提

著作权价值评估对象是《著作权法》中所规定保护的各种财产权利。这些抽象的权利是以各种作品为载体,并通过作品的传播、使用而实现其价值的。著作权的财产权利包括复制权、发行权等12种明确的权利,权利复杂;涉及作品类型包括文字作品、口述作品、音乐作品、戏剧作品、曲艺作品等近20类,种类多样。对此,可以按照不同作品类型和著作权财产权类型两个维度,构建出一个著作权价值评估对象基本矩阵,其中的元素即为著作权价值评估对象——××作品××权。

(2) 著作权评估要充分把握不同类型作品的特点,合理量化价值影响因素

文化企业中存在多种类型、多种业态的文化产品,如影视、图书、电游、演艺等,其特点不同,价值影响因素众多。要合理评估其著作权价值,可以通过建立著作权价值影响因素分析模型,从不同类型作品的创作动机、创作投资、发行流程、市场环境、受众对象、获利方式、寿命期限等方面把握其特点。在此基础上,从法律、著作权使用区域的社会和经济环境、特定著作权交易行为、作品特点等

---

① 2010年12月18日由中国资产评估协会发布,2011年7月1日起实施。

方面入手,从不同作品所处的市场环境、收益特点、成本构成、风险因素等角度切入,定性分析著作权价值影响因素,以及其与收益法、市场法、成本法等评估方法中的相关参数的内在联系,并将这些价值影响因素量化在评估方法的参数中。

(3)根据作品特点及市场情况,科学选择著作权评估方法及量化评估参数

著作权价值评估的三种基本方法,各有其不同的应用要求和适用性。一是市场法,该方法易受市场条件、交易案例数量、信息公开程度及可比性不足的制约。二是成本法,该方法应用需要有比较全面、准确的成本构成资料,并且对著作权各种贬值因素能够作出合理判断和量化。该方法对于评估著作权全部财产权价值、诉讼赔偿、保险评估以及全新著作权估价时有一定的适用性。而在难以获取确切的成本资料,或对著作权中的某一项或几项财产权进行评估时,由于投资成本很难与全部著作权价值中的各种特定权利相对应,则不太适用。三是收益法。收益法中的许可费节省法比较切合著作权行业交易惯例,而且许可费率的确定途径较多,相关市场数据容易获得,有较高的可靠性;收益法中的超额收益法,在确定超额收益时,需要找到类似企业进行对比,信息数据将受到非常大的限制;收益法中的利润分成法,要求从贡献资产的回报中,分离出类似客户关系、销售渠道等无形资产,在实践应用中也会受到一定的限制。

(4)对作品著作权收益预测,需要进行全面分析,采用合适的量化方法

对于作品著作权的未来收入预测,需要对被评估作品的特点及价值影响因素进行全面分析,找出影响被评估作品著作权价值的主要因素,并采用合适的方法将这些因素量化,合理预测著作权收益。如电影作品放映收入预测,电影放映收入(被解释变量)与社会经济发展水平、居民收入水平、影片类型、投资额度、档期、放映场次和制片人(解释变量)等因素的相关性较高,据此可建立收入预测模型。模型将宏观经济因素和市场消费因素体现在变量数据中,不仅能够更好地对因变量进行解释,而且解决了收益法使用中常见的定性分析与定量结论之间缺乏关联的问题。

2.完善著作权资产评估准则,规范文化企业资产评估行为

评估准则是评估师执业过程中最重要的工作指南及操作规范。评估准则的缺失往往使评估师在执业过程中无法可依,无章可循,造成评估过程及评估结论的合理性难以保证,而文化资产价值评估难度大的特性更使相关评估准则的重要性凸显出来。《资产评估准则——无形资产》(2008)、《著作权资产评估

指导意见》(2010)等相关无形资产评估准则的出台,标志着中国无形资产评估准则体系的建立。在此基础上,应完善文化企业著作权评估的操作细则,加强评估准则应用和培训,进一步规范执业行为,提高执业水平。

3. 加强文化企业著作权资产评估服务,发挥专业支撑作用

在党的十八大明确提出深化文化体制改革、推动社会主义文化大发展的背景下,文化企业的做大做强势不可挡。在这个过程中,必然伴随着大量文化企业的并购重组、改制上市、融资发展等经济行为。在文化企业改制中实现国有文化资产——特别是著作权资产的保值增值,促进文化企业并购重组的顺利开展,协助文化企业有效融资,都少不了资产评估专业服务。因而,应加强资产评估专业服务,发挥专业支撑作用,对文化企业资产进行合理评估,协助文化企业完成相关经济行为。

4. 发掘企业的核心文化资产,在合理评估的基础上有效地进行资产管理与运营

要提高国有文化企业对著作权等无形资产的重视程度,加强管理和保护,通过对企业著作权资源进行认真梳理和价值核算,实现著作权资产的全面利用与开发。同时,做好著作权资产管理的基础性工作,掌握企业著作权资产数量、种类、权属和使用等情况,探索著作权资产管理的方法、工具,建立和完善符合企业经营特点的内部价值评估制度和流程,配合外部独立评估机构做好相关价值评估,完成价值发现工作。通过著作权有效运营,盘活存量、优化增量、实现价值,提升文化企业的核心竞争力。

四、文化企业著作权评估方法分析

评估方法一般包括成本法、收益法和市场法。价值因素和盈利模式特点会影响文化企业及著作权价值评估的基本思路和参数选择。另外,文化企业范围广、特点鲜明,不同类型文化企业著作权在价值实现形式和途径方面存在很大差异,在评估方法的运用过程中也存在着一定的特殊性。

(一) 出版著作权资产评估方法分析

1. 成本法

出版企业的核心资产是以图书著作权为代表的无形资产。图书著作权的

成本体现为著作权创作过程中发生的成本,包括人力、物力和财力的付出。在衡量著作权成本时,难题是如何考虑人力成本的复杂因素,如作者精神层面的付出、个人文化的积淀等,虽然这部分价值很难用经济价值衡量,但在条件具备的情况下,却能促进著作权收益和价值的实现。同时,评估著作权的成本,还涉及著作权重置成本和贬值因素的量化问题。

2. 收益法

图书著作权的收益构成主要是出版商通过签订具有著作权许可和转让双重性质的合同而获取收益,获得的著作权通常有主权利和附属权利之分。主权利是专有出版权,即作品在世界范围内的首次印刷复制权和发行权,附属权涵盖了除出版专有权这一主权利之外的其他所有作品使用方式。收益法分析图书著作权价值,其具体方法可以归纳为三种:增量收益法、超额收益法(利润分成法或剩余利润法)、许可费节省法。其中,增量收益法主要是通过量化著作权所产生的收入增加、成本降低、市场份额的增加、收入期限的增加来计算;超额收益法的原理是从使用著作权获得总收益中抽取出目标著作权的收益部分,即首先计算使用著作权的总收益,然后将其在目标著作权和产生总收益的过程中作出贡献的所有有形资产和其他无形资产之间进行分成;许可费节省法的思路是,企业拥有某项著作权,可以免除在不拥有著作权前提下需要支付的著作权使用费。

3. 市场法

在图书著作权价值评估中,应用市场法是根据实际市场交易中,在可比著作权资产的销售交易信息基础上进行差异调整,估计评估倍数,从而得出目标著作权的评估价值。在可获得相关资料的前提下,这种方法是最直接的价值评估方法。使用市场法对图书著作权进行价值评估时,应具备的前提条件包括:首先,应该存在一个充分活跃的交易市场,存在并可获得至少 3 个与目标资产具有可比性的参照物;或者能够从有关方面获得可比参照物的评估信息资料,如著作权管理机关对著作权资产评估的登记信息。其次,可获得参照物的价值决定因素应与目标著作权资产基本相同,并且这些决定因素的具体情况能够收集并进行量化。

(二) 影视著作权资产评估方法分析

影视作品的盈利模式与发行方式对于评估方法的选择和评估参数的运用具有重要的影响。

1. 成本法

成本法主要适用于买断影视作品著作权的发行方式,著作权被买断之后,影视作品的获利情况与制片方无关。采用此种方法进行影视作品交易,要求影视作品的买卖双方对影视作品的市场票房定位相对准确。对于电影制片方而言,在交易发行影片时,首选方式往往是采用著作权卖断。特别是对于某些特定影片来说,只有采用这种发行方式,才会使该类影片能够得到一定的回报。著作权卖断已成为制片单位交易性影片发行一种常用的主要方式。评估影视作品著作权价值一般依赖于成本的确定。影视作品的成本主要包括:策划期间成本、拍摄前期成本、摄制成本和发行成本。其中,策划期间成本包括故事购买费用、剧本编写和修改费用、剧本审查费用等;拍摄前期成本包括建组费用、画面准备费用、招商费用和宣传费用等;摄制成本主要包括剧组人员费用、器材费用、景地费用以及后勤费用等;发行成本主要包括拷贝费用、市场协调费用、市场监督费用以及影视作品的再推销成本。以上各项成本构成了影视作品价值评估的基础,可通过汇总上述成本,结合一定的成本利润率,得出影视产品成本法评估的价值。

2. 收益法

收益法需要确定影视作品著作权收益的来源、收益期和折现率。首先,影视作品著作权的收益主要来源于两个方面:一是影视作品发行所获得的收益;二是相关衍生产品的开发与销售所获得的效益。只有那些获得巨大社会效益并成为社会品牌的影视作品,才可能利用它所创造的无形资产开发出相关产品和衍生产品。在美国,电影收入的 20% 是从影院的票房收入中取得的,80% 是从对衍生产品的开发中所得。其次,对于收益期而言,影视作品著作权创造直接价值的期间一般较短,尤其是对于票房收入而言,只会在影片上映后的很短一段时间创造价值。对于相应的后开发产品收益,可能会维持较长一段时间。因此,对于电影著作权的收益期可分为票房收益期和衍生产品收益期两个阶段。最后,确定折现率时,由于影视产品具有个性化、周期短等特点,决定了影视作品创造价值的整个期间内,不同阶段所面临的风险不同。另外,由于电影作品的直接收入期较短,因此折现频率不应局限于一年,可适当考虑加快折现频率。

3. 市场法

基于影响影视作品著作权价值的主要影响因素,在市场法评估影视作品著作权价值时,主要考虑影视企业所处的市场地位、市场的供求状况、同类影视作品的市场反应以及影视作品所处的生命周期阶段。

(三)音乐著作权资产评估方法分析

1. 成本法

音乐作品的成本由多种因素构成。一是音乐的创作、录制需要投入大量的人力、物力和财力,这种投入通常是十分高昂的;二是音乐如果涉及他人的著作权,还必须支付一定的著作权使用费;三是正版音乐投放市场前需要进行市场预测,其费用由正版生产者承担;四是须向国家缴纳的各项税费。

2. 收益法

就收益来源而言,在传统模式的音乐产业链中,发行CD、磁带是唱片公司最主要的利润来源。在数字音乐产业链中,由于各环节间几乎都存在着相互的价值关系,每一个环节都可以开辟多样的创收途径。比如,作为内容提供商的唱片公司,既可以向音乐网站、无线增值业务商、电信运营商等提供音乐著作权参与利润分成,也可以自己建立在线销售平台直接面向用户销售产品,还可以与终端产品制造厂商合作,把自己的音乐产品内置到其生产的数码播放器内进行捆绑销售。多样化的盈利模式不仅有利于增加数字音乐产业链上各企业的利润,还有利于各企业凭借与其他环节间的价值联系,进行有效的扩展和协调,向外延伸,提高竞争优势。通过网络传输音乐,节省了传统音乐产业在产品制作及物流、分销等方面的费用,将发行方面的成本降到了一个非常低的水平。消费者可以花较少的钱获得更多的音乐享受,因此有利于调动消费者的购买热情。

就折现率而言,音乐著作权有其自身特点,音乐著作权创造价值的模式不同,其面临的风险也是不同的,一般而言,数字模式要比传统模式下的经营风险低。当一首音乐受到受众的喜爱时,其后续产品的开发风险就会降低;反之,后续产品的开发风险将会大大增加。但同时我们也应注意到,数字模式下的盗版风险会高于传统模式,盗版严重侵蚀了数字音乐的盈利,随着著作权保护力度的加强和数字加密技术的提高,数字音乐将会有更好的发展空间。综上所述,通过价值链的分析可以找到收益额的来源,通过汇总多渠道的收益额计算出预期收益,结合预计的收益年限、折现率计算出音乐著作权的价值。

(四)动漫著作权资产评估方法分析

1. 成本法

一般情况下,产品的价格是在汇总成本的基础上,加上一定的利润额而形成的。这种方式在应用于评估动漫产品著作权价值时可以作为参考。由于动漫产品的制作成本是可以推算出来的,加上一定的利润,就可以形成动漫产品的评估价值。动漫产品的物质表现形式多种多样,例如图书杂志、音像制品、玩具游戏等。因此,每一项动漫产品的制作成本都是不一样的。动画片除制造成本外,还包括著作权、播映权、衍生产品开发权等无形的价值,这些无形的价值构成了动漫产品著作权的价值成本。因此,动漫制造业的成本,不仅包括其在制作过程中的消耗成本,还应包括其各种著作权所涉及的无形资产成本。

2. 收益法

就收益来源而言,动漫产品著作权所创造的收益主要包括以下几个方面:一是将动画片出售给电视台进行播放;二是图书音像制品发行所获得的收入;三是动漫相关衍生产品的开发与销售所获得的效益;四是动漫产品设计人员所获得的设计专利、版权等。动漫产品收益取决于其对市场的占有量,市场占有量越多,获得的效益也会越多。就收益期而言,在动漫产品价值评估中,收益期的确认与其他资产收益期确定存在着较大的差异。动漫产品收益期不仅与其动漫的播放权有关,更重要的是与动漫的后开发产品收益有着密切的关系,动漫产业链越宽,收益就会越大。因此,在确定动漫产品的收益期时,除了要根据产业链的发展程度,还需要根据动漫产品的生命周期而定。关于折现率的确定,由于动漫产品有其生命周期,在整个生命周期内,不同阶段所面临的风险是不同的。风险不同,其折现率也不同。所以,在应用收益法时,需要准确全面地估计预期收益,然后结合使用年限和折现率进行计算,确定动漫产品的价值。

3. 市场法

应用市场法评估动漫产品著作权价值,关键是如何选择可比动漫产品,如何选择比率,以及如何调整可比产品与所评估产品之间的差异。其中,可比动漫产品应根据所评估产品内、外部的影响因素进行选择。

由于不同类型的文化企业及著作权价值影响因素差异较大,因此对于不同类型、不同评估目的的文化企业及著作权价值评估,需要关注评估方法的适用性和合理性。

主要参考文献:

1. 戴维·佛里克曼、雅各布·托勒瑞德:《公司价值评估》,中国人民大学出版社 2006 年版。
2. 阿沃斯·达莫达让:《深入价值评估》,北京大学出版社 2005 年版。
3. 王家新、刘萍等:《文化企业资产评估研究》,中国财政经济出版社 2013 年版。
4. 彼得·德鲁克:《创新与企业家精神》,机械工业出版社 2009 年版。
5. 厉无畏、王慧敏:《创意产业新论》,东方出版中心 2008 年版。
6. 马化腾等:《互联网+:国家战略行动路线图》,中信出版社 2015 年版。
7. 李挺伟:《文化产业创新与知识产权法律保障》,《文化产业评论》2015 年第 1 期。
8. 余伟萍、谭娟、余园明:《文化产业企业盈利模式探析》,《产业观察》2008 年第 8 期。
9. 李康:《版权产业融资中的版权价值评估问题探析》,《编辑之友》2011 年第 9 期。

(李挺伟:中央文化企业国有资产监督管理领导小组办公室,处长)

NO.2

实践篇 >>>

第五章	商业银行文化金融创新难点及解决路径	万晓芳
第六章	经济新常态下的文化产业保险创新	骆志威
第七章	文化传媒企业上市策略与操作实务	梁化军
第八章	文化产业信托服务模式创新与风险研究	华淑蕊　鲁长瑜
第九章	文化产业投资与并购市场分析	吴　江

第五章
商业银行文化金融创新难点及解决路径

○万晓芳

我国文化产业在"十二五"期间(2011—2015年)进入明显的产业大发展阶段,从产业政策、消费需求、金融支持等各方面开始形成合力,助推文化产业逐步发展成为国民经济支柱性产业。据2015年国家统计局发布的产业数据[①]表明,文化产业的发展在经济社会发展全局中的地位日益凸显。

文化产业的快速发展,离不开与金融资本的有效对接。随着文化产业的日趋活跃,一方面文化企业积极运用金融杠杆,完善现代企业制度,提升公司治理水平;另一方面金融机构积极开拓文化产业市场,创新文化金融服务,金融支持文化产业取得一定成效,为文化产业的发展提供了有力的资金支持。但由于多种因素的影响,当前金融与文化产业对接又存在诸多不顺畅之处。因此,研究商业银行文化金融创新对促进文化与金融的融合,推动文化产业快速健康发展,具有重要的现实意义。

一、我国文化产业金融发展状况

(一)我国文化产业发展整体状况及特点

1.我国文化产业的发展处于重要战略机遇期

(1)文化产业政策密集出台,推动文化产业快速发展

我国"十二五"规划明确提出,"推动文化产业成为国民经济支柱性产业,增

---

① 文化产业发展数据可参阅《2015文化及相关产业统计概览》,国家统计局社会科技和文化产业统计司、中宣部文化体制改革和发展办公室编,中国统计出版社2015年第1版。

强文化产业整体实力和竞争力"①。2010年以来,文化产业政策密集出台,这些政策包括《关于金融支持文化产业振兴和发展繁荣的指导意见》(2010年)、《中共中央关于深化文化体制改革、推动社会主义文化大发展大繁荣若干重大问题的决定》(2011年)、《关于金融支持旅游业加快发展的若干意见》(2012年)、《"十二五"时期文化产业倍增计划》(2012年)、《国民旅游休闲纲要(2013—2020年)》(2013年)、《关于深入推进文化金融合作的意见》(2014年)、《文化体制改革中经营性文化事业单位转制为企业的规定》(2014年)、《关于支持电影发展若干经济政策的通知》(2014年)、《关于推动传统媒体和新媒体融合发展的指导意见》(2014年)等。上述政府相关部门相继出台的一系列政策,加大了金融支持文化产业的力度,推动了金融与文化产业的有效对接。

(2)政策的密集出台是国民经济发展到一定阶段的必然要求

在国家经济转型过程中,文化产业发展大有用武之地,它在推动产业转型等方面所起的作用非常明显。党的十八大之后新一届中央政府成立,更加明确了文化产业的发展规划和目标。

"十二五"时期,国家经济发展的主线是经济转型和产业结构调整。2014年政府工作报告首次将"促进文化创意和设计服务与相关产业融合发展"作为"以创新支撑和引领经济结构优化升级经济"的重要内容之一。这预示着,我们国家对文化产业的功能和作用的认识比以前推进了一大步,文化产业的发展事关整个国民经济发展的品质,文化因素、文化精神、文化品格要贯穿整个经济社会发展领域。

(3)政策的出台也意味着当前我国文化产业发展正面临着重要历史机遇

一是中央高度重视。全国政协提案制定《文化产业"十二五"专项发展规划》;中央政治局以"文化体制改革和文化建设"为主题,进行了专题集体学习;中央对"十二五"规划进行大调研,其中就包含文化建设。

二是国际国内的有利发展形势。当前,中国的国际地位日益提高,在国际社会中掌握了越来越多的话语权;国际产业格局发生了重要改变,很多产业重心都在向中国转移;在我国经济发展方式的转变过程中,文化产业的地位日益提高;科技的迅猛发展为文化产业的发展提供了更多的有利条件。

三是发展文化产业具有有利条件。我们具有扎实的物质基础,中华民族的

---

① 《中华人民共和国国民经济和社会发展第十二个五年(2011—2015年)规划纲要》第四十四章第二节"加快发展文化产业"。

精神文化资源十分深厚,并且拥有良好的社会氛围,广大人民群众日益增长的文化需求为文化产业的发展提供了广阔的空间,全球经济一体化的发展使我们的文化产业拥有更多的对外发展契机。

(4)基于良好的政策环境、发展预期及企业现实的需要,目前我们国家文化产业并购重组活跃

仅2014年,平均每6天就发生一起文化产业并购活动。一方面是文化龙头企业沿产业链纵向扩张,谋求规模发展成为必然。我国文化企业主体众多,但规模普遍较小,产业链较短,整合空间较大。我国上市文化企业前五名收入总和只有世界排名第五公司的1/10。[①] 文化企业成长中的并购、扩张、整合是产业发展的内生动力,也是产业发展的必经阶段。另一方面是传统行业领域的优质企业谋求转型发展实行横向整合。一些传统上市企业所在行业不景气,原有业绩呈现下滑趋势,希望借助对文化企业的横向跨界并购,并借助其高增长为企业注入新的发展动力,实现转型发展。

未来五年,伴随国有传统媒体对新媒体的整合,已上市传媒集团对相关领域企业的整合以及一批细分领域的领先企业对同行业的整合,最终航母级传媒集团和细分行业龙头将会脱颖而出。

2.我国文化产业尚处在发展的初级阶段,具有自身的历史特点

(1)文化企业呈现基础薄弱的状态

整体上看,我国文化企业尚处在产业发展的初级阶段,业务单一、规模小、产业发展不充分,作为活跃市场主体的非国有背景的文化企业,具有产业绝对影响力及产业标杆意义的大型企业尚不多见。2013年末,全国共有文化、体育和娱乐业法人单位23万个[②],但前十大上市公司的主营业务基本上都是集中在文化产业的某一个细分行业,产业链较短,缺乏跨领域、跨行业的竞争优势。另据资料表明,我国上市的文化产业企业前五名市值的总和不及世界排名第一的传媒集团市值的1/5,也不及排名第五的传媒集团市值的1/2。[③]

西方发达国家的文化市场的主体是大型文化传媒集团,这些大型文化传媒集团基本实现了多行业混业经营,并已逐步发展成为本土乃至跨国传媒集团。相对于西方发达国家的文化企业,我国的文化产业虽然经过了多年的发展,但总体仍然呈现"小、散、弱"的现状。一方面,在传统媒体领域,仅有凤凰传媒集

---

①③ 根据2014年《世界媒体500强》排行榜测算。
② 《第三次全国经济普查主要数据公报(第三号,2014年12月16日)》。

团、上海文广新闻传媒集团、湖南广播影视集团等几家有潜力发展成为大型传媒集团,在新媒体领域,除了腾讯、百度等大企业外,大部分仍为年销售收入几亿元,甚至只有几千万元的中小型企业;另一方面,国内文化企业多为局限于某一特定行政区域的传媒集团,基本没有实现大规模的跨区域扩张,国际化跨国发展的态势更未形成。

(2) 产业集中度和集约化程度不高

我国的文化产业诞生于计划经济体制向市场经济转型的特定条件之下,长期以来以文化事业状态存在,既被行政体制分割又缺乏市场竞争的充分洗礼。如此形成的总体格局,表现出经营单位众多、产业集约化程度不高、资源分散和市场竞争意识不强等突出特点。

(3) 我国文化企业的盈利能力不稳定

首先,文化产业具有规模经济、范围经济效应。文化产业的核心是创意内容或IP(知识产权),即创意内容或IP(知识产权)融入某种产品形态,传达至消费者以获得经济收入,随着产品规模的扩大,产品形态的多样化、交叉化输出,核心的创意内容边际成本递减,盈利才能迅速提升。但我国文化产品的IP开发受多种因素的影响还较为单一,利润增厚的渠道狭窄。例如,电影作品票房收入在国外仅占总收入的30%,而在国内要占总收入的90%。其次,文化产业的创意具有不可复制性。创意本身无标准、不可复制,一次创意的成功并不能有效保证再次创意的成功,不可复制性导致了企业业绩的不稳定,进而导致企业盈利能力的不稳定。最后,我国很多文化企业尚未形成清晰的商业模式。

(4) 文化产业领军企业尚未形成引领力量

领军企业作为行业发展的"领头羊",对商业模式的创新探索和产业的繁荣发展具有重要的示范带动作用,可以说,领军企业在取得自身跨越式发展的同时,更重要的是可以带动一条产业链乃至一个行业的快速发展。当前,我国文化产业尚处于产业化的发展初期,产业化程度不高,市场主体众多,缺少核心竞争力,且单个企业的市场占有率较低,产业链尚未打通,即便是那些文化上市公司或领军企业,也尚未成为整合产业链发展、引领行业发展的中坚力量。

(5) 产业发展扶持政策尚未形成支撑力量

如前所述,为促进文化产业和金融的融合,近年来,国家及地方有关部门相继颁布实施了多项促进文化产业发展的政策。这对产业的发展十分必要,但这些政策环境转化为产业环境尚需过程。一方面文化产业扶持政策效果的显现需要时间。相继出台的一系列政策具有连续性,受惠的企业从少到多,企业受政策的扶持从弱到强,随着时间的推移,政策成效将逐步显现;另一方面,政策的落实需要各有关部门及企业的相关配套措施支撑,配套措施的落地需要政府相关部门及企业的大力配合、协调及联动,因此产业扶持政策的落地生效并成为文化产业的支撑力量仍有较大的空间。

(6)文化产业市场环境体系有待完善

我国现有的文化产业市场环境缺乏统一规范的体系。科学合理的文化环境体系应该包括市场准入、退出、资本市场、投融资、财税、对外贸易等多方面,而我国在很多领域还存在"缺位"或不规范的情况。

一是公平公正的文化市场秩序尚未建立。目前,我国文化市场存在着不同程度的诚信缺失及秩序混乱问题。如艺术品市场存在画廊制假、售假,拍卖行假拍、拍假,艺术品鉴定机构和鉴定专家出具虚假鉴定报告等问题,演出市场存在票务公司和"黄牛"炒票、倒票,电影市场存在放映企业"偷票房"等问题;图书市场、电子音像、电影市场乃至衍生品市场还存在不同程度的盗版问题,市场交易主体的契约意识还有待加强,这些都制约了市场的健康发展。

二是具有公信力的权威中介服务有待完善。文化中介机构是文化市场的重要组成部分,是连接文化产品生产、流通和消费的重要纽带,也是发展文化产业不可或缺的重要环节。当前,我国文化产业中介机构的建设和发展相对滞后。如艺术品估值、鉴定、退出等中介服务的公信力、权威性还有待加强;又如文化产业诸多的内容产品,其IP的估值、确权、登记、交易等中介服务尚不完善;再如行业协会更多属于事业性协会,对细分行业的自律管理未能与文化产业行业运营有效结合起来,对文化市场的中介服务作用没有充分发挥出来。

三是专业性配套金融服务尚未形成。商业银行创新金融服务模式需要专业担保公司和保险公司在轻资产行业第三方担保、信用保险、影视完片担保等方面提供专业配套支持,与银行实现业务优势互补,多元化发展。目前,市场尚未形成一批运作模式成熟的专业文化创意担保公司、文化创意保险公司和文化融资租赁公司,商业银行在提供融资服务的同时,面临配套金融服务"缺位"的困境。

(二) 我国文化产业主要细分行业①发展状况及特点

1. 影视行业

（1）行业定义

影视行业是指将电影、电视剧这种艺术形式作为商品，以产生利润为目的，制作和销售影视商品的行业。

（2）行业特点

影视行业企业是典型的轻资产企业，影视制作企业资金占用大，资金周转速度慢。现存的大型综合国有影视集团掌握大量核心资源，上市民营影视公司综合实力较强，利润率较高。

（3）盈利模式

电影行业：电影行业所形成的主要产品就是电影作品。电影业务收入来自电影版权的销售，以影片票房分账收入②为主，同时还包括电视台播映权收入、音像版权收入和电影衍生产品收入等。

电视剧行业：电视剧盈利主要来自于播出电视剧的电视台所售卖的广告，对于电视剧制作方而言，其盈利模式则主要是向各电视台售卖版权获得回报。

（4）行业现状及发展趋势

在国家政策扶持及影视产业化改革推动的背景下，近年来我国影视行业发展迅猛。据广电总局公布数据显示，2006—2014 年，电影年产量自 330 部增至 618 部，电影年票房自 26 亿元迅速增至 296 亿元③；2005—2014 年，电影院数量自 1250 家增至 5598 家，银幕数量自 2660 块增至 23592 块。近年来，国产电视剧产量基本保持在年产 500 部左右，2014 年全国共计生产完成并获准发行剧目 429 部 15983 集④，与 2013 年相比，全国电视剧产量总体平稳。

从影视行业监管体制来看，虽然近年来影视行业在制作、发行和放映领域主体资格准入、投融资主体范围等方面的审查有所放开，但国家对影视作品的

---

① 本文对文化产业细分行业的分类是在国家统计局《文化及相关产业分类（2012）》的基础上，结合商业银行业务实际需要进行的分类。
② 票房分账收入是影片摄制完成后，电影制作机构与国内院线达成发行放映合作协议，影片放映所产生的票房收入由电影制作机构与院线分账，一般作为投资制作方可获得 43% 左右的税后票房收入，其余收入归院线和影院所有。
③④《2014 年中国电影票房收入增长显著》，http://www.sarft.gov.cn/art/2015/1/5/art_114_9748.html。

内容审查依然非常严格。而从 2015 年开始实施的"一剧两星"①、"升级版限娱令"②、"封杀劣迹艺人"等行业政策,对影视制作企业的发展形成了一定的影响。

整体上看,电视剧制作行业将处于"文化行业整体利好,资本市场热度不减,未来盈利存在不确定性"的特殊政策时期。虽然电视剧行业供大于求的局面持续存在,但由于国内电视台之间的竞争加剧,"题材和内容"出色的优质电视剧需求量仍将保持旺盛,拥有较强题材把握和内容创作能力的电视剧制作企业将获得更多的市场份额和话语权。

2. 文化旅游行业③

(1) 行业定义

文化旅游行业是以文化为主题、以文化旅游资源为基础的旅游生产经营产业链,包括经营文化旅游的景区类及其相关配套行业。

(2) 行业特点

近年来,旅游行业逐步由传统观光旅游向休闲度假旅游产业链转变,产业升级过程中将会逐渐经历兼并收购,实现旅游产业链的整合,构造涵盖吃、住、行、游、购、娱的全功能旅游集团,改变现有的旅游行业格局。

一是景区由单一经营到多元化经营发展,商业模式和管理水平对提高盈利能力具有重要作用。如宋城股份采用"文化主题公园+旅游演艺"拓展旅游产业链,留住游客,增加人均消费等措施,取得较好的投资回报率。宋城景区在取得成功后,又进一步将商业模式复制到全国主要一线景区,加大营销力度开拓全国市场。

---

① "一剧两星"指同一部电视剧每晚黄金时段联播的卫视综合频道不得超过两家,同一部电视剧在卫视综合频道每晚黄金时段播出不得超过两集。这一规定由国家新闻出版广电总局在 2014 年全国电视剧播出工作会议宣布,自 2015 年 1 月 1 日开始实施。

② 即国家新闻出版广电总局 2013 年 10 月 12 日下发的《关于做好 2014 年电视上星综合频道节目编排和备案工作的通知》(广发〔2013〕68 号文)。主要规定有:每家卫视每季度选择一档歌唱类选拔节目安排在黄金时段播出;各电视上星综合频道每年播出的新引进境外版权模式节目不得超过 1 个;重要节假日期间每日不超过 3 台电视晚会;每天至少播出 30 分钟的国产动画或少儿节目及国产纪录片等。

③ 有人认为广义上旅游业是属于文化产业的一部分,但是在当前的统计上旅游业还不是文化产业。国家统计局《文化及相关产业分类(2012)》中涉及旅游业的只有"景区游览服务",并将原分类的"旅行社"删除。目前,文化旅游行业(文化旅游产业、文化旅游业)还不是严格意义的产业类别,但是在国家的一些文件中,"文化旅游"和"文化旅游业"作为一个专有名词已经出现,如《国务院关于促进旅游业改革发展的若干意见》(国发〔2014〕31 号)将"创新文化旅游产品"作为拓展旅游发展空间的内容之一;又如 2014 年文化部、财政部印发的《关于推动特色文化产业发展的指导意见》中将"文化旅游业"作为特色文化产业的一种类型。

二是旅游收入由单一门票收入向旅游综合收入转变,收入多元化的景区未来增长潜力大,投资回报率高。伴随着旅游产品的深度开发,旅游景区逐步改变依靠门票收入和旺季客流量的盈利模式,通过高端演艺活动、娱乐项目等留住游客,集中游玩、购物、吃饭、住宿、娱乐等,提高人均消费,实现收入来源多元化,成为旅游经济新的增长点。

三是具备自然景观的景区资源属不可或缺的稀有资源,成为市场争夺的重点。我国的经济发展过程在经历了房地产、矿业等资源的争夺后,具备相对垄断条件的自然景区资源成为新一轮的争夺目标。许多具有地方政府背景的国有旅游管理集团逐步垄断了重要旅游资源,如曲江文投、成都文旅集团等。

四是旅游与地产结合,快速收回投资取得回报,是近年来兴起的一种新的行业投资模式。由于旅游基础设施前期投入资金量巨大,回收期长,投资收益不高,见效慢,仅依靠门票收入产生的现金流难以在短期内回收投资成本。旅游项目开发往往绑定土地和房地产开发项目,依靠土地出让收入或转让收入及房地产开发短期内产生现金流,平衡旅游项目收益。

(3)盈利模式

旅游行业由单一门票收入(游)向提供"吃、住、行、游、娱、购"全产业链旅游产品,以获得更多收入转变,提供"一次游览、多次开发"的综合收益。一是通过景区经营权取得门票收入、车辆经营权获取营运收入;二是深度开发旅游产品,配套餐饮、住宿、演艺、商业地产等取得旅游综合收入;三是以土地出让、土地使用权转让、房地产开发短期内产生现金流,快速回收旅游项目的投资成本。总之,旅游基础设施投资依靠景区本身以外的项目收回投资,以旅游产品的综合收入作为主要的盈利来源。

文化旅游行业中常见的旅游地产模式成为文化旅游产业的一种特殊盈利模式。

(4)行业现状及发展趋势

当前,国内旅游是我国旅游行业增长的主要动力,度假景区是增长最快的细分行业。据国家旅游局统计,2014年全国旅游业总收入3.38万亿元,同比增长14.7%[①]。随着《国务院关于促进旅游业改革发展的若干意见》(国发〔2014〕31号)的出台并逐步落实,大众旅游消费市场活跃。在文化部、财政部《关于推

---

① 《2015年全国旅游市场工作会议在京召开》,http://www.cnta.gov.cn/html/2015-2/2015-2-9-%7B@hur%7D-8-23595.html。

动特色文化产业发展的指导意见》(文产发〔2014〕28号)中,要求"鼓励各地发展工艺品、演艺娱乐、文化旅游、特色节庆、特色展览等特色文化产业","文化旅游业要开发具有地域特色和民族风情的旅游产品,促进由单纯观光型向参与式、体验式等新型业态转变"。未来二十年,随着我国经济发展和国民消费能力的提升,文化旅游行业将迈入高速发展的黄金时期。

从行业产业链来看,目前我国旅游行业集中度不高,产业链整合延伸有很大的发展空间。旅游行业依托于景区,深层次开发景区资源,围绕景区主业多元化扩张,打造涵盖吃、住、行、游、娱、购于一体的旅游产业链。

3.新媒体行业

(1)行业定义

新媒体是一个相对的概念,是针对纸媒、广播、电视等主要传统媒介而言,在互联网技术支撑体系下发展起来的新的媒体形态,其主要特点是传播速度快、覆盖面广、互动性强,主要包括以"三网"为基础的PC互联网新媒体(PC终端)、移动互联网新媒体(移动终端)、互联网电视新媒体(电视终端)三种表现形式。从文化产业角度定义,新媒体行业是承载文化信息传输服务的新型媒体业态。

(2)行业特点

经过近几年的快速发展,新媒体行业呈现以下行业特点:一是市场增长率快,发展空间较大;二是技术和模式推动型,市场前景好;三是商业模式以B2C、O2O为主,拥有海量用户,现金流稳定;四是商业模式处于完善过程中,主要在海外上市;五是高风险,以PE/VC投资为主,银行在逐步介入,资产负债率低。

(3)盈利模式

在线视频网站:通过PC端为用户提供内容及增值应用服务,依靠会员服务、付费点播、终端销售、游戏联运、版权分销等模式盈利,目前广告仍是最主要的盈利手段。

移动视频:通过移动终端(手机和PAD)为用户提供内容及增值应用服务。移动视频分为运营商视频和在线视频两种:运营商视频的主要盈利模式是前向收费,即运营商向用户收取包月或按次点播的视频内容费用,产业链上游合作者和运营商分成;在线视频以后向收费为主(即大部分是广告主通过广告平台或广告代理公司在网络视频播出平台上进行广告投放,用户付费)转变,其他收入作为补充。

表 1　手机电视的盈利模式

模式	内容	运营商收益
广告模式	用户免费接收电视内容，运营商靠广告收入维持运营	获得广告主支付的广告费
内容收费模式	用户点播付费收看手机电视内容	获得用户缴纳的内容（频道）定制费用
增值业务模式	用户定制增值业务，如股票信息、互动娱乐、即时咨询等	获得用户的服务定制费用

IPTV：搭建千万级用户规模的 IPTV 电视平台，通过"硬件销售+运营分成+增值应用业务收入分成"盈利。

互联网电视：搭建千万级用户规模的互联网电视平台，通过"硬件销售+运营分成+增值应用业务收入分成"盈利。

(4) 行业现状及发展趋势

根据 2014 年的收入统计，新媒体行业（含在线视频、手机电视、互联网电视、IPTV）总规模约 390 亿元。受政策、市场环境的影响，新媒体各方积极主动地与上下游产业链相关各方加强紧密合作关系，整合各方的牌照、技术、内容、终端及市场优势，打造新媒体行业生态圈。为彻底解决牌照问题对新媒体企业发展的制约，在线视频及平台型企业纷纷对播控牌照运营主体进行战略入股。目前，七大播控牌照方中的 5 家已经被瓜分。阿里入股华数传媒；腾讯已在多年前入股未来电视；爱奇艺入股央广银河；优酷土豆入股中国国际广播电台旗下的国广东方；优朋普乐入股南方传媒旗下的南广影视互动；上海文广、湖南卫视牌照基本独享。

伴随着宽带中国战略的推出和实施、4G 牌照的发放，基于宽带和移动互联网的在线视频、手机电视、互联网电视、IPTV 等业务具有巨大的市场空间。2014 年新媒体各细分行业的增长速度都在 30% 以上，未来仍将保持 30% 以上的增长态势。目前，作为新媒体行业主要收入来源的广告收入保持高速增长态势。而广告正从电视、报纸、广播等传统媒体向新兴媒体转移，互联网广告行业以年均 40% 以上的增速增长，未来增值应用服务发展起来后，仅互联网电视一个行业的市场规模将会达到数千亿元。

4.艺术品行业

(1)行业定义

艺术品行业[①]是指以艺术品的创作、交易、收藏、投资为核心的一系列经济活动的总称。艺术品分成三大品类：中国书画、瓷器与杂项、油画及当代艺术。艺术品行业客户范围包括艺术家、画廊、拍卖公司、艺术品收藏者与投资人。

(2)行业特点

艺术品行业产业链主要包括：艺术家创作艺术品；画廊代理艺术家并进行推广；消费者通过画廊购买艺术品；艺术品进入二级市场拍卖行再次流通。其中，一级市场的发展和繁荣是整个艺术品市场发展和繁荣的基础。当前，艺术品行业发展呈现以下特点：一是艺术品创作和收藏分散，高档艺术品交易相对集中在拍卖市场。二是交易市场运行尚不规范，市场投机气氛较浓。艺术品真伪鉴定和公允价值评估成为行业的两大难题，赝品风险、估值风险较为突出。三是金融资本快速进入艺术品投资领域。

(3)盈利模式

画廊：作为艺术品流通的一级市场，国内画廊业主要有四种经营模式：代理制、画廊+画家模式(寄售)、画廊+作品模式(买断)、画廊+活动模式(场租)。画廊的主要收入来源是：代理佣金收入、买卖价差收入、场租费收入。

拍卖公司：作为艺术品流通的二级市场，拍卖公司通过公开拍卖的方式销售艺术品，成交后向委托人及买受人双向收取佣金，单向佣金费率在成交额的10%～15%之间。相对而言，拍卖公司处于艺术品流通市场的强势地位。

艺术品投资管理类公司：鉴于市场赝品和估值风险突出，投资者需要依靠专业投资公司代理投资经营，规避投资风险。艺术品投资管理类公司应运而生。盈利模式主要包括：提供顾问、经纪、鉴定和估值服务以收取咨询费或代理佣金；在有限合伙型基金中担任 GP 或劣后 LP，收取顾问费、基金管理费及成功收益分成。

(4)行业现状及发展趋势

我国艺术品行业的发展以艺术品商品化、艺术品交易市场化及职业画家的出现为标志，始于上世纪 80 年代末 90 年代初期。1991 年至 1996 年为我国艺

---

① 艺术品行业在国家统计局《文化及相关产业分类(2012)》中没有单独分类，但第三大类"文化艺术服务"、第七大类"工艺美术品的生产"以及第八大类"文化产品生产的辅助生产"等大类均涉及了艺术品行业内容。

术品行业的第一个快速发展期(期间,画廊数量达到近4000家);1997年至2003年为调整期;2004年至2009年为回暖发展期。2011年中国在全球艺术品市场所占的份额由2010年的23%上升到30%,首次超越美国成为世界最大的艺术品与古董市场[①]。

2012年艺术品金融市场同比下滑趋势明显,从艺术品金融规模占比较高的信托市场来看,全年共发行信托产品34款,融资33.4亿元,与火爆的2011年比,发行的产品减少10款,降幅22.7%。2013年,艺术品信托产品减少到18款,发行规模骤降至12.4亿元,部分艺术品信托产品甚至出现了兑付危机。2014年,艺术品市场企稳回升,但艺术品金融市场未见起色,艺术品信托市场全年发行产品仅7款,融资金额大幅下降。随着经济进入下行周期,投资者信心下降,2015年艺术品市场有可能延续调整基调。

5. 演艺行业

(1) 行业定义

演艺行业是以演艺产品的创作、编排、演出及经纪代理、艺术表演场所等配套服务机构共同构成的产业体系,行业监管归口文化部。演艺产品的具体形态包括音乐、歌舞、戏剧、戏曲、芭蕾、曲艺、杂技等各类型演出。演艺产业各环节包括演出团体、演出中介机构、演出场所、演出票务和受众等。

(2) 行业特点

随着经营性文化单位转企改制的步伐持续深入,国有文艺院团的转企改制将进一步推进,民营机构市场化程度高、创新能力强、市场运作能力强的特点越发显现,价值越发受到重视。同时,优化资源配置和产业链整合的产业发展趋势愈加明显。

一是民营企业在产业链整合和跨区域发展方面展现出活力,以"演出院线"为主导的跨区域合作趋势继续扩大。演出团体正在逐渐改变单一的盈利模式,不断延伸产业链纵向环节,其收入由纯演出收入转向动漫、图书、服装、玩具、食品、主题公园等多个领域。同时,剧院将由单一的演出中心逐步向综合性娱乐中心转化。随着演艺产业链的延伸,演艺产业的利润增长点也将不断增加和扩大。

二是旅游与演艺、影视与演艺跨界融合趋势明显。跨界融合将成为未来演

[①] 《2011年国际艺术市场:艺术品交易25年之观察》,欧洲艺术基金会2012年3月16日发布。

出行业发展的主流方式。一方面,对于演艺业来说,通过跨界合作既有利于降低演艺业的经营风险,也有利于拓展演艺业的营销渠道;另一方面,对于跨界合作方来讲,演艺业既是拓展业务的载体,也是行业投资的一种途径。演出行业与餐饮业、旅游业、互联网行业等跨界合作是市场推广及规避风险的重要途径,也是实现优势互补、协同发展的必然趋势。

三是品牌化竞争激烈,高品质内容为市场需求热点。演出产业目前正处在成长期,主要表现为演出企业逐渐由数量增长转变为品质提升,提高演出质量、品牌化成为主要竞争手段。品牌企业具有较强的市场号召力,更具有稳定的多渠道收益来源,因此品牌化发展成为众多演出企业的发展战略。

(3) 盈利模式

演艺产业的盈利收入主要包括票房收入、赞助收入、剧场经营收入和衍生品收入四大部分,其中,票房一直是演出的主要盈利途径。主要的盈利模式有以下几种:一是传统的院团经营模式。演出团体创作演出作品,在控制成本的前提下,通过拓宽渠道、增加场次、扩大对象、提高价格等方式增加演出收入;二是院线连锁模式,该模式主要以剧场物业的管理和经营为主要收入;三是旅游演出模式,该模式的主要目标是游客,借助地方旅游实景、地域特色,既可实现票房收入,又可以作为地方旅游推广的活动和载体,得到政府和企业的赞助收入,对拉动地方其他经济收入效果明显。

(4) 行业现状及发展趋势

近年来,国内演出市场呈现快速增长态势,演出市场消费旺盛,演出场次和观众人数增幅明显。2013年,我国演出市场受节俭办晚会和简政放权等多重政策影响,全年演出票房总收入首次出现负增长;2014年,在家庭亲子消费、旅游出行消费、城市娱乐消费"三驾马车"的带动下,演出票房止跌反弹。总体上看,我国演艺产业发展目前仍处在初级阶段,文艺院团以国有为主,不能提供充足的演出产品,演出场所不足,设施不先进,低水平循环,粗放式增长,市场主体弱小,产业链尚不完善。

得益于国家文化产业政策,国家将加快国有文艺院团转企改制的步伐,建立以大型演艺企业为龙头、以中心城市剧场为支点的若干演出院线,加快演艺与旅游等相关产业的融合,培育旅游演艺市场,丰富旅游演艺产品,避免同质化。2016年,面对着即将到来的"十三五"规划新周期,演艺产业将进入快速发展阶段。

6.出版发行行业

(1)行业定义

出版发行行业是指图书(含电子图书)、报纸、期刊及音像制品的出版、批发及零售。

(2)行业特点

近年来,虽然出版发行行业的收入、利润仍处于增长状态,但其增速已相对趋缓,行业内并购行为频现。结合发达国家行业发展经验比较,我国出版发行行业已进入成熟期。出版行业中的印刷环节在整个出版发行行业收入中占比最大,但门槛低,技术水平相当,竞争激烈,同时在产业链上地位较弱,印刷企业总体盈利水平较低,部分企业甚至连年亏损。

(3)盈利模式

出版社以购入或生成版权为依托,通过印刷出版、渠道发行获得图书销售收入与版权及印刷成本的价差;图书发行企业通过从出版社购入图书,再进行批发零售获得进销价差;报刊行业主要通过提高发行量带动广告收入,覆盖印刷、采编及其他运营成本。从收入上看,图书的收入来源结构单一,绝大部分收入来源于图书销售收入。整体上看,行业收入上升空间较小,而受纸张等原材料价格上涨的影响,成本逐年走高,行业面临成本上升、利润空间缩小的趋势。

(4)行业现状及发展趋势

随着媒介融合步伐的加快,传统媒体经营多元化、网络化已是大势所趋,出版发行企业必须寻找适合自身生存与发展的盈利模式。就图书出版发行企业来看,电子书成为未来行业发展的趋势,但目前行业内尚无明确的盈利模式,国内图书出版发行企业多采取尝试、跟随的态度;手机图书成为行业的另外一个潜在发展方向,但数字出版平台的缺失制约了手机图书的发展速度;同时,部分企业依托原有新华书店的地段优势,出现向商业地产领域多元化发展的趋势。

7.文化创意行业(以动漫、网游为例)

(1)行业定义

常用的"文化创意产业"概念可以表述为:以创作、创造、创新为根本手段,以文化内容和创意成果为核心价值,以知识产权实现或消费为交易特征,为社会公众提供文化体验的具有内在联系的产业集群。与此含义不同,我们这里所说的文化创意行业是狭义的以创意和设计服务为内容的行业业态,本文主要以动漫、网络游戏为例①。

(2)行业特点

动漫、网游行业以创意为核心,研发周期较长。作为一门新兴产业,动漫以满足少年儿童的欣赏需求和娱乐需求为主,有一定的市场空间;网游以其新颖炫丽的表现形式、较强的娱乐性和参与性而形成了高人气。

动漫行业:处于维持性发展,普遍存在融资困难;经营亏损面大,主要依靠政府补贴收入;动漫衍生品经营企业以动画为营销手段来稳固和扩大市场。动漫制作是行业发展的核心和关键环节,前期的动漫形象创意和塑造投入较大,投资期限长;衍生产品是动漫品牌增值的环节,我国衍生产品市场向纵深方向拓展,不仅动漫出版、动漫玩具等产值持续提升,诸如动漫旗舰店、主题公园的规模也日益凸显,使得整个产业链的营销周期拉长,获得丰厚的利润。

网游行业:网络游戏行业是集资本密集、技术密集和人才密集为一体的行业,具有高附加值、高利润率的特征,行业利润率长期保持在较高水平,结算收益清晰;已有成熟产品的网络游戏公司收入较稳定,现金流状况较好。但网游市场变化较快,同质化现象严重,产品易模仿程度高;同时,前期资金投入较大,产品成功率较低。拥有完整的业务体系,掌握各环节核心优势的开发运营一体化企业,净利润率相对较高;以端游为主的网络游戏企业,主要收入通常来源于几个单款游戏产品;收入依赖部分产品是国内大部分以客户端网络游戏产品为主的网络游戏企业存在的普遍状况;拥有成功产品的网络游戏企业更有能力推出优秀的新产品;网络游戏玩家具有相对稳定性。

(3)盈利模式

动漫行业:盈利收入包括版权交易收益、政府补贴收入、衍生品收入等。版权交易收益是在动漫创意的基础上,以样片的形式锁定下游客户,从而获得版权交易收益;通过电视台和网络媒体的播放,获取收益。目前,国内动漫制作类企业的盈利能力较弱,通过电视和网络的播放基本无法覆盖前期的开发成本,只能依靠政府补贴及版权交易维持经营。

动漫衍生品经营:通过前期动漫形象的确立及动画片播出后的宣传效应,增加动漫衍生产品的附加值。如广东奥飞动漫是经营动漫衍生产品起家,动漫播出作为产品的有效宣传途径,起到了扩大市场认知度的作用;动漫衍生品经

---

① 国家统计局《文化及相关产业分类(2102)》中第五大类为"文化创意与设计服务",包括广告服务、文化软件服务、建筑设计服务和专业化设计服务四个中类。其中,文化软件服务包括:多媒体、动漫游戏软件开发;数字动漫、游戏设计制作。

营企业将自身品牌产品嵌入到动画片中,提高产品收益率及市场份额。

动漫行业依靠播出及音像发行只能收回成本的 25%—35%,消费人群的局限、单一的播放渠道和低廉的收购成本,使动漫制作公司更多地依靠政府补贴、版权交易和其他产业的投入维持经营。

网游行业:盈利收入包括用户付费、海外发行收入、广告收入及其他衍生品收入等。用户付费是最主要的收入来源,主要分为道具收费和按在线时长收费两种方式。网络游戏企业通过植入广告模式收取费用是近两年逐渐开始的一种新的广告模式。网络游戏运营商连接着产业链的上下游,向开发商购买游戏代理权,采取买断和收入分成(通常比例在 25%—35% 之间)的方式,并支付电信提供商服务器等平台费用。

按时长收费,是网游行业起始时期普遍采用的收费模式。国内目前几款按时长收费的游戏每小时费用在 0.4 元—0.48 元之间。除了按每小时计费外,还有采用包月收费、连续收费(例如连续 5 天等)的模式。按时长收费的游戏通常具有较好的游戏平衡性,仍是部分游戏喜欢采用的收费模式,例如目前网易在运营的暴雪公司的游戏《魔兽世界》、网易自主研发的在线人数保持着纪录的《梦幻西游》,以及网易的另一款大作《大话西游 2》、金山软件的《剑侠情缘网络版 3》、盛大代理的韩国游戏《永恒之塔》等。

按道具收费,就是在游戏中出售虚拟道具,玩家拥有这些道具后可以提升战斗力水平、经验值等。道具收费模式是目前主要的收费模式。按道具收费的游戏通常又称为"免费游戏",这个"免费"指的是玩家参与游戏的基本功能免费,但道具是要购买的。道具收费模式最早在一些休闲游戏中使用,后来 2005 年底盛大首先将旗下原先按时长收费的《梦幻国度》《热血传奇》《传奇世界》等游戏的基本时长免费,只对购买游戏的增值服务进行收费。道具收费模式从此成为 2006 年至今游戏的主要收费模式。由于游戏本身免费,玩家可以免费试玩,这对近几年游戏玩家的迅速增长有很大作用。同时,对游戏运营商来说,道具模式可以充分开发玩家的付费意愿。

(4)行业现状及发展趋势

近年来动漫行业发展迅速,产值不断提升,市场前景广阔。2010 年末动漫行业总产值 470 亿元,2014 年生产总值超过 1000 亿元,全年产量 411 部(其中完结 220 部)。在我国动漫行业迅速增长的背景下,仍存在诸多问题:动漫产业发展水平严重滞后,政策扶持模式有待调整,经营方式需探索变革,品牌理念有待革新。

2014年,中国网络游戏市场继续保持高速增长,销售收入达到1144.8亿元,比2013年增长了37.8%。从细分市场看,移动游戏保持高速增长态势,市场份额首次超过网页游戏,占比达到24%。客户端游戏仍旧是最大的细分市场,但受到其他细分市场及用户分流的影响,增速呈下降趋势,已进入相对平稳的发展阶段,用户群体稳定,需求刚性,而且具有可持续性。网页游戏市场占有率继续平稳上升。移动游戏保持高速增长的态势。

网络游戏产品已经呈现出较为明显的"金字塔"特征。客户端网络游戏处于塔尖,高投入、高产出,精品生存,数量上以少胜多。网页游戏处于塔中,正在向精品化发展,数量减少,品质上升。移动游戏位于塔基,处于抢占市场空白点、分享用户红利的末期,低投入、产量高,游戏产品数量远远超过客户端游戏和网页游戏数量。

(三) 我国文化企业阶段性发展特征

1.高成长,发展前景广阔

文化产业具有附加值高的特性。文化产品和服务重在"文化"属性,是将"文化"内化在物质产品之中的"新产品",消费者消费的往往是"文化",而不仅仅是产品本身。① 文化产品生产源于创意,在对产品的抽象定位到形象勾勒的过程中,凝结了创意人的心血。对于成功的文化企业,其文化产品一旦在市场上被认可,其文化产品将逐步占有稳定的消费群体,市场占有率提高,文化企业也将获得爆发式的增长和广阔的发展空间。

2.管理弱,公司治理不健全

目前,我国大多数文化企业尚不具备清晰、成熟的商业模式,企业治理能力较弱,团队管理经验不足。部分企业的控制人或实际控制人更像是艺术家,而不是企业家,缺乏企业管理和市场运作的经验,企业难以进行产业链式的系统市场开发和拓展。

3.历史短,盈利能力不稳定

我国文化产业起步较晚,经营历史不长,文化产业体制与机制还在成形阶段,很多从事文化产品生产和经营的企业法人涉足较晚,缺乏必要的沉淀,企业

---

① 孙建成:《文化产业的特征与我国文化产业的发展》,《齐鲁学刊》2008年第5期。

规模普遍较小,企业经营业绩波动大,盈利能力不稳定。

4. 积累少,融资经验缺乏

文化企业与金融机构合作的经验大多较为匮乏,难以得到金融的支持。一方面是文化企业自身规模小,抗风险能力弱,管理不规范,盈利模式尚不成熟;另一方面是国内现有金融体系不完善,间接融资管理过严,直接融资门槛过高,担保体系不健全。

二、文化金融合作中的商业银行服务:难点与创新路径

(一)商业银行金融属性与文化产业融资需求的对接难点

1. "重抵押"的传统授信产品不适应"轻资产"的文化产业发展特征

与传统工业企业相比,文化创意企业大多具有以无形资产为主的资产结构的特点,其核心是创意、知识产权、版权、收费权等,缺少土地、厂房等可用作抵押的不动产,但我国目前缺乏权威的无形资产评估机构、评估标准和方法,版权、知识产权等无形资产的流转管道不畅通。传统商业银行重抵押,重资产规模,授信产品以适合的抵质押物作为核心风险缓释手段,在为文化企业提供融资支持的过程中,一旦贷款不能按期归还,作为抵质押物的无形资产难以及时处置变现,无形资产评估难、处置难直接导致贷款担保难。

2. "重报表"的传统评价标准不适应"管理弱"的企业发展现状

企业的财务报表是企业经营状况的一个书面的、静态的直观财务反映,因此成为传统商业银行授信业务审查的必备要素,但我国目前的文化企业财务报表还不能真实反映企业的经营业绩。这些企业或从事业单位转制而来,或为民营中小企业,大多未建立完善的公司治理结构,企业经营管理经验较为欠缺,财务管理不健全。从这个角度上讲,银行授信审查的重点正是企业经营管理的弱点,进而成为文化企业获取商业银行授信支持的障碍。

3. "认知浅"的行业现状不适应"新兴产业"的创新发展需求

长久以来,传统商业银行很少涉足文化产业领域的一个重要原因,是对文化产业这一新兴产业了解不够充分,对文化产业行业特性认知的专业性不够。银行很难依靠传统行业授信经验判断文化企业的承贷能力,在理念和产品设计

方面与轻资产的文化企业对接难度也很大。文化产业是一个相对需要较长时间研究浸润才能逐渐融入"圈子"的特殊行业，当前，在文化金融合作的背景下，商业银行急需与文化产业界加强交流，培养既了解文化产业发展又懂得银行授信业务的专业人员，从而使商业银行产品匹配文化产业的实际需求。

(二) 商业银行文化金融的创新路径

在新的文化金融合作趋势中，商业银行作为极其重要的主体应承担起创新的责任，这既是文化产业发展的需要，也是银行本身发展的长远需求。文化金融的创新可以从多个角度切入，笔者认为可以用三个关键词来概括当前文化金融创新的路径，即：方案、认知、合作。

1. 以现金流管理为基本路径设计金融解决方案

现金流管理是商业银行文化金融创新的基本路径。衡量制造业企业的实力主要看其拥有的固定资产或实物资产的规模，衡量文化企业的实力则大不相同。文化企业的核心竞争力是企业的经营团队、创意等无形资产，但上述无形资产只能作为商业银行筛选优质客户和项目的基本判断，无法决定融资额度和控制风险。

通过金融解决方案实现金融与文化产业有效对接的关键是什么？是风险控制有抓手。而对于文化企业而言，这个抓手是现金流，尤其是日常经营的现金流，这也是企业经营生命力的保障。此外，借助经营现金流来设计金融产品，能够帮助企业提高资金和财务管理水平，实现文化企业规范化运作，扶持文化企业不断成长、成熟。

2. 以深化行业认知提升文化金融专业经营和创新能力

信息不对称是文化金融合作的最大瓶颈，而作为拥有更多话语权的商业银行应更主动地打破这种不对称，这不仅要靠银行从业人员的个人热情和职业精神，也需要商业银行进行业务结构、激励机制的设计来保障。

以文化金融创新破解文化产业融资难的问题，需要对文化产业的运行特点、运行规律、风险特征、盈利模式有充分认知。这种认知体现在金融服务上，除了要认可财务报表反映的资产规模和财务状况外，还要认可财务报表上无法体现的无形资产，如企业实际控制人的创业经验、团队创意、管理能力和资源整合能力，在此基础上，匹配现金流管理进行金融创新。

对商业银行而言，创新也需要做到风险可控，业务创新才是有效的，才能实现双赢,才能够实现金融和文化对接的持续性。

3.共同参与文化市场体系的建立

实现金融和文化产业顺利对接需要多方通力合作。文化金融合作,不仅需要金融机构与文化企业合作,也需要各种横向合作,如金融机构之间的合作。在文化市场交易环节中,除了商业银行和文化企业,还有很多体系内的主体,比如政府、行业组织、中介机构、研究机构以及其他非银行金融机构等,在文化产业发展乃至金融创新过程中,需要体系各方达成共识并共同努力。

一是商业银行需调整项目审查视角,从产业发展的角度,重点关注政府在产业政策、税收政策、财政专项贴息政策等方面的导向,从中找寻合作优质企业;

二是依靠行业协会和社会研究机构在明确行业标准、提升行业自律方面的作用,支持领军企业做大、做强,提升细分行业产业链;

三是建立健全文化市场支撑体系,打造商业银行、担保机构、保险机构、鉴定机构、评估机构等各方力量共同参与的创新平台,各自发挥专业优势,整合资源,群策群力。

三、文化金融创新的业务模式及案例分析

近年来,随着文化产业的快速发展,国内股份制商业银行和国有银行积极加强业务实践,通过设立专门的事业部、特色支行、专业服务团队,创新文化金融服务产品等方式,开展差异化的竞争。经过几年的实践,探索出了一些符合文化产业发展特点的可复制的业务模式,主要包括:现金流融资模式、准投行业务模式和产业基金模式等。

(一)现金流融资模式

对于以轻资产为特征的文化企业而言,以企业的经营现金流为抓手,匹配以期限和用途更符合企业需求的融资方案,是商业银行文化金融创新必然而现实的选择。

1.电影投资基金模式——支持影视企业提前落实制作发行资金安心做强主业

(1)业务介绍

电影投资基金模式是由优质影视传媒企业作为 GP、商业银行优质客户作为 LP 共同出资成立基金,专项用于优秀国产影视剧的拍摄制作,以及海外影片

的全球性版权或区域性版权的购买和引进的创新业务模式。

（2）业务优势

电影投资基金模式创新了融资担保方式，不以抵质押物作为担保措施，更加适合行业发展规律，有效满足了影视剧制作初期或影片境外引进的大量资金需求，帮助企业实现国内外资源整合。

（3）适用企业

影视剧制作企业、版权交易类影视投资公司等。

（4）产业促进效果

近年来，我国电影市场进入爆发式增长期，票房收入、观影人数、影院数量、银幕数量等各项指标均呈现出了强劲的增长势头，无论是在影片生产、电影投融资方面，还是在院线影院建设和电影出口等方面都迈上了一个新台阶。

从业务创新实践来看，在中国电影市场保持强劲增长势头的大背景下，国内某商业银行与A传媒集团合作发行了电影投资基金，采用"境内设立基金+BVI公司作为支出平台+内保外贷+境内结构化存款/付款保函理财"的创新产品模式，为客户提供涵盖境外投资电影及版权融资的一揽子金融解决方案。该业务模式是国内首支同时投资于好莱坞大片全球收益权、中外合拍片及国产电影国内收益权的影视基金，实现了国内文化金融服务创新的重大突破。

2.影院建设跨行资金归集模式——票房集中归集实现企业资金高效运营及规范管理

（1）业务介绍

影院建设跨行资金归集模式采用影院资金跨行归集管理作为风险缓释手段，综合采用"影院资金归集+影院建设资金支持+品牌合作"的形式，满足影院建设的大量资金需求。

（2）业务特点

影院建设跨行资金归集模式是以企业经营现金流这一核心资产为风险控制抓手而设计的创新金融产品。该业务模式突破了传统以资产抵质押为主的担保方式，通过深入了解细分行业特点、风险特征和商业模式，由存量影院收入现金流归集的方式挖掘企业结算现金流的金融价值，实现了匹配行业特点的融资创新，提高了企业的资金使用效率，帮助企业迅速步入了发展的快车道。

（3）适用企业

适用于设有分支机构、连锁经营、现金往来频繁的文化企业。

(4)产业促进效果

近年来,随着外出打工人员的回流以及国家城镇化建设战略进程的加快实施,二三线城市观影人群逐步壮大,城市影院建设产生的融资需求也更加旺盛。

A 影院建设有限公司是我国知名的连锁影院建设管理机构,企业发展良好,资产规模及营业收入连续三年呈增长态势。面临抢抓二三线城市影院布局的关键市场机遇,需要短期快速投入大量资金,主要用于放映设备的采购与施工费用的支付。

按照传统的信贷风控理念,A 公司难以获得大额的授信支持。某商业银行通过深入的行业研究,摸清了企业的融资模式,以及企业内资金运转的关键节点,支持其向二三线市场扩张的战略布局。通过票房集中归集的方式,锁定企业存量影院以及使用银行授信新建影院的票房收入,给予三年期 7 亿元授信,支持其新建 120 家影院,既满足了企业的大额融资需求,又有效防范了融资风险。

(二)准投行业务模式

随着文化企业发展壮大,细分行业的优质企业希望通过资本市场实现并购上市,扩大业务领域。一方面,以上市公司为代表的优质企业需要沿产业链纵向延伸;另一方面,一些传统行业企业希望借助文化产业的高增长,实现转型发展。在此背景下,商业银行文化金融创新逐步发展成为涵盖借壳上市、定向增发、并购上市等准投行业务,以及股权投资的综合金融服务方案。

1."名股实债"业务模式——支持龙头企业迅速做大、做强

(1)模式介绍

"名股实债"业务模式是商业银行通过发行基金或专项资产管理计划等方式筹集资金,以股权形式支持项目运作,充分匹配项目周期和资金需求,到期以项目收益按照约定价格偿还本息的业务模式。

(2)业务特点

"名股实债"业务模式资金用途和期限灵活,更好地满足了项目运作前期的大额资金需求,贴合文化产业发展需求。同时,该模式有效发挥了商业银行在资源整合方面的优势,变"融资杠杆"为"资源整合杠杆",有助于推动企业快速发展。

(3)适用企业

"名股实债"业务模式主要适用于前期资金需求较大、具有较好市场前景的项目和文化企业。

(4)产业促进效果

A 公司是一家致力于电影电视剧投资、制作、发行及相关产业发展的公司,其近年出品的一批优质影视剧取得了不俗的收视成绩和良好的市场反响。

2014 年,A 公司计划围绕网络热门小说拍摄网络视频剧,并与国内网络视频领军网站签订了独家播放协议。某商业银行凭借对影视剧制作行业的深入认知,以及对 A 公司的行业地位和专业眼光,以及对剧本题材的认可,以专项资产管理计划等方式筹集资金,通过项目直投形式为该网络剧的制作提供融资 2000 万元,迈出了商业银行在"明股实债"业务模式探索的第一步。

2. "名债实股"业务模式——与优质企业共担风险、共享收益

(1)模式介绍

"名债实股"业务模式是商业银行凭借对行业的专业深入认知,以及对项目前景的认可,在提供基本定价债权融资的同时,配套相应的股权融资的业务模式,与企业共担风险,共享收益。

(2)业务特点

"名债实股"业务模式以专业视角,重点考察项目前景,不局限于对企业的承贷能力审查,债权融资成本相应降低,有助于降低企业融资成本。

(3)适用企业

"名债实股"业务模式主要适用于具有良好市场前景的项目制作,尤其是已经在市场积累了一定市场口碑的影视剧制作项目。

(4)产业促进效果

针对影视行业"高风险、高收益"的特征,结合影视企业对融资成本敏感的情况,按照基础定价与浮动定价相结合的风险定价原则,某商业银行为 A 影视公司提供了 6000 万的基准利率贷款,用于某部影片的拍摄、制作和发行,并以股权投资形式配比 1000 万元,参与该部影片发行后的票房收益,该业务模式以银行融资替代了部分社会资本,有效降低了企业的融资成本,并有助于促进影视行业的规范化运作。

(三)产业基金模式

目前,结合区域经济发展的需要和文化特色,地方政府着力发展特色文化产业,随着资源整合和配套政策逐步落地,商业银行紧跟产业发展步伐,以产业基金的形式,撬动地方政府资源,支持文化产业发展。

1.文化旅游基金——为旅游企业进行资源整合及设施升级提供支持

(1)模式介绍

文化旅游基金以地方政府引导基金或文化旅游公司为 GP、商业银行作为 LP，通过专项资产管理计划等方式募集资金，用于景区改造、升级和资源整合，到期以景区收费等综合收入偿付相应收益的业务模式。

(2)业务优势

文化旅游基金模式期限方式灵活，有效解决了企业的大额资金需求，实现了产业链资源的整合。

(3)适用企业

文化旅游基金模式适用于具有一定规模的、具有稳定现金流的成熟类企业，以及由政府或行业龙头主导的、围绕地方旅游特色的产业整合、升级、优化、改造项目。

(4)产业促进效果

针对某省大力发展旅游产业和旅游产业升级的需求，某商业银行成立了文化旅游产业基金，金额 20 亿元，期限 7 年，以投债结合的方式，解决旅游投入周期长、投资金额大、资源分散的问题，帮助政府推动 5A、4A 级景区提升改造、资源整合，实现产业升级。

该基金借力地方政府调整产业结构的总体部署和政策，整合了各方优势资源，投债联动，有效匹配了文化旅游企业投资周期长、金额大的资金需求，推动区域文化旅游产业升级。

2.艺术品产业基金——抓住产业核心要素促进产业发展

(1)模式介绍

艺术品基金以地方政府引导基金、行业协会或艺术大师运营的文化企业作为 GP、商业银行作为 LP，通过专项资产管理计划等方式募集资金，借助社会研究机构的专业力量，支持中青年工艺美术大师创作，促进行业规范化运转和产业整合，带动行业发展。

(2)业务优势

艺术品产业基金通过整合艺术品鉴定、估值、保管、处置等方面的专家资源和优势，有效盘活艺术品资产，实现金融模式创新。

(3)适用企业

艺术品产业基金主要适用于三类企业：一是画廊、拍卖公司、艺术品投资公司等企业；二是拥有优质艺术品资产、收入稳定的文化企业；三是具备整合紫砂、玉石、红木等艺术品产业链上下游资源的企业。

(4)产业促进效果

为支持传统文化行业发展，某商业银行设立了6200万元紫砂艺术品基金，以专项资产管理计划等方式的方式支持A企业以其收藏的国家级、省级工艺美术大师作品做抵押，购买一批有潜力的中青年工艺师的作品，通过与拍卖公司合作，到期融资人回购紫砂艺术品的方式进行金融支持。

该艺术品基金充分发挥了工艺美术大师的资源优势和银行的资金优势，促进行业规范化运转和产业整合，带动产业链的完善和行业的发展。

主要参考文献：

1.《2015文化及相关产业统计概览》，国家统计局社会科技和文化产业统计司、中宣部文化体制改革和发展办公室编，中国统计出版社2015年版。

2.《中华人民共和国国民经济和社会发展第十二个五年（2011-2015）规划纲要》，http://news.xinhuanet.com/politics/2011-03/16/c_121193916_2.htm。

3.2014《世界媒体500强》，世界媒体实验室（World Media Lab）编制。

4.《2011年国际艺术市场：艺术品交易25年之观察》，欧洲艺术基金会2012年3月16日发布。

5.孙建成：《文化产业的特征与我国文化产业的发展》，《齐鲁学刊》2008年第5期。

（万晓芳：中国民生银行文化产业金融事业部总裁，经济学博士）

第六章
经济新常态下的文化产业保险创新

○骆志威

2014年11月,习近平在亚太经合组织(APEC)工商领导人峰会上首次系统阐述了"经济新常态"的含义:速度——"从高速增长转为中高速增长",结构——"经济结构不断优化升级",动力——"从要素驱动、投资驱动转向创新驱动"①。经济新常态意味着我国经济进入新的发展轨迹,而作为国民经济的重要组成部分和新的经济增长点,文化产业的发展也因此将发生深刻的变革。

我国政府已经明确提出推动文化产业成为国民经济支柱性产业,文化产业的发展在我国经济社会发展全局中的地位日益凸显。就文化产业而言,速度、结构和动力三方面的改变也是需要面对的新常态。在新常态下,文化金融合作的进一步发展呈现什么状态?文化产业保险作为文化金融的重要组成部分如何适应新常态?文化产业保险如何为产业发展提供速度、结构和动力上的支撑?这些都是我们当前需要面对的重大问题。

一、文化产业保险的时代背景与政策环境

新常态是重构新的增长模式和新的增长点的过程,也是调整增速步入新的增长稳态的过程,更是经济结构问题凸显中进行结构重构的过程。在这一大背景下,金融保险行业要加快改革创新,更好地适应经济新常态,更好地服务好经济新常态,积极谋划未来发展是全行业必须重点突破的新课题。

随着文化产业的快速发展,大力推动文化金融合作,成为文化产业增强发展活力、提升发展竞争力的内生动力之一,这是文化产业发展新阶段的突破重点。作为文化金融合作的重要主体的保险业,必须正面回应这一时代的需要。

---

① 《习近平首次系统阐述"新常态"》,http://news.xinhuanet.com/politics/2014-11/10/c_127195118.htm。

(一)"新常态"下的大逻辑对保险业提出破局要求

当前,对中国经济而言,"新常态"无疑是各个层面参与者不得不考虑的主题词。正如2014年12月召开的中央经济工作会议所指出的,认识新常态,适应新常态,引领新常态,是当前和今后一个时期我国经济发展的大逻辑。

"新常态"下,对于各行各业来讲,都既有挑战,也有机遇。一个行业只有积极顺应"新常态"下的大逻辑,才可能在今后中国经济的发展中有更准确的定位,有更积极、更有力的作为。对保险业和文化产业而言,这都是至关紧要的一个命题。

第一,保险业要适应中国经济从高速增长转向中高速增长的新常态。按照我国保费收入增速平均2倍于经济增速的相关统计规律,在理论上,保险市场也会从高速增长的状态转向中高速增长的新常态。为了应对这一趋势,保险业要想获得突破,就要思变、求变、创新。改变是世界上永恒不变的主题,创新又是发展的永恒主题,而发展潜力无限的文化产业正是金融保险业寻求的蓝海市场,因而应大力追求文化产业和保险业共生性发展。

第二,保险业要适应保险"回归保障"的新常态。回归保障,这是保险业存在与立足的根本逻辑。保险业回归保障新常态,首先要为那些具有国家战略意义的产业提供保障。我国文化产业是整体经济结构调整的重要一环,大力发展文化产业不仅能够促进第三产业的发展,也能够为第一、第二产业的发展提供转型升级的要素性动力。从这个角度上,推动文化产业成为国民经济发展的支柱产业,为其发展提供保障,也成为保险业发展的题中之义。

第三,保险要适应专业化、精细化发展的新常态。保险业要针对特定行业进一步精耕细作,而文化产业有着自己特殊的发展规律,现有的传统保险产品很难为其提供专业的保障,这对文化产业的动力机制形成了障碍。研发出符合我国文化产业属性的文化保险产品需要行业间加强交流合作、共同努力。

(二)一系列专门的文化金融政策对文化保险提出了明确要求

随着文化体制改革和文化事业的发展,文化产业在经济社会中的作用越来越突出,地位越来越重要,促进文化产业的发展繁荣是金融业义不容辞的责任。国家在一系列专门的文化金融政策中都积极推动保险成为文化产业发展的助推器。

在2010年之前,国家在出台的文化产业政策中都涉及了金融业或保险业,要求金融业对文化产业进行支持,但一直是文化和金融"两层皮"。随着支持文化产业发展的国家级金融政策"框架"——《关于金融支持文化产业振兴和发展繁荣的指导意见》(银发〔2010〕94号)的出台,这两个看似关联度不高的行业和产业被迅速"高度关联"起来。《指导意见》高度概括并全面指出了作为三大金融支柱之一的保险业,支持文化产业发展的基本思路和努力方向。我国保险业一直将文化产业作为单独的险种大类来管理运营,"文化产业保险"作为专有名词第一次在国家级政策文件中出现,为文化产业的保险业务发展未来指明了方向。

在《指导意见》出台后,保监会印发了《关于保险业支持文化产业发展有关工作的通知》(保监发〔2010〕109号),更加明确了保险业在文化金融发展中的任务。文件包括五个部分:高度重视,积极培育和发展文化产业保险市场;开拓创新,大力开发服务文化产业发展的保险产品;优化管理,提升促进文化产业发展的保险服务水平;改进服务,发挥保险支持文化产业发展的融资功能;加强协调,建立保险支持文化产业发展的配套机制。同时,文件在附件中确立了"第一批文化产业保险试点险种及公司"。

2014年3月17日,文化部、中国人民银行、财政部联合印发了《关于深入推进文化金融合作的意见》(文产发〔2014〕14号),应该说这个政策文件正在开启文化金融合作的新时代。文件指出,"文化金融合作已经成为我国文化产业发展的显著特点和重要成果,成为我国文化产业持续快速健康发展的重要动力"。保险业作为金融的重要组成部分,需要通过发挥自己特有的风险保障功能提供风险保障,推出便捷服务,发挥投融资优势,支持文化产业发展繁荣,这样,不仅有利于推动文化产业繁荣发展,而且有利于拓宽保险服务领域,扩大保险覆盖面,培育新的增长点。

(三)"新国十条"要求积极发展文化产业保险

2014年8月,国务院正式发布了《关于加快发展现代保险服务业的若干意见》(国发〔2014〕29号),从顶层规划了保险行业转型升级的新蓝图,提出了加快发展现代保险服务业的总体要求、目标任务、战略举措。文件要求:到2020年,基本建成保障全面、功能完善、安全稳健、诚信规范,具有较强服务能力、创新能力和国际竞争力,与我国经济社会发展需求相适应的现代保险服务业,努力由保险大国向保险强国转变。这份纲领性文件被保险业内称为"新国十条"①。

"新国十条"的深刻意义在于,这是国务院从国家发展战略全局来系统性地定位保险业,是首次对保险业的支持政策做系统性的表述。文件站在国家角度,充分肯定了保险作为社会"稳定器"和经济"助推器"对于全社会的重要性,提升了保险业在经济社会发展的重要地位。"新国十条"无疑会释放保险业改革发展的最大政策红利。

"新国十条"为保险业业务发展未来指明了方向,文化产业保险成为促进经济提质增效升级的重要手段之一。"新国十条"的第六条"拓展保险服务功能,促进经济提质增效升级"中要求,"发挥保险对咨询、法律、会计、评估、审计等产业的辐射作用,积极发展文化产业保险、物流保险,探索演艺、会展责任险等新兴保险业务,促进第三产业发展"。另外,"新国十条"要求现代保险服务业要成为完善金融体系的支柱力量、促进经济提质增效升级的高效引擎和转变政府职能的重要抓手,这对文化产业的发展有着重要意义。

二、推进保险与文化产业合作的意义与作用

金融是现代经济的核心。作为现代金融业的重要组成部分,保险具有经济补偿、资金融通和社会管理功能,是市场经济条件下风险管理的基本手段。保险业通过提供风险保障、推出便捷服务、发挥投融资功能,支持文化产业发展繁荣。

推进保险与文化产业的合作,是推进文化金融合作的重要内容。保险与文化产业的深度合作,不仅能够提高文化产业生产力水平、优化生产关系、完善市场管理、推动文化体制改革,从更宏观的层面来看,推进保险和文化产业合作,还能够促进金融深化与宏观经济的迅速发展。

(一)提高文化产业生产力

多数文化企业目前仍处于转型期,在商业化过程中,越来越多的企业认识到保险的经济补偿、资金融通等功能,是企业风险控制的手段之一,保险业将对

---

① 2006年,国务院颁布《国务院关于保险业改革发展的若干意见》,被人们简称"国十条"或"保险国十条"。

文化产业的发展起到重要的推动作用。

涉及文化产业领域的保险可以从很多方面展开，它们能从多个角度为文化产业的运转提供保障和支持。保险机构支持文化产业，可以进一步创新产品和服务，开发适合文化企业特点和文化产业需要的保险产品。针对宣传文化部门重点扶持的文化企业和文化产业项目，保险机构可以提供更加完善的服务，建立承保和理赔的便捷通道。对于文化出口企业和项目，保险机构还应加大创新力度，为其提供有力的出口信用保险服务，鼓励和促进文化企业参与国际竞争。

具体来说，文化产业类保险同样可分为人身保险、财产保险、责任保险等几类与传统保险相类似的险种。当然，保险公司还应探索开展信用保险业务，弥补现行信用担保体制在支持融资方面的不足，为文化企业融资提供保险保障支持，满足中小型的文化企业的融资需求。应大力开拓知识产权保险，解决由于知识产权的侵权行为而造成的民事责任赔偿和财产损失问题。同时还可考虑对知识产权(无形资产)进行价值认定，盘活文化企业存量资产，创造发展新局面。

以武汉天鹰动漫发展有限公司为例[①]。该公司处于成长阶段，没有属于自己产权的土地、房屋等有形资产，只有寻求担保。各种评估、公证费用通常都在基准利率的基础上上浮20%—30%。在动产抵押中，银行由于自身利益的缘故，对抵押人的抵押物价值大打折扣。在动产抵押方面，银行将原来普遍实行的押2贷1变成押3贷1，甚至变成押10贷1，这大大增加了企业融资成本和风险。

目前，企业融资成本是由银行贷款利率、保证保险费率及附加性保险费率三部分组成的。若能引入贷款保证保险，按银行贷款利率最高不超过同期基准利率上浮40%的水平计算，保证保险费率和借款人意外伤害险费率合计最高不超过贷款本金的2.04%，经办金融银行机构还可根据借款人实际风险与资信状况实行差别利率。总体算下来，借款人融资成本一般在10%左右，这将低于融资性担保公司保证的贷款成本，也低于小额贷款公司的利率。

文化产业信贷保险，还可以通过为文化企业提供更优的智力支持、更多的资金扶持等资源，进而完成提高文化产业生产力的任务，促进文化产业发展。

此外，国外电影行业的完片保险也是很好的例子。20世纪50年代，随着独立制片人开始拍摄影片，他们中大多数是不起眼的小公司甚至是个人，雇佣一些人手寻找投资拍摄影片的机会。然而，这些个人或小公司没有足够的资金和

---

① 参见陈波、王凡:《当前我国文化企业融资趋势、问题与成因分析》,《艺术百家》2011年第5期。

资源向银行等投资人提供担保,证明自己一旦遇到意外情况还是能将资金还给银行或投资人。于是他们寻求保险公司的帮助来承保这些风险,这就是"完片担保"的雏形。

由于介入到电影行业的风险管理之中,保险公司成为了好莱坞的合作者及掌控者,同时由于承保的责任就是需要与电影制片方紧密合作,保险公司还会对各种风险因素严格把控。再者,保险公司的存在将为电影融资的实现提供保障并保证电影如期完成。参与电影融资的银行,会要求履约保险公司参与协助评估贷款申请、监察制作进度和确保制作项目不会偏离原定的预算制作费用。这种履约保证使银行获得保障,避免因影片制作延误或其他事故导致损失。"完片担保"并不保证一部影片的盈利能力,而是担保一部影片在预算内能够按期完成;如果影片无法按期完成,"完片担保公司"将接手影片制作并负责按承诺的保额赔付投资人。

总体来说,文化产业保险就是要通过保险产品的开发与引进,为文化企业经营生产提供先进的管理手段和生产资料,大幅度地提高文化企业的生产力。

(二)强化管理意识,优化生产关系

在产业和企业层面,生产关系是指基于投融资规范、企业治理、管理体制等体现出的各主体之间的权利义务关系。文化产业保险提供投融资类服务,能够通过金融保险产品明确投资者与文化企业间的责任义务,优化生产关系,为文化产业发展创造和谐的市场环境。文化产业保险不仅作为文化投资的风控手段,通过保险服务为投资者保驾护航,更重要的是,它还能通过其金融手段和产品设计,明确企业需要完成的任务和注意事项,提高文化企业自身的管理水平,促进其科学、规范运营。

例如为文化企业提供的贷款保证保险,通过规范贷款保证保险,文化企业可提高信用风险管理水平,建立健全信用管理机制,降低银行呆账、坏账比例,对企业融资效率的提高具有十分重要的作用。贷款保证保险可以增强企业抗风险能力,通过保险保障功能,补偿风险损失,确保企业可持续发展。

再如文化演出市场保险服务,文化演出行业中保险可涉及的领域相对较多,涵盖演职人员的人身健康、资金链、舞台搭建、灯光、音响设备等多个方面。文艺演出从最初的选题判断、剧本挑选,到排演、融资、配置人员、宣传、售票,直至最后的演出,在不同环节存在的风险点有很多,包括关键人员伤亡风险、侵权损失风险、侵权责任风险、不能按时完成、临时中断等风险,以及多次提及的融资难的风险等等。与之相匹配的除了传统的险种外,还可以推广演出临时取消保险、公众活动安全险、侵权责任险等。此类文化产业保险的介入可涵盖演出项目的各个方面,并且对整个流程中的节点进行风险控制。同时,演出方自己也会遵照保险协定,明确责任义务,在运作过程中更加规范、更加科学地操作。

另外,如果能够设计开发专门针对管理和经营活动的险种,可以对文化企业管理和治理起到促进作用。例如英美等国专门设有"董监事及重要职员责任保险",以此来健全英美文化企业管理制度,进而降低该企业已投保险种的相关风险[1]。

(三) 用市场手段完善文化市场管理(演艺人员职业责任险为例)

目前,我国已有影视、歌唱、舞蹈演员以及演奏员、文物鉴定师、社会文化工作者等30余个职业列入文化行业特有职业。文化部职业技能鉴定指导中心按照"统一标准、统一试题、统一考务、统一发证"的原则,有组织、有重点、有计划、有步骤地开展职业技能鉴定工作。这一模式对演艺人员的专业素养起到了把关作用,但对于道德素养却缺乏监管手段。

文化企业投保时,保险公司会对投保机构、投保内容、参保人员等进行审核,针对不同艺人和公司的评级,给出不同的收费标准。国内演艺圈秩序相对较为混乱,演艺人员的道德问题屡屡受到质疑,这不仅会严重影响到他们个人的发展,还会使其公司蒙受损失。对于不良记录众多者,保险公司还可以选择不为其承保。推广演艺人员职业责任险,通过这种市场手段,既可以减少演艺公司的风险,使其经营更加顺畅,还可以使有不良记录的艺人越来越难立足,促使整个行业净化环境。

利用保险这样的金融产品对市场进行调控,就是让政府从过去"依靠行政审批管企业",向"更多依靠建立透明诚信的市场秩序规范企业"转型,是让市场这个经济"发动机"释放更加强劲的动力。

(四) 为国有文化事业单位转企改制提供保障

党的十八届三中全会通过的《中共中央关于全面深化改革若干重大问题的决定》要求"紧紧围绕建设社会主义核心价值体系、社会主义文化强国深化文化

---

[1] 王述芬、何伦志、韩东:《深化我国文化产业保险市场主体改革研究》,《金融理论与实践》2014年第5期。

体制改革,加快完善文化管理体制和文化生产经营机制,建立健全现代公共文化服务体系、现代文化市场体系,推动社会主义文化大发展大繁荣"。《决定》要求"继续推进国有经营性文化单位转企改制,加快公司制、股份制改造"。在这一背景下,如何迅速有效地完成改制,将现有各类资产转化为生产力,成为传统事业单位面临的巨大的机遇和挑战。

国有经营性文化单位在转企改制后,将成为独立承担风险的企业。中央强调保险业要服务于我国经济社会转型。在这一特殊时期,公众将承担着巨大的经济、社会和心理压力,这正是保险业要抓住的机遇。根据"新国十条"精神,保险业有责任通过提供风险保障支持文化产业繁荣发展,在这个过程中,保险业也可以开拓自身业务发展的新领域。

《关于金融支持文化产业振兴和发展繁荣的指导意见》(银发〔2010〕94号)规定,发挥保险公司的机构投资者作用和保险资金融资功能,在风险可控的前提下,保险公司可投资文化企业的债权和股权,符合条件的保险机构还可参与文化产业投资基金。保险公司对参与国有经营性文化单位转企改制中的此类投资具有更大的兴趣,对文化这种深度的资本参与,结合保险产品的管理功能,能够为国有经营性文化单位转企改制提供更好的保障。

(五)促进金融深化与宏观经济的迅速发展

保险业在与文化产业的合作过程中,势必也会加强与银行、担保机构等众多金融机构的联系,这对于促进金融深化有着重要意义。

以大力发展信用保险、推动小额贷款保证保险为例,中小企业融资是世界性难题,中小文化企业的融资更是问题凸显,银行信贷资金等更多倾向于投向规模大、盈利能力强、风险小的大企业,而轻资产、高风险的中小文化企业生存的根基在于其已拥有或将拥有的版权、专利等无形资产,存在资产估值困难、专业性要求高以及后续监管乏力、变现困难、产权交易市场不活跃等问题。在融资渠道方面,银行贷款仍是企业融资的主要途径,但银行机构对于轻资产群体的投资偏于保守谨慎。针对这类企业的保险产品创新力度不够、适用性不强,而且出于降低经营成本的考虑,小微企业的参保积极性不高。

新常态下要发挥好保险的"杠杆"作用,激活小微企业金融链条。保险公司应结合逐步建立起的中小文化企业特点的信用等级评估体系,在原有产品的基础上,细分客户、细分风险、细化责任,实行差异化费率。在风险可控的前提下,拓宽信用保证保险业务的领域,提供个性化的保险产品服务和一揽子保险解决方案。探索提供保单质押贷款服务,盘活存量资金,帮助小微企业解决流动资金不足的困难。推动优化政策环境,争取将保险服务纳入小微企业产业引导政策,不断完善小微企业保险服务的保费补贴和税收优惠制度。

总之,加强文化与金融的合作,加大金融保险业支持文化产业的力度,既是促进经济增长的需要,也是促进文化大发展大繁荣的需要。同时,发展文化产业保险,对于保险公司来说既是机遇又是挑战。随着文化产业成为国家支柱性产业,也将释放出巨大的保险空间,发展文化企业保险业务,可以使我国的保险公司增加资金实力,提高整体竞争能力。

三、文化产业保险市场现状及问题分析

近年来,我国文化产业发展迅速,产业增加值增速远远高于 GDP 增速,文化产业正在成为推动我国经济发展的重要力量,文化产业保险在文化产业发展中的作用也越来越明显。但就国内目前的文化产业保险市场供需两端看,文化产业保险的发展还有许多障碍。

(一)需求端:文化产业与文化企业

1.文化企业大多规模小、轻资产,融资困难

我国的文化产业当中,中小企业的比例达到 90% 以上,通常都存在缺乏资金支持、竞争过于激烈、风险规避能力弱、可抵押物品少、人员流动频繁、行业操作不规范透明等问题,而这也使得保险公司在为这些公司提供保险保障时顾虑重重。

大多数的文化企业都属于轻资产或无固定资产企业,绝大多数都是以人才、创意、文化品牌、内容产品等无形资产为主,可供抵押的实物较少,资产评估难,抵押变现难,抵押担保信用程度低,财务实力相对较弱,盈利方式不确定,使融资渠道较窄,融资成本较高。同时,文化企业自身受经营管理理念和条件的限制,不善于灵活运用多元化的金融工具打破融资瓶颈,也制约了其发展。

2.文化产业投资渠道不畅

与传统产业相比,文化产业具有更高的风险特点和回报特点,这是因为文化公司的价值由其拥有的文化产品以及团队决定,因而影响文化产品价值的因素众多,不确定性很大。文化产业的内涵丰富、结构复杂,其多样性决定了其风

险构成复杂、行业差异大、产品收益难以评估的特点,且一旦发生风险,损失也往往难以估量。

这些特点导致有投资意向的投资主体都处于观望状态,社会资本进入文化产业的水平也很低,没有建立起市场化、多元化的、使企业能够真正规避风险的投融资机制体系。

这样的发展环境影响了政府以及金融机构为企业提供投融资的机会,也影响了很多民间机构投资者,他们手中掌握大量闲置资金,并且有意愿投向文化产业,但苦于不熟悉文化产业的经营规律和经营风险,加之投资回报没有保障,因此不敢轻易投资。

3. 文化企业风险意识淡薄,风控能力不足

目前,文化企业依靠商业保险手段提高抗风险能力的意识淡薄,对于经营中可能遇到的风险也没有很好的规避措施。文化企业明显缺少风险规避、防损减损、风险转移的系统管理能力,这也需要借助外部的力量,而最主要的手段就是保险保障。

有业内人士分析称,造成"文化产业保险"推广难的主要原因之一就是国内文化企业在经营理念上相对缺少风险意识,认为保险费属而外支出,会增加成本,不愿意把钱花在一些看不到或只是可能存在的风险上,心存侥幸而放弃保险。国内大部分文物展览的承展单位是国有博物馆,往往缺乏有关文物参保的制度设计,当文物发生偷盗或者损坏之后,损失惨重;此外,对多数展览主办方来说,有限的经费只能应付展览的筹备、设计、制作,不可能为文物展品支付高额保费。

再有就是政治、经济、社会等环境因素引起的风险,以及道德风险和逆选择的隐患等。例如最为特殊的"非典"时期,对于许多文化项目来说都是灾难性的,数百个文化活动被迫取消或延迟,导致众多演出商前期投入的巨额广告费用血本无归。

(二)供给端:保险机构和保险服务

近年来,文化与金融的跨界联姻越发频繁,文化企业上市早不鲜见,银行对文化产业的信贷支持力度也逐渐加大。但作为金融业的主力之一,保险业进入文化产业的动作却显得有些平静。2010年,文化部与保监会联合启动保险支持文化产业试点工作。中国人保财险、太平洋保险和中国出口信用保险公司这三

家公司为文化产业保险首批试点公司,出台了第一批的 11 个文化产业保险试点险种。但与发达国家相比,我国的保险产业仍不够成熟,产品不够专业化,与文化产业的匹配度不高,特别是相对于当前文化产业已进入快速发展期的巨大需求,文化产业保险发展仍有较大差距,亟须创新发展。

1. 市场现有文化产业保险险种介绍

2010 年保监会、文化部两部门联合发布的"新国十条"确定有重点地推进文化产业保险市场发展,其中明确了 11 个文化产业保险试点险种(如表 1 所示)。

表 1 文化产业保险试点险种

序号	试点险种
1	演艺活动财产保险
2	演艺活动公众责任保险
3	演艺活动取消保险
4	演艺人员意外和健康保险
5	展览会综合责任保险
6	艺术品综合保险
7	动漫游戏企业关键人员意外和健康保险
8	动漫游戏企业关键人员无法从业保险
9	文化企业信用保证保险
10	文化企业知识产权侵权保险
11	文化活动公共安全综合保险

在"新国十条"中确定了三家试点公司:中国人民财产保险股份有限公司、中国太平洋财产保险股份有限公司、中国出口信用保险公司。三家试点公司立即开展了对相关产品设计的工作,对于有形固定财产、人身风险相关的保险产品很快就得以出台。太平洋保险公司率先对陈逸飞画展的 60 多幅作品提供了总保额 6 亿多元的保险。但是,此类保险对文化市场的保障并没有能及时地全面推广,文化产业各方面风险的不确定性是摆在各家保险公司面前的首要问题,如知识产权受侵权、艺术品受损的承保工作仍是较难推进。

几年来,各家保险公司根据市场需求、客户需求不断量身定做出台相关产品,例如,国家知识产权局和中国人民财产保险股份有限公司开展的专利保险试点,信达财险推出的由东方雍和独家代理的著作权交易保证保险等。中国信保更是发挥其特殊优势,仅在2014年就为文化产品和服务出口提供了约10亿美元的保额,同时还向文化企业支付赔款超过170万美元。

各家保险公司总结以往的承保案例,推出更适用于文化产业类的保险产品。例如早在2003年,人保财险就为当时的滚石乐队工体演唱会以公众责任险的方式承保了"偶发事件保险",最终该演唱会因"非典"而被迫取消,而人保财险为此支付了250万元的赔偿。2013年北京文化局与人保财险北京市分公司共同举行文化产业保险战略合作协议签约仪式。其中,人保财险与首都剧院联盟签署的《北京市文化演艺行业保险合作协议》最为引人瞩目,该协议标志着,为演出行业所关注的"延迟取消保险"已进入研发后期阶段,这意味着试点险种中一直难以推进的演艺活动取消保险将有望正式进入市场。

2.文化产业保险产品的局限性

目前,我国保险业为文化产业提供的产品仍主要局限于产品本身,没能将"文化产业"作为一种专门的风险类别来经营和管理,在服务方面,尤其是风险管理服务缺乏系统性,缺乏"一揽子"的产品和服务。并且由于我国的文化产业规模相对较小,保险业务规模也相对较小,而这个领域又需要较强的专业化和系统性,需要相应的投入。结果是由于规模小,就"无人问津";由于"无人问津",专业和系统性就无从谈起;由于缺乏专业性和系统性,文化产业保险就更发展不起来。

虽然近年来文化产业保险在不断开发、完善,且呈越来越活跃的趋势,但直至目前,我国文化产业保险市场表现出的不足仍是比较突出的。最主要的就是现有的保险产品不足以满足文化企业需要。

多种原因的共同作用,致使我国众多文化企业的投保意愿和保险需求无法调动,文化产业保险市场开拓异常艰难。中国的文化产业保险仍处于有待拓荒的状态,目前保费的构成中,90%为艺术品、文物拍卖,险种极为单一,对于文化产业的其他领域,保险业涉足尚浅。

(1)可选择的保险产品少,缺少针对性的产品研发

文化产业类保险是由多种产品构成的,内涵非常丰富,但发展还不是很充分,难以形成规模保费,导致目前保险公司针对文化产业的产品开发不够重视,数量及规模十分有限。

文化企业有着自己特殊的经营逻辑,但直接服务于这类企业、切合其需求的保险产品却相对较少,大多数市场上的文化产业保险还是套用传统保险,诸

如意外险、财产险等,对于投资或项目本身进行投保的案例几乎没有。而在国外,有针对各项演出、影视制作、展览、艺术品拍卖等各种文化产业项目的配套险种,投资任何一个文化产业项目都可以做到保险先行。但在我国,与文化产业相关的保险业务种类较少、总量不大、空白点多。目前也只是几家保险公司在艺术品保险、展览、演出等领域有几个较为单一的产品。

(2)现有保险条款尚不成熟

目前来看,文化产业类保险尽管需要开发的险种分类已大体确定,但如何选定文化企业标的进行承保,如何设计开发适用的产品条款,还需保险公司发挥各自的才智。而现有的产品多是直接套用传统的产品条款,未能很好地区别文化产业独特风险。再有就是在学习国外经验的时候,未能区分中外文化环境的差异,硬搬国外条款,致使例如电影保险在内的很多专业保险难以在国内落地。

(3)缺乏链式保险服务模式

文化产品从创作到生产均存在风险,需要稳定的产业链保险服务模式提供保障。而目前我国尚未形成专业化的文化产业链保险,缺乏多层次的产业风险分散体系,往往"一事一保"、"一公司一保",险种间、公司间缺乏必要的风险分担联动机制。

(4)文化保险产品费率相对较高

由于产品少,加上过往经验不足,保险公司对文化企业经营过程中的风险点掌握不全面,没有有效的风险控制手段,也没有大量数据可以借鉴参考,导致相关费率普遍较高,这也成为影响文化产业保险推广的重要因素。

3.评估、鉴定、修复等配套机构缺失

目前,国内缺乏国家认定的专业的评估机构,对于艺术品真伪和价值的鉴定存在一定困难,对艺术品的传承历史、所处环境、安全保障等情况也没有系统性的记录。而对于文化产品的价值评估是专业性很高、主观性较强的事情。目前国内的文化市场,经营主体良莠不齐,即使一些知名文化企业在拍卖藏品时也要声明不对拍品的真伪性负责,导致在保险服务中,艺术品等文化产品的保险价值和损失程度难以确定。

据了解,现国家认定的具有评鉴权的专家集中于国家文物鉴定委员会、艺术品评估委员会和一些国有博物馆。这些机构多为国有事业单位,其工作人员为保险公司做鉴定属商业行为,这与国家有关规定相违背。因此,虽然"声音"

权威,但不能服务于市场。这一资源错位让国内文化产品评估困难重重。

国家认定的专业的修复机构亦如此。这需要有完善的保护修复道德标准与操作指南,而对于它的研究制定必须由国家组织实施才具有权威性,才能让行业形态具有凝聚力,才能创造健康规范的行业市场。

4.文化产业保险配套人才严重不足

当前我国国内保险公司中熟悉文化产业保险的专业人员少之又少,这导致产品缺乏且新产品开发速度缓慢,难以形成专业配套的防损服务链。特别是在参与国际竞争时,专业人才的缺乏表现得尤为突出。

以艺术品保险为例,苏黎世保险曾表示,作为一种特殊的财产损失保险,专业艺术品保险的建立有赖于各方面的发展:培养专业艺术品核保、理赔及营销人员;建立具有国际公信力的艺术品鉴定及鉴价专业人员或机构;培养各类艺术品的修复专家;成立专业包装、运输公司及仓储设备;提升收藏者对艺术品防损及购买艺术品保险的意识等。可以看出,专业人才在其中占了大部分内容,而这些目前在我国均不成体系或处于缺失状态。

商业本性决定保险公司开展金融服务时必须保持理性,必须有效防范风险保证投资安全。而文化产业本身是一个高投资、高风险、高利润行业,对这个产业开展服务需要一批具有专业性的文化产业投融资人才。这些人才除了要熟悉银行、保险业务,精通创投、风投、产权交易、上市交易外,还要熟知文化产业发展规律,掌握文化创意及其开发和运作方式。

在国务院印发的《关于推进文化创意和设计服务与相关产业融合发展的若干意见》中,明确提出"鼓励保险公司加大创新型文化保险产品开发力度,提升保险服务水平,探索设立专业文化产业保险组织机构,促进文化产业保险发展等"。这一切都表明保险公司建立和培养专业团队已是刻不容缓!

5.文化产业保险的作用未能得到充分认识

在一些人眼中,保险业尽管有"十八般武艺、七十二般变化",却始终是逐利往来的商家,对其主动参与社会管理的目的与成效仍存质疑。

文化产业保险作为近年来新开发的保险创新领域,文化企业对相关险种的功能作用了解尚有欠缺,对其购买和运作方式知之甚少,这需要保险机构多和企业打交道,多做宣传,针对他们的需求定制一些适应性产品。例如在影视保险方面,冯小刚的《夜宴》剧组就曾借助于中国出口信用保险公司为其提供的信用保险,获得银行的巨额融资。

"新国十条"的出台,从国家层面设计并铺展保险业的发展宏图,提升了现代保险服务业在经济社会发展全局中的定位,并把发展保险业放在经济社会工作整体布局中统筹考虑。"保险是现代经济的重要产业和风险管理的基本手段,是社会文明进步、经济发达程度、社会治理能力的重要标志。"新形势下,保险公司及相关从业人员要适应保险全新的功能定位,充分认知文化产业保险的市场潜力和对经济发展的作用,让保险业的成长、飞跃获得更多能量。

目前,银行贷款作为企业融资主要途径,存在着"嫌贫爱富"的传统观念,规避规模风险本能特征明显,投资文化企业偏于保守谨慎,对于中小文化企业这样的轻资产群体来说,想从银行取得贷款,难度可想而知。"融资难,融资贵"问题异常突出。

另外,现有的金融信贷政策也给文化企业融资增加了难度。亚洲金融危机和美国次债抵押贷款危机以来,我国商业银行的金融风险意识越来越强,中国人民银行也对商业银行的不良资产贷款加强了考核的力度,商业银行加强风险管理的意识进一步抑制了对文化企业的信贷支持。

四、文化产业保险发展新趋势下的对策分析

经济新常态下,传统的保险产业格局将不断被打破,唯有求变才能在新形势下求新、求胜。新常态不仅仅是反映在经济层面上的新变化,随着新的技术不断应用,新的经营模式不断发展,新兴业态不断涌现,这些都在重新塑造人们的生活方式、消费行为,甚至是思维习惯,这些新变化最终都会深刻改变我们的生活方式,同时也对保险业的经营发展带来全面、深刻甚至是革命性的影响。

经济新常态大背景下的文化产业,其传统产业也已相对饱和,新产品、新业态正大量涌现,融合发展渐成趋势,继续深化改革也成为各方共识。近年来,文化产业与科技、金融等领域融合发展,正是顺应了新常态的发展趋势。

2015年是"十二五"规划的收官之年,是全面深化改革的关键之年,保险与文化融合,推广适合文化产业发展的文化产业保险产品,是经济新常态的需求,也是对保险"新国十条"的贯彻落实。同时2015年也是"十三五"规划的启动之年,以新思维、新视角、新范式为文化产业保险发展制定出科学的发展路线至关重要。

(一) 拥抱互联网,引领文化产业保险进入大数据时代

近几年,互联网技术的发展正在以排浪式的节奏颠覆所有的传统业态,也包括传统的保险业和文化产业,文化产业保险发展要适应互联网思维颠覆传统产业的新常态。2015年7月18日,中国人民银行等十部委发布了《关于促进互联网金融健康发展的指导意见》,明确指出"互联网与金融深度融合是大势所趋,将对金融产品、业务、组织和服务等方面产生更加深刻的影响"。这一具有里程碑意义的文件对互联网保险提出了具体的要求①。

传统保险产品的设计理念、营销方式以及业务流程,面临着互联网思维的革命性冲击,必须深入思考产品创新和渠道创新,更快、更好地适应多变的互联网环境,同时还要重视客户体验,才是保险业嫁接互联网真正成功的关键。保险业要取得更深层次的发展,就必须在降低成本、提高效率上下功夫,而互联网、物联网等新的技术对于保险业提升效率、降低成本有着重要作用。互联网保险的作用主要表现在三个方面:

一是获取比以往更简单和快捷的金融服务。通过互联网实时的信息传递及互动,可以延长金融服务时间,减少客户往返服务窗口的次数,同时保险公司也能更方便地了解客户需求。

二是实现交互式的沟通与信息共享。在客户购买保险的过程中,可以在比较询价和购买等多方面与保险公司互动,实现从被动购买到主动选择的转变,提升客户新的体验。

三是改变业务流程,降低成本,提高资源使用效率。在保险公司与客户的互动过程中,减少客户单证和资料的提供,既减少了客户的烦心事,也降低了保险公司的运营成本。

近年来文化产业发展迅速,文化产业与互联网的结合也比较紧密,但保险公司对文化产业保险的互联网机制涉足甚少,对该行业的特性缺乏认知及了解,对该行业经营状况、盈利指标等相关数据研究不深入,加快培育和完善文化

---

① 《关于促进互联网金融健康发展的指导意见》第十一条指出:保险公司开展互联网保险业务,应遵循安全性、保密性和稳定性原则,加强风险管理,完善内控系统,确保交易安全、信息安全和资金安全。专业互联网保险公司应当坚持服务互联网经济活动的基本定位,提供有针对性的保险服务。保险公司应建立对所属电子商务公司等非保险类子公司的管理制度,建立必要的防火墙。保险公司通过互联网销售保险产品,不得进行不实陈述、片面或夸大宣传过往业绩、违规承诺收益或者承担损失等误导性描述。互联网保险业务由保监会负责监管。

产业保险市场,通过互联网采集文化产业保险风险数据,科学设计对应保险产品,成为推动文化产业保险普及的重要工作。文化产业互联网保险要依托互联网尽快建立文化产业保险风险数据库,探索风险管理的产业标准及评级系统,积极创新,为文化产业提供多环节、全过程的风险管理服务。

随着互联网、移动互联网以及大数据的发展,网络营销、移动营销和个性化销售的作用将会日趋显现,越来越多的保险公司注意到通过网络采集大数据的作用。总的来说,保险行业的大数据应用可以分为三大方面:客户细分及精细化营销、欺诈行为分析和精细化运营(如图1)。

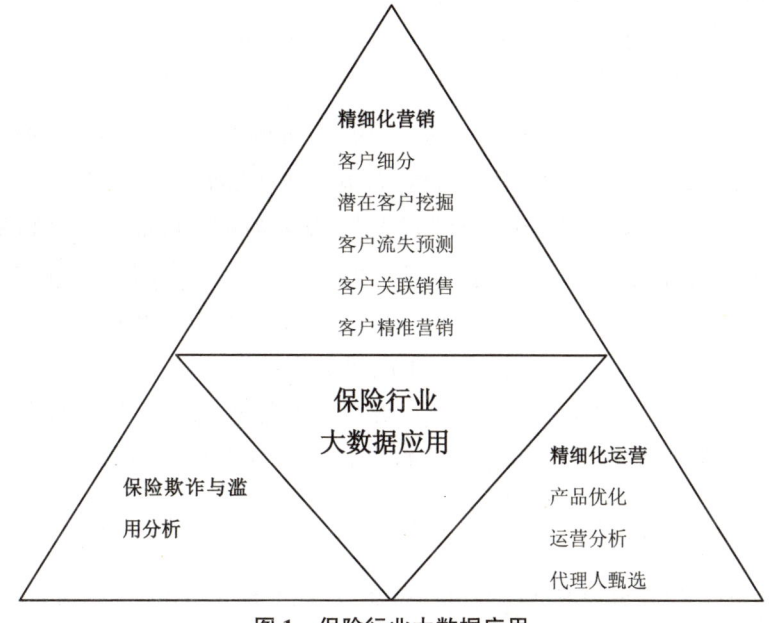

图1 保险行业大数据应用

除了上述作用,大数据的运用对于保险产品的分析及修正,保险信息的分析及共享,特别是对文化企业的信用体系建设等都有着重要意义。

此外,如何拓宽融资渠道是可持续发展的重要难题,但在互联网平台下,众筹、股权投资等新的文化金融模式出现,相应的保险产品也将随之上线,成为"互联网+文化产业+保险业"的共赢模式。

(二)既要学习引进国外模式,又要伴随"一带一路"走出去

在保险业与文化产业合作方面,我们需要向国外的文化产业保险业学习其

先进且成熟的模式,然后结合我国特色进行辩证吸收。海外一些国家和地区的文化产业保险因对文化产业的分类不同而各有特色,在中国也有一定的适应性,将这些新理念、新产品快速地引进来,再根据国内市场的需求加以调整,在最短时间内研发出适合中国市场发展的一些产品,加速文化金融的前进步伐,例如影视类相关保险、博物馆保险、艺术品修复师职业保险等。

文化产业不仅是我国经济的新增长点,也将对于提高我国在国际上的话语权、提升中国国家形象发挥不可替代的作用。"一带一路"的战略构想是新常态下发展的内在需求,文化是其灵魂,文化产业正是其中的战略基础,有其特殊的作用和地位。保险作为市场化的风险管理与资金融通机制,可为"一带一路"建设提供重要支撑与保障。2015年两会期间,人保集团董事长、全国政协委员吴焰提交了《关于充分发挥保险机制作为为"一带一路"建设保驾护航》的提案,他认为,"一带一路"决策的实施推进,不但需要充分发挥政府引导、政策支持的重要作用,还要充分激发市场的积极性,形成多元参与格局。

在文化"走出去"和"一带一路"背景下,需要加快出口信用保险和海外投资保险服务创新,推动文化产业出口和海外投资业务的信用保险承保,防范化解文化产品、服务和文化企业"走出去"中的政治风险和商业风险,促进文化企业海外投融资业务发展。与此同时,中国的保险企业也将一同"走出去",较具标志性的事件包括:中国人寿拟在新加坡设立子公司,中国再保险公司在英国劳合社设立常规辛迪加,安邦收购美国纽约华尔道夫酒店。

(三) 保险应承接一定的政府职能,政府应给予一定的专项补贴

文化产业保险发展要适应政府简政放权,让市场在资源配置中起决定作用的新常态。十八届三中全会提出,让市场在资源配置中起决定性作用。之后,国务院做出一系列简政放权的重要举措。经济的日趋市场化意味着保险业的驱动力要从旧常态下的"找市长"转向"找市场"。

政府在简政放权的过程中,会给保险业承接一定政府职能的机会,通过政府购买专业化的保险服务给企业带来一些实实在在的发展红利。但是,作为保险业经营管理者需要认识到,保险业的未来不在于成为"第二政府",而在于与市场需求更加充分地接轨。所以如何顺利完成从"依靠政府"到"协助政府"的转变至关重要。

首先要认识到政府补贴和政策支持的重要性。政府加强政策支持力度,有助于建立良好的文化产业保险经营环境。例如,由相关文化主管部门牵头建立

价值评估体系,对高收益、高成长但又具高风险的领域及项目,给予专业评估支持和动态监控;对国家级文物的展览、运输提出强制保险要求;对参保企业予以政策性保费补贴——就目前的发展水平来看,国内大部分的文化企业存在资金少、项目周期长、盈利能力不足的现象,保险对于这类企业来说也是一种成本开支,且很多企业对文化产业保险不熟悉,让其自己承担全部保费,大部分企业很难在短时间里主动参与到其中来,只有先把文化产业保险的覆盖面做大,保险业才可能积累风险数据,从而科学订立费率,进一步发挥保险对文化产业的事前风险管理作用。

在政府扶持过程中,还必须要有所鉴别,通过对有社会保障功能的保险加以扶持,对有潜力的文化公司加以补贴,通过市场化手段加以监管和风控,以转变文化产业发展方式为主线,以调整优化产业结构、提升产业发展水平为主要任务,加快推进文化企业,特别是中小文化企业市场化发展、创新模式发展、融资模式发展、经营管理模式发展。

更重要的是,政府在补贴模式方面也要有所创新,在让保险公司逐渐建立起对文化企业风险的认知的同时,给予其一定的资金支持,使用其真正做到具备承担文化产业风险的能力。对于文化企业也要使其在享受补贴的同时逐步认识到保险能够扶持文化企业发展的能力和风控能力。

(四)专业化、精细化发展,开发适应文化产业需要的保险产品

当前追求规模、追求大而全仍是大部分保险公司的发展思路,这也是目前保险市场同质化竞争、恶性竞争的根源所在。保险公司走专业化、垂直化深耕发展的路线已是大势所趋,是一种新常态,只有垂直化发展,保险业才能发现和覆盖更多风险。

发展文化产业保险发展正是适应专业化、精细化发展这一需要。保险公司要充分考虑文化产业的特色,根据不同文化企业的需求,提供最能保障文化产业发展的专项产品,积极推动建立文化产业保险市场运行机制和制度,实现文化与金融合作的双赢。

在传统产品的再设计上,需在意外险、责任险、财产保险等常规保险的基础上,针对文化产业经营逻辑和风险规律,细分出专业产品。但要指出的是文化产业保险并不是创新就有用,还是需求决定保险品种。基于文化产业市场需求、能够解决发展中出现矛盾的保险产品才有价值,这将会是一个逐步完善的过程。

探索开展一些新业务类型,如信用保险业务、溢额再保险业务等。适用于文化产业的信用保险业务,弥补现行信用担保体制在支持文化企业、特别是中小企业融资方面的不足,为文化企业融资提供保险保障支持[①]。开发溢额再保险业务可以解决中小文化企业轻资产贷款难、获贷金额低的实际问题。

在行业细分上,重点关注能够迅速成熟的市场。例如,目前影视保险在国内尚有名而无实,而在文化产业较发达的国家和地区,却对于影视及文化产业发展起到了很好的保障作用。国内的影视文化企业操作不规范,对此类保险产品也不是很了解,如能完成影视保险的推广,将对于国内的相关企业的生产力和生产关系的发展及匹配起到极大的推动作用。

在企业类型上,保险业应着眼于各地区重点扶持的文化企业和项目,承担有效分担和转移风险的责任,建立承保理赔的便捷通道;加大对文化改制企业养老和健康保险的服务支持力度,运用保险公司的精算队伍与技术,为其设计适用的养老年金或其他保险产品。

(五)加强保险与文化的产业融合,适应产业链发展趋势

保险与文化产业的融合将会形成新的产业链,获得产业整合超额价值的良好发展机遇,文化产业保险发展要适应产业链融合发展的新常态。

近几年,保险业在投资养老产业、大健康产业以及汽车后市场等方面已经做出了诸多尝试。这些领域原本并非属于保险公司经营的主业,但是保险业作为其上下游产业链上的一环,通过这样的跨界投资,增强了其在产业链上的话语权,拓宽了保险产品的市场,也提高了其整体服务的能力。

借鉴这些行业以及发达国家的经验,保险业要探索发展文化产业链保险,针对创意、制作、发行等产业链前、中、后端企业面临的风险特征,开发文化产业保险产品,实现对产业链风险的全覆盖。同时,探索建立如艺术品等高价值文化商品的国际分保合作机制。

(六)零售业务批发化、小额保费规模化

文化产业保险发展要适应市场集约化、规范化、模块化管理的新常态。现有的保险市场虽然已经有了一定的时间沉淀,习惯了分散式的经营模式,想要

---

① 国内对于个人信用及中小企业信用提供保险保障支持的主要是宁波人保,这一体系是相对完整,具备实际操作性的。目前在宁波地区的试点将有助于此项业务在全国推广,有助于各省对于文化金融服务的突破起到实践意义。

转型不容易,短期的利益也可能有一定的损失,但是从长远来看,更加专业、规范的市场才是能持续发展下去的唯一趋势。在新常态下,强化机制、规范管理,向规模化与集约化求效益是文化产业保险发展的必由之路。

目前,文化产业保险在国内发展尚不成熟,文化企业对文化保险的认识不够深刻,诉求很难统一。造成了现在逐事逐议,逐单逐开费率的现状,导致的结果就是投保难、保费贵。要通过线上、线下整合文化企业资源,了解其投保意愿,开发适合的保险产品,制订最佳的费率,这样既有利于文化企业降低成本,又有利于保险公司扩大保费规模。

(七)政府协助推广行业强制保险

从世界范围的保险发展趋势看,强制保险保障领域将不断扩大,在发展中国家将越来越受到重视,责任限额也将不断提高,强制责任保险的立法也不断加强。从国内来看,众多行业都开始推进强制保险,例如多地都开始推动环境污染强制责任保险试点,在重金属、化工等重污染高风险行业试行强制性保险;再如试行高危行业强制保险等。一些必要的强制保险对于企业经营分析的降低、市场环境的管控有重要作用。

从国际经验看,一些文化产业险种走入大众也经历了国家强制推动到逐步成为社会化存在的过程,但国内目前还没有强制推进的举措。据了解,在西方国家,文化产业发展的配套法律制度相当明确和细化。例如,根据英国1969年法案,影视文化公司必须投保不低于1000万英镑的雇主责任险;美国法律要求,利用机场和市政设施进行影视拍摄,需安排500万—1000万美元的责任保险。

我国文化产业保险起步较晚,加上文化企业风险意识薄弱,如果国家不强制推动一些具有重要意义的文化产业险种,仅靠市场自行选择还有一定难度。如果大多数企业都不投保,只有一些风险突出的企业投保,在保险覆盖面较低的情况下,难以实现风险的充分分散和分担,这也不利于文化产业和保险业的发展。

另外,我国政府还应出台相关扶持政策、基金补贴等多种措施进行支持,企业的风险意识才会逐步增强,文化产业保险市场也会逐渐成熟,人们会逐渐从强制走向一种保险意识的自觉。

(八)创新传播机制,积极推广文化产业保险服务

保险行业和产品目前越来越深入地融进社会,也不断为国人所认知,但这还未改变保险的总体形象。在实践中,因为保险行业的某些与生俱来的特质和植根中国文化土壤的传统因素,国人对保险尚存在种种误解。在文化产业领域,对保险的错误认识也大量存在,这些认识的繁衍,既不利于保险行业的健康发展,也制约了文化产业和我国经济发展。

保险业要让更多的人了解其保障功能,就必须开展有效的传播活动,普及相关知识,增强行业的保险意识。传播工作的方式要随时代的变化而不断创新,文化产业保险这样的新产品就更需结合新业态,不断完善"大传播"工作机制,强化整体行业传播力度。

对特殊的文化行业要有的放矢地进行持续性传播和引导,并可与政府、机构、行业协会等组织合作。在传播方式上也要灵活多样,大力依托各类新闻媒体加强宣传,不仅要强化与电视、报刊、广播等传统媒体合作,还应充分利用网络等新媒体平台,发挥其引导舆论、知识普及、提供服务的功能。

应加强保险业和文化产业的交流,鼓励保险产品设计、规划和业务人员多参与文化产业主题活动,一方面可以多了解产业需求,更重要的是可以通过交流平台向潜在客户宣传保险产品,提升整个产业的保险意识。

保险公司推出符合市场需求的文化产业保险产品,再加上配套的多渠道宣传与传播,文化企业才会逐渐了解、认识相关保险产品,并根据企业经营需要选择保险产品,在保险保障的作用下,有效规避风险,在发生风险时有效降低损失,从而更好地完成其经营活动。

主要参考文献:

1. 厉以宁:《文化产业发展中的若干问题》,http://culture.people.com.cn/n/2015/0408/c87423-26815258.html。
2. 王述芬、何伦志、韩东:《深化我国文化产业保险市场主体改革研究》,《金融理论与实践》2014年第5期。
3. 杜亮:《2015,保险业需放眼八大"新常态"》,《中国保险报》2014年12月16日。
4. 霍联宏:《保险公司应建立大数据平台》,http://finance.caixin.com/2013-09-17/100583603.html。
5. 陈波、王凡:《当前我国文化企业融资趋势、问题与成因分析》,《艺术百家》2011年第5期。

6.《习近平首次系统阐述"新常态"》,http://news.xinhuanet.com/politics/2014-11/10/c_127195118.htm。
7.《新常态下的新机遇——2015中国文化产业发展新态势》,《光明日报》2015年4月2日。

(骆志威:中国太平洋保险公司北京分公司综合业务三部总经理,全国中小城市发展基金会副秘书长)

第七章
文化传媒企业上市策略与操作实务

○梁化军

近年来,我国出台了深化文化体制改革和促进文化产业发展的一系列举措,文化产业被定位为国民经济支柱性产业。文化传媒企业[①]通过改制上市并登陆资本市场将有助于优化自身经营机制和分散风险,引进先进的管理思想和治理结构,规范企业的内部结构和激励机制,进而全面提升文化企业的竞争力,是深化我国文化体制改革的必由之路。

国家对文化传媒单位实行企业准入和特殊产品准入审批制度(尤其在新闻出版业),赋予了这些单位特殊的生产、经营权和相应的社会责任。已经改制或将要改制的文化传媒企业和事业单位,在对外合作与融资活动中须确保国有资本的主导地位;同时新闻采访、编辑业务等内容生产被列为"政策特别限制的业务",未经许可不允许对外融资。因此,文化传媒企业发行上市也面临特殊的问题,包括主管部门的前置审批、上市主体与上市资产范围的选择与剥离、同业竞争与关联交易和内控体系与 ERP 系统建设等方面。本文从券商角度对文化传媒企业上市的政策背景、行业特殊性、主要问题做了分析,并提出了有针对性的策略建议。

一、文化传媒企业上市的相关政策与监管

(一)文化传媒企业上市的相关政策

2009 年是我国在国际金融危机后国民经济和产业调整的第一年,文化产业的地位得到凸显。2009 年 9 月 6 日《国务院关于印发文化产业振兴规划的通知》(国发[2009]30 号)标志着我国第一部文化产业专项规划的出台。《文化产

---

① 本文所指文化传媒企业即文化传媒行业中的企业,文化传媒行业分类主要参照 Wind 资讯的行业分类,具体见下文。

业振兴规划》提出:加大金融支持,鼓励银行业金融机构加大对文化企业的金融支持力度。积极倡导鼓励担保和再担保机构大力开发支持文化产业发展、文化企业"走出去"的贷款担保业务品种。支持有条件的文化企业进入主板、创业板上市融资,鼓励已上市文化企业通过公开增发、定向增发等再融资方式进行并购和重组,迅速做大做强。支持符合条件的文化企业发行企业债券。

2011年10月18日,中国共产党第十七届中央委员会第六次全体会议通过《中共中央关于深化文化体制改革推动社会主义文化大发展大繁荣若干重大问题的决定》提出了两个"毫不动摇":"形成公有制为主体、多种所有制共同发展的文化产业格局。加快发展文化产业,必须毫不动摇地支持和壮大国有或国有控股文化企业,毫不动摇地鼓励和引导各种非公有制文化企业健康发展。"同时,《决定》对社会资本参与文化产业提出了具体的要求[①]。

2012年2月,中共中央办公厅、国务院办公厅印发了《国家"十二五"时期文化改革发展规划纲要》,进一步明确文化产业作为国民经济的支柱性产业的定位。2013年11月,十八届三中全会审议通过的《中共中央关于全面深化改革若干重大问题的决定》指出:"完善文化市场准入和退出机制,鼓励各类市场主体公平竞争、优胜劣汰,促进文化资源在全国范围内流动"以及"推动文化企业跨地区、跨行业、跨所有制兼并重组,提高文化产业规模化、集约化、专业化水平"。

2014年以来,支持文化产业繁荣发展的相关政策高密度出台。2014年3月17日,文化部、中国人民银行和财政部联合发布《关于深入推进文化金融合作的意见》(文产发〔2014〕14号),鼓励金融资本、社会资本、文化资源相结合,深入推进文化与金融合作,推动文化产业成为国民经济支柱性产业。其中提出:加快推进文化企业直接融资,支持文化企业通过资本市场上市融资、再融资和并购重组。

2014年4月2日,国务院办公厅发布《关于印发文化体制改革中经营性文化事业单位转制为企业和进一步支持文化企业发展两个规定的通知》提出:"建立党委和政府监管国有文化资产的管理机构,强调国有文化企业要健全协调运转、有效制衡的公司法人治理结构,探索实行特殊管理股试点和股权激励试点;鼓励和引导社会资本以多种形式投资文化产业,创新金融产品和服务方式,推

[①] 《决定》指出:在国家许可范围内,引导社会资本以多种形式投资文化产业,参与国有经营性文化单位转企改制,参与重大文化产业项目实施和文化产业园区建设,在投资核准、信用贷款、土地使用、税收优惠、上市融资、发行债券、对外贸易和申请专项资金等方面给予支持,营造公平参与市场竞争、同等受到法律保护的体制和法制环境。

动实现融资渠道多元化。"

2014年4月30日,国家新闻出版广电总局及财政部联合发布《关于推动新闻出版业数字化转型升级的指导意见》,指出要通过政府的引导,以企业为主体,推动传统新闻出版业的升级转型,使新闻出版业成为文化产业的中坚和骨干。

2014年8月18日,中央全面深化改革领导小组第四次会议审议通过了《关于推动传统媒体和新兴媒体融合发展的指导意见》,习近平强调,要着力打造一批形态多样、手段先进、具有竞争力的新型主流媒体,建成几家拥有强大实力和传播力、公信力、影响力的新型媒体集团。

总体上,我国政府对文化传媒企业在资本市场的推动力度是逐年加大,在内容、层次、配套以及细分行业上也越来越丰富。文化传媒行业体制改革的层层推进以及相关配套支持性政策的逐步落实,为文化传媒企业的发展和上市带来了难得的历史机遇。

作为文化产业运营的主体,文化传媒企业通过改制上市并登陆资本市场将有助于优化自身经营机制和分散风险,引进先进的管理思想和治理结构,规范企业的内部结构和激励机制,进而全面提升文化企业的竞争力,是深化我国文化体制改革的必由之路。因此,在国家政策的支持下,利用资本市场加快自身发展对于文化传媒企业具有重要意义。

(二)文化传媒行业的行业监管

文化产品既具有通过市场交换获取经济利益、实现再生产的商品属性、产业属性、经济属性,同时也具有教化民众、引导社会的意识形态属性。鉴于文化传媒行业在舆论和公共安全方面的特殊地位,我国文化传媒行业受到国家有关法律法规和政策的严格监管和保护。国家对文化传媒单位实行企业准入和特殊产品准入审批制度(尤其在新闻出版业),赋予了这些单位特殊的生产、经营权和相应的社会责任。已经改制或将要改制的文化传媒企业和事业单位,在对外合作与融资活动中须确保国有资本的主导地位。同时新闻采访、编辑业务等内容生产被列为"政策特别限制的业务",未经许可不允许对外融资。

我国在文化传媒领域实施严格管控,监管部门和相关产业情况如图1所示。

1.意识形态监管

中共中央宣传部(中宣部)管理全国的媒体产业的意识形态,监管并维护舆

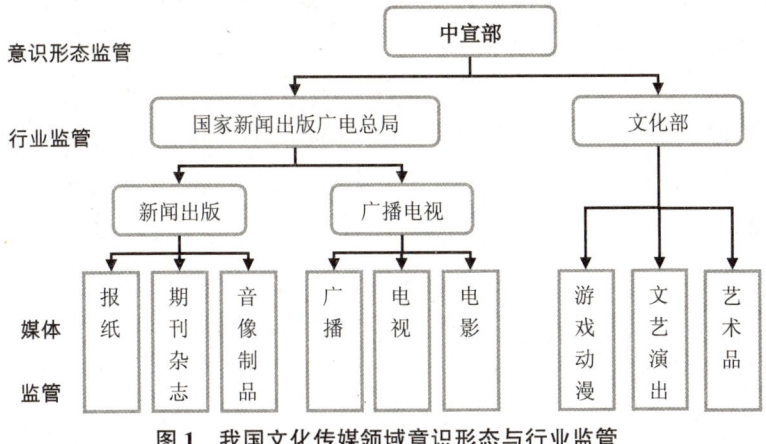

图1 我国文化传媒领域意识形态与行业监管

论导向安全,控制媒介对外传递的内容,各省市委宣传部是中央意识形态监管的执行机构,监管辖区内的媒体内容和行为,对辖区内的传媒企业领导实施任命。中宣部通过各省市委宣传部对各大媒体的内容和意识形态实施监管,控制媒体的播出内容。

2. 行业监管

我国由国家新闻出版广电总局和文化部两个行政部门按照不同媒体产品或服务类型进行行业监管和行业指导,干预企业内容生产,其中:国家新闻出版广电总局负责全国出版(含互联网出版、数字出版)、发行、印刷、复制等行业监管工作,对于行业核心资源,如刊号、书号、频率、频道、牌照等,主管部门以行政许可方式进行严格管理;文化部负责管理全国文化艺术事业,推进文化艺术领域的体制机制改革。

3. 产权管理

我国新闻出版单位进行体制改革以来,大中型传媒企业形成了以国有资本为主体的产权结构,国有传媒企业产权归属于国家财政部及各级财政部门或国资部门。对于非公资本、外商资本的准入则实施较为严格的限制,我国对非公资本、外商投资进入文化传媒领域的基本态度是:鼓励并支持非公资本进入非核心领域或产业链附属环节,允许其在国有资本控股的前提下投资参股国有文化企业;外商资本禁止进入核心文化传媒领域,在中方控股的前提下允许其投资非核心领域或产业链附属环节。

我国对于文化传媒行业从意识层面、行业层面和产权层面进行多方监管,这种监管模式在保护舆论安全方面发挥了积极作用,但也在一定程度上限制了文化传媒企业的多元化、市场化发展,并影响了文化传媒产业内容的多样化、创意化发展。

文化传媒企业市场化改制重组,几乎都须取得行业前置审批部门的批准。前置审批是上市申报的前置条件,文化传媒企业需要同时取得地方宣传部及中央宣传部、地方行业主管部门及国家行业主管部门两个层面对改制重组、上市方案的批复。宣传层面监管产业意识形态,控制媒介对外传播内容,行业主管部门进行业务指导,干预企业内容生产,前置审批以意识形态安全为首要目标,拟上市主体难以完全依照市场化原则进行改制重组,可能导致与《首次公开发行股票并上市管理办法》《上市规则》等法规关于上市公司规范运作的相关要求存在冲突。

二、文化传媒行业上市公司概况

中国证监会2012年发布的《上市公司行业分类指引》将"文化、体育和娱乐业"作为上市公司基本行业门类之一,文化、体育和娱乐业包括:新闻和出版业、广播电视电影和影视录音制作业、文化艺术业、体育、娱乐业5个大类。按照这一分类标准,截至2014年12月31日,文化、体育和娱乐业A股上市公司为31家,其中新闻和出版业上市公司16家、广播电视电影和影视录音制作业上市公司12家、文化艺术业上市公司3家。

上述分类侧重于传统的媒体传播行业,为了更加全面和准确地了解文化传媒行业上市公司情况,本文采用了wind资讯的wind行业分类标准,将文化传媒细分为四类子行业,分别为:出版业、有线和卫星电视业、电影与娱乐业和广告业。根据该标准,文化传媒行业A股上市公司共计51家。但需要注意的是,wind行业分类标准并未完全考虑互联网、移动媒体等新媒体企业以及创意文化产业。

(一)文化传媒行业上市公司数量变化情况分析

国家统计局发布的统计数据显示,2013年我国文化产业增加值为21,351亿元,与GDP的比值为3.63%,其中,文化产业法人单位增加值为20,081亿元,比上年增加2,010亿元,增长11.1%。2007年以来,文化及相关产业占GDP比重虽然不高,但是增长速度加快,文化及相关产业增加值由2007年的6,412亿元增至2013年的21,351亿元,实现了近翻两番的增长速度,而占GDP的比重也由2007年的2.6%增至3.63%,尤其是自2011年开始增长速度明显加快(历年文化及相关产业发展状况如图2)。

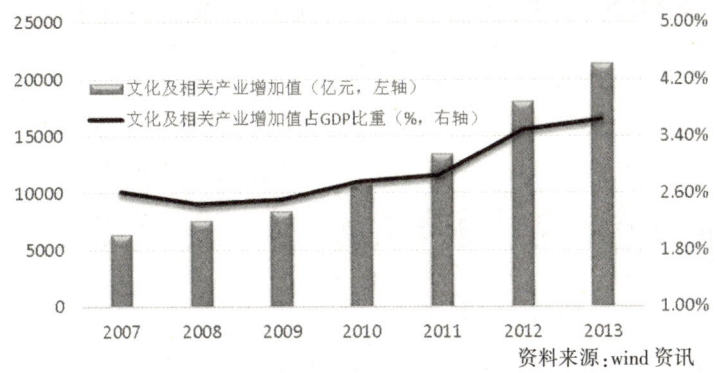

图2 2007年以来文化及相关产业发展状况

从2010年开始,文化传媒行业上市公司数量增长呈现较快增长的趋势(如图3),2010年至2015年初,上市公司数量翻了一番,从26家增长到51家。而在1997年至2009年间,仅有17家文化传媒企业实现了上市。由此可见,国家政策的大力支持,给文化企业的上市带来了新的契机,实现上市的梦想已不再是遥不可及。

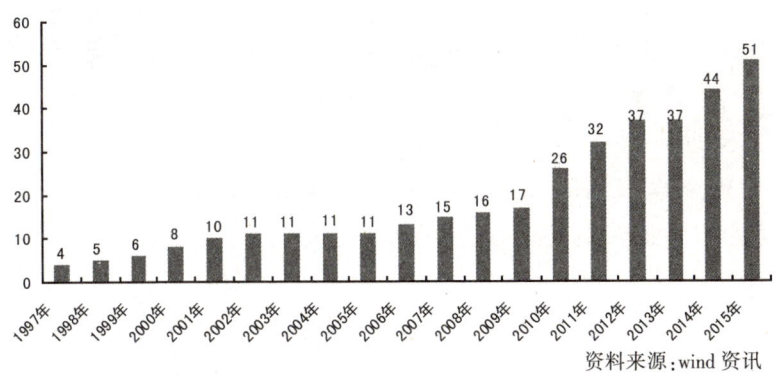

图3 境内股文化企业上市公司数量变化情况(家)

从各个细分行业的上市公司数量变化情况来看,整体上与行业发展趋势一致,从2010年开始,细分行业的上市数量速度均显著增长(如图4—图7)。其中,电影与娱乐业上市公司数量从2009年的5家发展到2015年初的19家,数量翻了近两番;出版业上市公司数量从2009年的6家增加至2015年初的16

家,涨幅接近3倍;2010年至2015年初,有线和卫星电视业以及广告业的上市公司数量分别从4家增到8家和从2家增到8家。

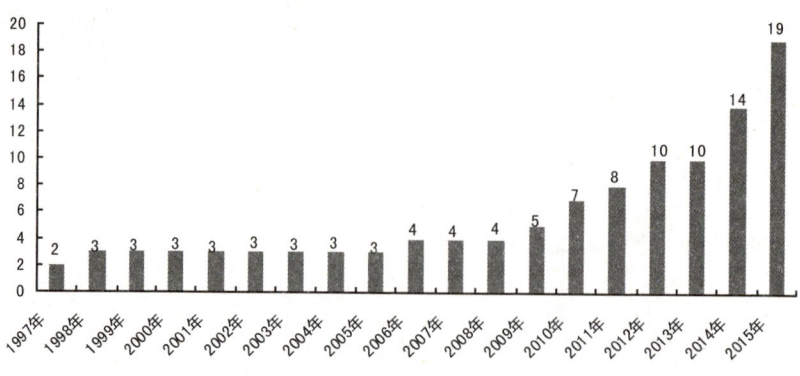

资料来源:wind资讯

图4 电影与娱乐业上市公司数量变化情况(家)

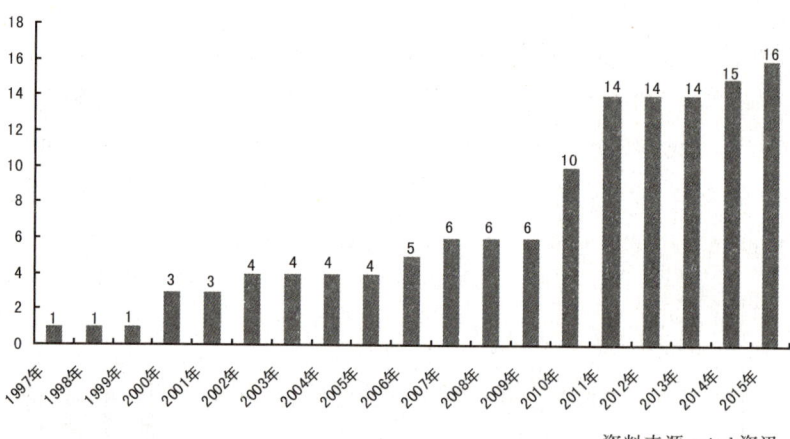

资料来源:wind资讯

图5 出版业上市公司数量变化情况(家)

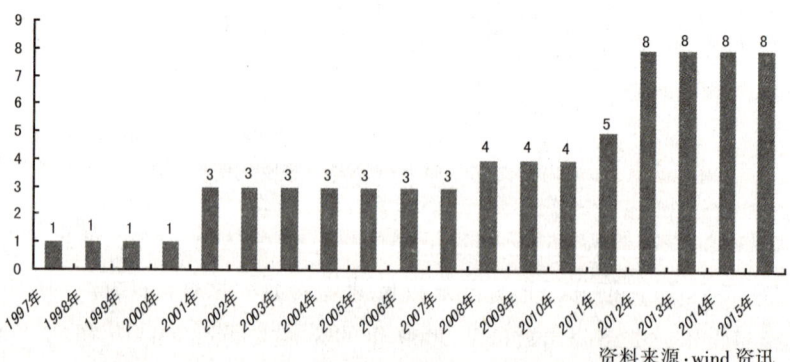

资料来源:wind资讯

图6 有线和卫星电视业上市公司数量变化情况(家)

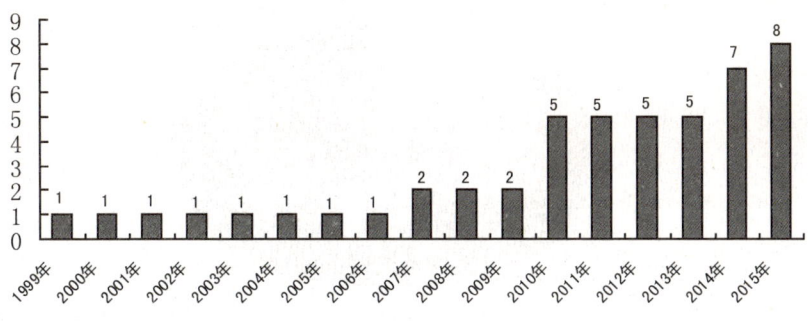

资料来源:wind 资讯

图 7　广告业上市公司数量变化情况(家)

综上所述,随着文化体制改革的推进,文化传媒行业正不断向着产业化、集团化、企业化的进程推进。根据不完全统计,我国已组建了 120 余家新闻出版集团,20 余家广电集团。国有经营性文化单位的转企改制进程也在不断推进。目前出版业、电影与娱乐业、有线与卫星电视业、广告业都有部分企业实现转企改制,进入资本市场。但是与行业整体相较而言,目前我国文化传媒行业的证券化率仍然不高,产业整体尚处于资本化、证券化的初级阶段,与国际一流的文化传媒企业相比还存在着一定的差距。未来,我国的文化传媒行业还将面临着更大的挑战和机遇。

(二)文化传媒细分行业上市公司情况分析

虽然同属于文化传媒行业,但是行业内的各个细分行业上市情况大不相同。从整体来看,电影与娱乐业和出版业的上市时间要早于有线和卫星电视业以及广告业。最早出现的上市公司是属于电影与娱乐业的中视传媒,该企业于 1997 年实现上市,而另一个细分行业——广告业,由于受到政策管制的限制,直到 2010 年才迎来了第一家广告业 IPO 上市公司——蓝色光标。由于各个细分行业的政策管制不同,导致其企业上市的时间和方式也呈现出较大的差异。

截至 2014 年 12 月 31 日,根据 wind 资讯的统计结果显示,目前在我国境内 A 股上市的文化企业共有 51 家,具体各个分类的情况如图 8 所示。

从图 8 可以看出,已上市的 51 家文化企业中,电影与娱乐业和出版业上市公司相对较多,分别为 19 家和 16 家,占比分别达到 37% 和 31%,而其他两类细分行业的上市数量则相对较少,均为 8 家。

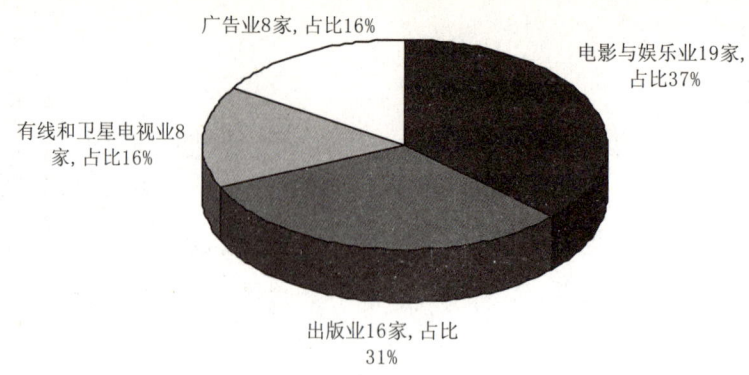

资料来源：wind 资讯

图8 文化传媒细分行业上市公司构成情况

截至2014年12月31日,文化传媒行业51家上市公司总市值达7,057亿元,其中,电影与娱乐业上市公司的总市值约为2,613亿元,占比全行业总市值的37%；出版业上市公司总市值约为2,210亿元,占比为全行业总市值的31%；有线和卫星电视与广告业的总市值分别约为1,393亿元和840亿元,合计占全行业总市值的32%(如图9所示)。

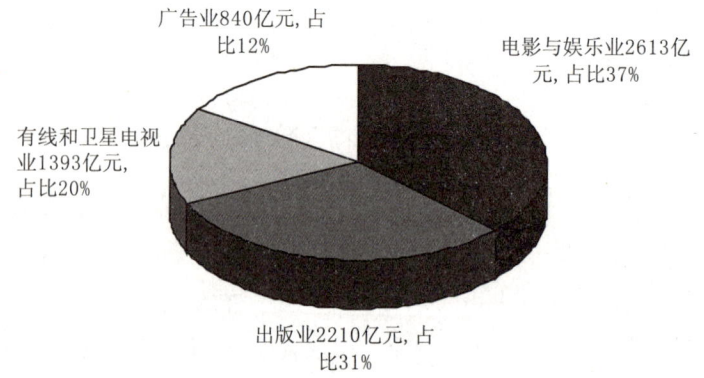

资料来源：wind 资讯

图9 文化传媒细分行业上市公司总市值分布情况

(三)文化传媒企业的上市途径分析

近年来,在国家深化文化体制改革及配套政策的支持下,文化传媒行业通过IPO(首次公开发行)方式完成上市的企业数量越来越多,但由于受政策监管的限制较多,仍有不少文化传媒企业采用借壳上市的方式来实现上市目标。目前,已上市的51家文化传媒企业上市的方式有三种：IPO、借壳上市、资产重组。

其中,选择 IPO 方式的公司为 27 家,所占比重达到 53%;选择借壳上市方式的公司为 19 家,所占比重达到 37%;采用资产重组方式收购文化传媒资产实现业务转型的公司 5 家,所占比重达到 10%(如图 10)。

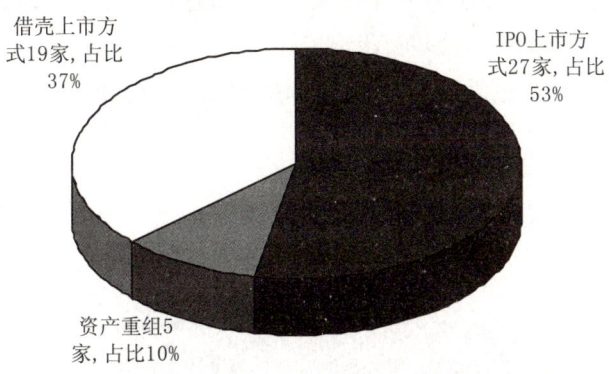

资料来源:wind 资讯

图 10 文化传媒企业上市途径选择情况

从细分行业来看,各子行业企业上市途径与整个行业的情况基本一致,就各个行业具体情况而言,行业管制较严格的出版业和有线电视业通过 IPO 和借壳方式实现上市的各占一半,而行业监管较为宽松的电影与娱乐业、广告业,IPO 是上市的首选方式(如表 1)。

表 1 细分行业上市方式分类

上市类型	出版业	有线和卫星电视业	电影与娱乐业	广告业	合计
借壳上市	8	4	6	1	19
首次公开发行	7	4	10	6	27
资产重组	1	0	3	1	5
合计	16	8	19	8	51

数据来源:wind 资讯

(四)文化传媒企业上市板块[①]分布情况分析

从上市板块情况来看,在主板上市的文化传媒企业最多,上市公司数量为

[①] 本文所说"上市",主要指在沪市主板和深市中小板、创业板上市,但随着新三板(全国中小企业股份转让系统)的不断发展,新三板也开始成为文化企业进入资本市场的另一种选择,未来也可能成为上市途径的一种类型。

28家,所占比例达到55%;在中小板和创业板中上市的文化传媒企业分别为11家和12家,合计占比46%。文化传媒行业在主板市场上市家数较大,主要是由于:(1)我国对文化传媒企业的投资注入控制严格,形成了以国有资本为主体的产权结构,这些企业更加倾向于在主板上市;(2)由于创业板2009年才开板且不允许借壳上市,除了长城影视、印纪传媒、游族网络、天神互动、完美影视5家公司是借壳中小板企业之外,其余13家均是借壳主板上市公司。

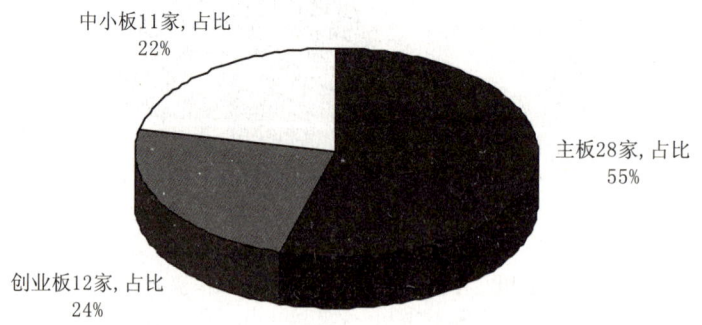

图11 文化传媒企业上市模板分布情况

从细分行业来看,行业管制较严格以及国有控股的出版业和有线和卫星电视业上市公司主要选择在主板上市,登陆创业板的2家出版业上市公司均为民营企业,分别是2010年12月1日上市的中国民营书业第一股——天舟文化(300148.sz)和于2015年1月21日上市的中国数字出版民营龙头企业——中文在线(300364.sz)。电影与娱乐业、广告业的上市公司以民营居多,选择在中小板和创业板上市的企业也相对较多。

表2 细分行业上市板块分布

上市类型	出版业	有线和卫星电视业	电影与娱乐业	广告业	合计
主板	14	7	5	2	28
中小板	0	1	7	3	11
创业板	2	0	7	3	12
合计	16	8	19	8	51

数据来源:东北证券统计

三、文化传媒企业发行上市的主要问题分析

文化传媒企业上市对文化产业发展和企业本身的发展都具有重要意义。

就企业而言,上市有利于规范内部治理机制,提高管理水平;有利于建立激励机制,吸引和保留优秀人才;有利于提高知名度,获得更多融资来满足发展需求;有利于文化传媒企业的后续资本运作,推动文化体制改革的深化。

但是,我国的文化传媒企业尤其是经过改制的国有文化传媒企业在上市前都面临很多问题。这些问题来自于宏观环境,也源于文化传媒行业本身具有的特殊性,主要表现在由于长期计划体制管束下造成的市场化程度低、多方监管和区域分隔严重以及企业管理和治理水平低等方面。以下就主要问题、困难进行分析并提出相应的解决要点。

(一) 主管部门的前置审批

一般行业的企业上市只需要地方人民政府及产权所有人审批同意并取得主管部门的支持,由于行业的特殊性,文化传媒企业在改制上市之前还需要取得行业主管部门(国家新闻出版广电总局、文化部等)、宣传部门(地方宣传部、中央宣传部)等的前置审批。文化传媒企业需逐级报送并取得地方宣传部、中央宣传部,地方行业主管部门及国家行业主管部门两个层面对改制重组、上市方案的批复。前置审批的要点是:

第一,在进行改制重组并成立股份公司之前,文化传媒企业发起设立股份公司或有限公司整体变更为股份公司的改制方案需在获得主管部门和产权所有人等的批准之后才能付诸实施。

第二,在申请上市之前,文化传媒企业还需取得主管部门对上市地点、上市主体资产与业务等上市方案相关内容的批复意见。

第三,为了保障稳妥、有序地推进文化传媒企业的改制上市工作,企业需要与行业主管部门以及上市过程中涉及的国资、财政、工商、税务、土地、房产、环保等多个主管部门保持密切沟通,在辅导验收之前,获得中宣部、改革办及行业主管部门的批准。

第四,在上市辅导和上市申请审核过程中,企业须加强与当地证监局以及中国证监会审核人员的沟通,使其充分了解文化传媒行业的特殊性,争取获得监管部门的相关政策支持。

(二) 上市主体与上市资产范围的选择与剥离

1. 上市主体的选择与业绩连续计算

上市主体必须是按照《公司法》依法设立并合法存续的股份公司,自股份有限公司成立后,持续经营时间应当在 3 年以上,但经国务院批准的除外。有限公司按原账面净资产值折股整体变更为股份公司的,持续经营时间可以连续计算。

尽管很多文化传媒企业已进行了不同程度的改制,但大部分企业仍为全民所有制体制,而且可能存在改制为公司制企业运作的时间补偿或改制彻底等情况,在申请上市过程中,可能不符合三年业绩连续计算的要求,可以通过以下两种方式解决:

一是在选择上市主体时,应尽可能以运营时间较长且运作规范的公司制企业为主体,将其他同类业务和资产进行整合后再申请上市。但需要注意的是,如果拟上市主体收购的同类业务前一年经审计的资产总额、营业收入或利润总额超过了其自身 100%的,则需要在重组完成后再运行一个完整的会计年度才能递交上市申请。

二是不符合有限责任公司整体变更和业绩连续计算条件的,可以通过向国务院申请豁免获得上市申请资格。如辽宁出版、中南传媒均已成功获得国务院豁免并完成在 A 股的首发上市,在改制为股份公司并运营了一年之后通过向国务院申请豁免方式加快上市进程。

随着文化传媒行业改制上市步伐的加快,未来通过向国务院申请三年业绩豁免的途径实现尽快上市的相关政策可能趋紧,因此,建议有上市计划的文化传媒行业尽早规划,确定上市主体之后尽快整合内部业务和资产,以免影响后续申报时间。

2. 进入股份公司的资产与业务范围

根据《首次公开发行股票并上市管理办法》对上市公司独立性的相关规定,发行人应当具有完整的业务体系和直接面向市场独立经营的能力,并且发行人的资产完整,拥有完整的产、供、销业务体系和相关资产。为了确保上市公司的独立性,中国证监会要求首次公开发行上市申请人将相同、类似或相关的业务和资产进行重组,实现整体上市。

不同于一般行业,文化传媒企业由于其特殊性需要在改制前后对资产进行重组或资产剥离,主要体现在以下方面:

第一,电视新闻类资产、报纸时政编辑类资产等均由于政策原因暂不能纳入上市范围,但出版业基本都可将采编业务和经营业务整体上市;

第二,文化传媒企业改制前所拥有的酒店、房地产、物业管理等与文化传媒主业关联度不高的辅业资产,一般不纳入上市资产范围,如果纳入上市主体,可在上市前通过股权或资产转让进行剥离；

第三，国有文化传媒企业通常拥有大量的划拨土地和房产，若全部投入股份公司，评估增值幅度较大，未来折旧摊销可能影响到股份公司未来的经营业绩，可根据与主业的紧密程度进行适当区分，与业务无关的土地房产可不纳入上市公司范围。

尽管文化传媒行业具有一定的特殊性，但在行业监管政策允许的范围内，应当尽可能将文化传媒类业务和资产整体上市。如凤凰传媒于2009年曾向证监会递交过一次上市申请，但因为出版类资产没有上市，牵涉到关联交易过多，证监会要求该公司完善产业链后再行上市。经主管部门批准同意，2010年12月，凤凰传媒的控股股东江苏凤凰出版传媒集团有限公司（简称"江苏凤凰出版集团"）以江苏人民出版社公司等12家公司股权和出版主业资产进行增资，使得凤凰传媒继承了控股股东江苏凤凰出版集团的全部出版和发行主业资产，主要业务为图书出版物及音像制品的出版、发行及文化用品销售。2011年11月，凤凰传媒成功登陆上海主板。再如中南传媒，湖南出版集团作为主发起人，依据整体上市原则，将出版、发行和与媒体相关的业务投入股份公司，包括湖南出版集团本部经营性资产和其所持有的15家公司的股权（其中，潇湘晨报社中采编业务不进入上市公司）。改制重组完成后，控股股东湖南出版集团除仅保留少量不适合纳入股份公司的资产及少量经营非出版、发行和媒体业务的公司的股权。

3. 非上市部分资产、人员的处理

国有文化传媒企业控股股东的主要职能是行使出资人的权力，确保国有资产的保值和增值。此外，控股股东在改制过程中，需要管理经营未进入上市公司的辅业资产，解决改制中的遗留问题，安置离退休人员等。对于辅业资产处置通常有两种方式：

第一，如果涉及的资产权属清晰且无相关政策性限制，企业改制时可一次性将所属辅业资产通过重组、出售、清算等方式，盘活资产，回收投资，并按有关政策做好人员安置工作。

第二，如果涉及人员较大，资产构成复杂且历史包袱较重，企业改制时可先将不进入股份公司的辅业资产暂时保留在控股股东体系内，未来通过组建资产管理公司或资产分类清理等方式逐渐处置消化。

(三)土地权属问题

原国有性质的文化传媒企业(特别是新华书店系统、广播电视系统企业)往往拥有较多房产和地产。因此,土地问题在改制上市过程中往往较为突出。由于历史原因,文化传媒企业土地多数为划拨土地,存在土地权属不完善、职工住宅和商业门面混用、证载面积和宗地图上面积不统一、土地登记用途不规范、出让地无合同或未交齐出让金等诸多问题。

从我国目前的实践看,公司改组为上市公司时,对上市公司占用的国有土地主要采取三种方式处置:以土地使用权作价入股;缴纳土地出让金,取得土地使用权;缴纳土地年租金。

如辽宁出版将进入股份公司使用的9宗约28,280.58平方米土地统一采用补交土地出让金的方式进行处置,另有1宗面积为2,314.63平方米的土地,在设立股份公司时,控股股东通过作价入股方式投入股份公司。湖南出版集团在改制时,投入股份公司的土地资产中共有296宗经营用地为划拨土地,在不改变土地利用现状和用途、不转让的前提下,办理土地使用出让手续。新华文轩则是以作价入股和土地租赁相结合的方式解决土地权属问题。

根据国务院办公厅于2014年4月下发的《文化体制改革中经营性文化事业单位转制为企业的规定》,经营性文化事业单位转制涉及的原划拨土地,转制后用途符合《划拨用地目录》的,可继续以划拨方式使用;不符合《划拨用地目录》的,应当依法实行有偿使用。经省级以上人民政府批准,经营性文化事业单位转制为授权经营或国有控股企业的,原生产经营性划拨用地,经批准可采用国家出资(入股)方式配置;经营性文化事业单位转制为一般竞争性企业的,原生产经营性划拨用地可采用协议出让或租赁方式进行土地资产处置。

(四)改制过程中的人员安置

国有经营性文化事业单位或企业单位在改制后,由于受体制影响,仍存在员工尚未转换身份、相关员工保障费用漏缴或少缴、劳动合同签订不规范、三类人员(离退休人员、内退人员及下岗人员)费用负担沉重等问题,阻碍了企业的发展,并影响到上市进程。因此,人员方案是改制上市方案的重要内容,妥善处理好人员安置问题,既要保证和谐稳定,又要保证三类人员费用预提可控,做好三类人员的安置工作。这方面的要点是:

第一,安置原则。在改制过程中,一般按照"人随业务、人随资产走"的原则进行处理,投入股份公司的资产和业务所对应的人员全部进入股份公司,且需要转换国有职工身份。

第二,财务处理。三类人员费用如果从损益中支出,将会大大影响企业财务状况。"冲减利润"的方式不利于上市,多数国有企业往往在改制时选择"冲减净资产"的方式。根据财政部的相关文件①并结合众多国有企业重组上市案例,文化单位改制过程中,三类人员安置费用可以在国有企业改制过程中从净资产中预留。

(五)同业竞争与关联交易

根据《首次公开发行股票并上市管理办法》对上市公司独立性的相关规定,发行人业务应独立于控股股东、实际控制人及其控制的其他企业,与控股股东、实际控制人及其控制的其他企业间不得有同业竞争或者显失公平的关联交易。

但如前所述,由于行业的特殊性,我国现阶段对文化传媒资本运作的政策未全面放开,严格规定主流文化传媒集团的新闻采编部门及其相应的业务属于非经营性业务,不得公司化运作,也不得对其进行资本运营。因此,我国主流媒体集团难以做到完全地整体上市,从而产生同业竞争与关联交易问题。

1.同业竞争

国家政策约束是文化传媒企业存在同业竞争的主要原因。意识形态较强的党报、时政类大报的新闻采编业务等不得进入资本市场,因此,国内文化传媒企业在改制上市过程中,只能采取"采编经营两分开"模式,将印刷、发行或有线网络等渠道方面的经营性资产注入上市公司,或将意识形态色彩较弱的行业报刊、出版社、网站等媒体资产注入上市公司,造成文化传媒企业资产与业务分割,产业链不完整,从而使得上市公司与保留在控股集团体系内的原有业务之间形成了同业竞争。

为了满足发行上市条件,文化传媒企业往往需要采取必要措施妥善解决同业竞争事项,他们主要采用以下方式:一是在政策允许的情况下,在上市申请之前,由上市公司向控股股东收购存在同业竞争的业务或资产,如万达院线通过

---

① 包括:财政部《企业公司制改建有关国有资本管理与财务处理的暂行规定》(财企[2002]313号)、八部委《国有大中型企业主辅分离辅业改制分流安置富余人员的实施办法》、国资委《关于中央企业主辅分离辅业改制分流安置富余人员资产处置有关问题的通知》(国资发产权[2004]9号)、财政部《关于企业重组有关职工安置费用财务管理问题的通知》(财企[2009]117号)等。

向其控股股东收购存在竞争关系的影院的相关全部资产来解决同业竞争问题；二是控股股东将受政策限制无法注入上市公司的业务委托上市公司统一管理；三是控股股东以对外转让或外包等方式退出竞争性业务；四是控股股东出具《避免同业竞争与利益冲突的承诺函》，承诺在政策允许和条件具备的情况下，将存在竞争性的业务注入上市公司。如辽宁出版在上市审核过程中，其控股股东做出承诺：在政府部门批准且发行人决策程序通过的前提下，无条件同意发行人通过收购等方式将控股股东下属企业中从事出版业务的企业纳入发行人。

2.关联交易

由于行业政策限制或历史遗留因素等原因，重组改制过程中注入上市公司的部分资产与业务缺乏整体性，使得文化传媒股份公司与控股股东及其关联企业之间普遍存在关联交易的情况。虽然上市要求并未禁止关联交易，但未来为确保上市公司的独立性，要求尽可能避免或减少关联交易，如果关联交易占比较大或定价不公允，将增加审核难度。

对于确实无法避免的关联交易，拟上市公司应当采取必要的措施予以规范，具体措施包括：一是制定关联交易、关联制度，明确关联交易的审批程序，建立关联董事、关联股东回避表决制度，并由独立董事对关联交易事项发表意见；二是按照市场化原则取得交易价格并签订切实可行的关联交易协议，保障关联交易的公平、合理；三是按照关联交易程序和审批权限履行内部审批程序；四是按照会计准则及中国证监会的监管要求充分披露关联交易事项。如万达院线、凤凰传媒等公司在《公司章程》、《股东大会议事规则》、《董事会议事规则》、《独立董事工作制度》、《关联交易决策制度》等有关规定中均明确规定了关联交易公允决策程序。

(六) 公司治理与规范运作

文化传媒企业的公司治理目标具有双重性，既要追求经济效益，保障股东利益最大化，同时又要兼顾社会效益，但在实务操作中，经济效益与社会效益往往难以协调统一。由于这种双重性，文化传媒企业的内部治理结构包括两大系统：一套是按照股东大会、董事会、监事会构建的公司治理架构，一套是按照行业监管要求和业务经营建立的与采编和内容管理相适应的管理体系，而且文化传媒企业的企业产权很多是委托给了文化传媒主管机构，如地方宣传部，这类企业的高管人员的选任也是由其主管的宣传部决定，董事会只在形式上拥有聘任或解聘的权利,使得公司的治理体系无法完全按照现代企业制度运作。对于这一问题,目前暂无很好的解决措施,有待政策上的进一步突破。

(七) 内控体系与ERP系统建设

《首次公开发行股票并上市管理办法》第二十四条要求"发行人的内部控制制度健全且被有效执行,能够合理保证财务报告的可靠性、生产经营的合法性、营运的效率与效果"。

文化传媒行业尤其是出版发行行业,存在业务量大、产品品种多,而单品种数量不大的特点,物流管理、财务管理、业务管理的及时性、准确性十分重要。然而,出版发行企业现有信息系统往往不能承载企业现有业务的发展,尤其是新华书店这样的大型图书批发零售单位,在图书等产品的收、发、存方面,账户对接和汇总等各方面,存在因为信息系统不完善等因素而无法有效管理的问题,增加了财务审计的难度,甚至可能影响到披露信息的可靠性和准确性,不利于上市工作的推进和上市后的年度审计和持续的信息披露。

因此,文化传媒企业在筹备上市的过程中,可根据自身业务特点和行业监管要求,尽早启动ERP系统和内控体系的建设,这不但是满足自身财务管理和内部风险控制的需要,也有利于提高审计效率,提高信息披露的准确性,加快上市进程。如新华文轩在改制时成功启用ERP系统,广东省出版集团、浙江出版集团等出版集团也已先后启动了ERP系统并产生了明显效益。

(八) 募集资金投向

根据《首次公开发行股票并上市管理办法》,募集资金应当有明确的使用方向,原则上应当用于主营业务,且符合国家产业政策、投资管理、环境保护、土地管理以及其他法律、法规和规章的规定。募集资金数额和投资项目应当与发行人现有生产经营规模、财务状况、技术水平和管理能力等相适应。

拟上市公司在筹划和选择募集资金投资项目时,需要与公司目前的业务结构以及未来发展战略相结合,优先选择投入核心业务,投向的业务最好是公司未来战略发展的主要方向。由于意识形态属性约束,除了满足《公司法》《证券法》以及《首次公开发行股票并上市管理办法》的相关规定外,文化传媒企业的募集资金投资项目还需要接受宣传部门和行业主管部门的监管,同时须考虑国家文化安全、主流文化、舆论导向等。

四、文化企业上市策略的选择

企业上市是企业发展历程中一个重要的里程碑事件,因此在上市时做好充分的准备,做好具体的上市计划,对于日后的发展起着至关重要的作用。企业在制定上市策略时,需要从地点、板块、途径和方式等多方面考虑。

(一)上市地点的选择

由于意识形态保护的需要,文化传媒企业的上市受政策的限制因素比较大,因此,国内文化传媒企业选择的上市地点主要集中在境内 A 股上市或者在香港上市,新兴文化传媒企业如网络平台、信息服务业的不少企业由于无法满足境内上市的盈利条件,纷纷选择在境外市场上市,如新浪、搜狐、网易等企业均在美国上市。在境内 A 股市场或香港市场上市的优劣势分析如表 3 所示:

表3 A 股市场与香港市场上市优劣势分析

	H 股/红筹股	A 股
上市时间	◆ 时间相对较快。受审批因素影响较小,预计股份公司设立后四到六个月即可完成上市;不受股份公司三年业绩影响	◆ 时间相对较慢。受审批等不确定性因素影响;除非得到国务院 3 年业绩豁免,否则需要满足 3 年业绩连续计算要求
监管政策	◆ 文化企业受政策限制,如出版、广播、电视、报刊等传媒企业,可能无法海外上市	◆ 证监会、中宣部鼓励优质国有传媒企业在境内 A 股上市
资金使用效率	◆ 受外汇政策影响,募集资金结汇较为繁琐	◆ 人民币转账便捷
募集资金投向的审核	◆ 募集资金投向审核较松	◆ 募集资金投向审核较严
融资环境	◆ 融资量大、全方位、适应性强;采用注册制,程序简洁、周期较短	◆ 市场尚未成熟,融资方式、时间受限;审核较严
适用范围	◆ 电影、娱乐、广告、新媒体等行业监管较松,且民营企业参与度较高的企业可选择在香港或境外市场上市	◆ 出版、广播、电视、报刊等意识形态及行业监管较严格的企业,首选境内 A 股市场。

(二) 上市板块的选择

对于选择在境内上市的企业,可以选择在不同的交易平台进行上市。目前,可以选择的主要有上交所主板上市以及深交所的中小板和创业板上市。主板对上市公司各项标准的要求相对较高,中小板的要求与主板基本一致;创业板在盈利条件、净资产规模、高层管理人员连续性等方面的标准相较于前两者均有所降低。

对于处于成长期尚未实现盈利的企业,也可选择在新三板(全国中小企业股份转让系统)挂牌交易,待条件成熟后再进行转板。截至 2015 年 7 月 10 日,新三板挂牌公司已扩容至 2695 家。自新三板经国务院批准扩容以来,至今已有国学时代、三多堂、四维传媒、昊福文化、北教传媒、安之文化、佳友文化、圣才教育、华图教育、亿童文教、北国传媒等近 140 家文化传媒类企业挂牌[①]。随着"新三板"的进一步完善和成熟,企业的许多资本需求可以在新三板得以实现,所以不啻为一个良好的选择。

(三) 上市途径的选择

目前,文化传媒企业上市主要通过三种路径,分别为:IPO、借壳上市、资产重组,这三种方式比较分析见表 4:

表4　上市途径比较分析

	IPO	借壳上市	重组上市
适用情况	◆ 适合业绩好、净利润规模大、在细分市场中市场份额相对较大的企业	◆ 适合净利润规模(最好在 2 亿元以上)、短期不具备 IPO 条件,注入资产后能实现控股地位的产业	◆ 适合净利润规模不大,单靠自身力量难以 IPO 上市,且净资产规模(评估值)较小,难以取得上市公司控股权的企业
优点	◆ 提高公司知名度和品牌价值 ◆ 融资规模大	◆ 审核周期较快,缩短进入资本市场的时间	◆ 进入资产市场的速度较快 ◆ 能够借助重组方的力量,获得更多的好处
缺点	◆ 审核周期较长,进入资本市场的时间较慢	◆ 成本较大,若壳资源不干净,可能带来或有负债和潜在诉讼	◆ 通常难以获得控制权,只能作为主要股东之一参与上市公司经营决策

---

① 《新三板或成文化传媒企业新天地?》,中国出版网,http://www.chuban.cc/cbsd/201507/t20150715_168547.html。

(四)上市方式的选择

文化传媒作为一个相对较特殊的行业,在上市过程中选择以整体上市还是分拆上市的方式,不仅要考虑自身的因素,还得满足市场和行业监管的政策要求。

从整体证券市场监管来说,选择整体上市更符合国家政策导向。中国证监会、国务院国资委出台的《关于提高上市公司质量的意见》《关于推进国有资本调整和国有企业重组的指导意见》等相关规定,鼓励并支持资产或主营业务资产优良的企业实现整体上市,鼓励已上市的国有控股公司通过增资扩股、收购资产等方式,把主营业务资产全部注入上市公司。此外,相对完整的主营业务资产进入上市范围,也是企业申请三年业绩豁免的前提条件。

然而为了保护意识形态安全,部分文化资产无法纳入上市资产范围,如广电行业需要采取"制播分离"方式,将播出/新闻类资产划为不可改制范围;报纸行业需要将采编与经营分离。文化传媒企业受限于行业监管,确实无法将相关或相似业务纳入上市公司范围而影响到整体上市,向证券监管部门说明依据和合理性即可,不会对发行上市构成实质影响。

从公司自身的角度来看,选择整体上市有利于解决上市公司独立性,避免不公允关联交易和上市公司资金被占用等一系列不规范的问题。整体上市可能也有些弊端存在,例如部分业务盈利能力较差可能影响到公司整体的盈利能力、强化一股独大、关联交易额增大、辅业资产的生存等问题。因此,在政策允许的范围内,尽可能将同类业务进行整合后实行整体上市。

五、案例分析:凤凰传媒与青岛出版

(一)凤凰传媒

公司简介:凤凰传媒的前身为江苏省新华书店集团有限公司,集团公司成立于1999年4月2日,并于2009年6月30日采取整体变更方式设立江苏凤凰新华书业股份有限公司。公司的主营业务为图书出版物及音像制品的出版、发行及文化用品销售。公司拥有员工近11000人,直属子公司24家,其中,出版社9家,新建出版公司3家,集团共有各类报刊24种,其中最大的发行量超过100万份。公司所属凤凰国际文化中心占地13.5万平方米,信息化标准达到

5A级,已成为国内单体面积最大的编辑出版中心。

1.上市情况介绍

2011年11月23日,凤凰传媒在上海证券交易所上市。发行价格为8.8元/股,扣除发行费用后实际募集资金净额为人民币43.18亿元,当日市值为223.95亿元,当日总市值为496.53亿元,流通市值为496.53亿元,市盈率(动)为58.23。

2.上市后资本运营分析

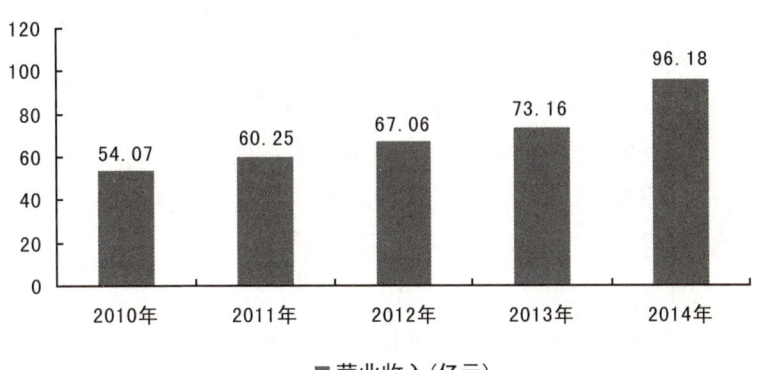

图12 凤凰传媒上市后营业收入

上市以来,凤凰传媒充分利用资金雄厚的优势,通过投资、并购等方式,在网游、大数据、影视、文化传播等业务上进行挖掘和延伸。凤凰传媒上市以来,收入不断增长,复合增长率达15.49%。

(1)横向整合

2013年8月9日,中国出版传媒股份有限公司、江西新华发行集团有限公司、中国科技出版传媒股份有限公司、江苏凤凰出版传媒股份有限公司在京签署合作协议,决定共同出资重组新华联合发行有限公司。2013年12月18日,中国科技出版传媒股份有限公司将其拟持有的18%股权转由江苏凤凰出版传媒股份有限公司持有,本次转让后,凤凰传媒将持有新华联合发行公司的28%的股权。新华联合目前处于物流中心项目建设期,未开展其他经营性活动,预计2015年9月投入试运行。建成后的物流中心优化多项物流工艺,紧跟国际高端物流的趋势,在国内首次大规模采用箱式立体库"货到人"快速分拣、直发区集中处理等工艺,有效提高拣选效益,降低人力成本,减少物动量、人员作业量。

2013年12月17日,公司策划收购了控股股东及其下属企业持有的印刷业务相关股权,至此,公司传统业务构成了出版—印刷—发行的全产业链体系,在文化传播事业上具备了内容资源和渠道资源的强大优势。

(2)海外扩张

5月13日,凤凰教育同PIL及其实际控制人韦伯签署了《资产购买协议》,确定凤凰教育以8000万美元现金收购卖方拥有的全部童书业务资产及其位于德国、法国、墨西哥的海外子公司100%的股权和权益。交易标的是世界领先的童书生产商,其产品并非传统的纸质出版,而是有声童书与益智早教结合的泛文化产品。收购将对公司现有业务形成补充和延伸,具有较强的协同效应。同时,由于交易标的产品主要在其国内生产,未来依托公司资源,其可以打开亚洲等尚未进入的市场,实现收入增长。这宗中国出版史上迄今为止最大规模的收购案,不仅使凤凰传媒成功收获了包括迪斯尼在内的世界一流卡通形象的童书出版形象许可、较为发达的全球销售渠道,而且使凤凰传媒获得较为成熟的国际拓展平台。

(3)跨行业联合发展

在实体购书逐渐沦为一种落后的消费行为后,凤凰传媒旗下众多实体门店亟须快速转型以维持运营。近年来,公司在实体书店转型上创造出"字里行间"书吧、"自在"复合书店等创意品牌。而文化MALL(凤凰文化广场)则是以文化业态为核心的主题购物中心,并践行了时下最热门的O2O消费理念。依托凤凰传媒募集的大量资金,公司拟投资14.25亿元用于建设凤凰文化广场,目前,苏州凤凰文化广场已开门营业,姜堰、南通项目也即将竣工,扬州、合肥、盐城等地项目正处于建设阶段,江阴、昆山、射阳、泰兴、盱眙等项目即将开工。

凤凰传媒于2013年底收购上海慕和网络科技有限公司(下称"慕和网络")。慕和网络成立于2011年,总部位于上海,是一家致力于智能平台游戏开发运营的创新型科技企业,在香港和韩国先后成立多家分公司。公司具有智能终端跨平台游戏研发运营,网络、手机动漫周边产业生产,无线互联网娱乐软件研发,自主软件全球化运营等核心业务集群,同时拥有领先的自主研发技术平台,如BI数据平台、AC报警平台、GMT游戏管理平台,在反作弊、反黑客和数据保护方面拥有极大的优势。在对慕和网络收购完成后,2014年,以慕和网络为主发起人,投资并发起专项游戏产业创投基金,专注投资于中国的移动互联网行业,重点投资互动娱乐领域,包括游戏产品研发、发行、运营等,为小微型手游企业和自主创业的年轻力量提供扶持,也为公司发展手游产业寻找一条低成本、高效率的路子。

凤凰传奇影业有限公司为2013年12月由母公司注入公司的,主营业务为电影、电视剧的投资、制作与发行。凤凰传奇影业前身为南京传奇影业,投资出品的多部电视剧作品均在各省级卫视及央视黄金档播出。凤凰传奇影业自身制作班底实力较强,对于当期热门题材均有涉猎,并且与央视、各大卫视保持良好的合作关系。通过吸收凤凰传媒旗下九家出版社的优秀内容,有助于传奇影业创作高品质的影视作品,同时热销的影视作品亦能通过凤凰传媒旗下的出版社出版纸质内容。

在互联网时代,数据占有前所未有的重要地位。凤凰传媒在大数据领域积极布局,于2012年开始建设凤凰云计算中心,总面积达25000平方米,配有标准机架3100个,具备60000台服务器的存储运算能力,是目前全国前三、华东第一的电信最高等级(五星级)云计算中心。其一期部分已于2013年9月竣工投产,并迎来了百度、优酷、大圆银泰等多家知名互联网企业的入驻。2014年上半年,云计算中心已取得销售收入约3300万元,利润568万元,已在手的存储业务合作协议约10亿元,预计未来年均收入将达3亿元左右。

(二)青岛出版

公司简介:青岛出版集团前身青岛出版社成立于1987年1月12日,2009年3月整体转制。作为国有独资公司,青岛出版集团是一家集图书、报纸、期刊、电子、音像、网络等六大功能,覆盖出版链条上中下游的传媒集团。2011年,集团总收入达14.8亿元,总资产20亿元。

1.上市情况介绍

2014年12月,青岛碱业股份有限公司发布重大资产置换及发行股份购买资产并募集配套资金暨关联交易预案,上市公司以截至2014年8月31日拥有的全部资产和负债(作为置出资产),与青岛出版等5位城市传媒股东(交易对方)截至2014年8月31日拥有的城市传媒100%股权(作为置入资产)的以评估值的等值部分进行置换,交易价格以具备证券期货从业资格的评估机构以2014年8月31日为评估基准日的置入及置出资产评估值为准。重组完成后,青岛出版等5名交易对方将直接持有上市公司股份,城市传媒将成为上市公司的全资子公司。本次交易前,上市公司控股股东为海湾集团,实际控制人为青岛市国资委。本次交易后,上市公司控股股东变更为青岛出版,实际控制人变更为青岛市财政局。通过本次交易,青岛出版集团实现借壳上市。

2.借壳方案

(1)股份无偿划转

青岛碱业第一大股东海湾集团截至2014年8月31日直接持有青岛碱业135,587,250股股份,占青岛碱业的股权比例为34.26%。经国务院国资委批准,海湾集团将上述股份无偿划转至青岛出版。

(2)重大资产置换

青岛碱业以截至2014年8月31日拥有的全部资产和负债(作为置出资产),与青岛出版等5位城市传媒股东(交易对方)截至2014年8月31日拥有的城市传媒100%股权(作为置入资产)的以评估值的等值部分进行置换,交易价格以具备证券期货从业资格的评估机构以2014年8月31日为评估基准日的置入及置出资产评估值为准。重组完成后,青岛出版等5名交易对方将直接持有青岛碱业股份,城市传媒将成为青岛碱业的全资子公司。

根据天和出具的青天评报字[2014]第QDV1076号《评估报告》,截至2014年8月31日,置出资产以资产基础法确定的评估值为1,720,899,589.23元,据天和出具的青天评报字[2014]第QDV1077号《评估报告》,截至2014年8月31日,置入资产以收益法确定的评估值为2,878,684,900.00元,本次重大资产置换中置入资产与置出资产交易价格的差额为1,157,785,310.77元。

(3)发行股票购买资产

根据《重组管理办法》规定,基于本公司近年来的盈利现状及城市传媒与其同行业青岛碱业估值的比较,本公司通过与交易对方之间的协商,兼顾各方利益,拟以审议本次交易相关事项的首次董事会决议公告日前60个交易日股票交易均价5.68元/股的90%即5.11元/股的发行价格,依据城市传媒全体5名股东各自持有城市传媒的股份比例向其发行股份,购买上述置入资产与置出资产交易价格的差额。

(4)募集配套资金

为提高重组后新注入资产的绩效,青岛碱业拟以不低于审议本次交易相关事项的首次董事会决议公告日前20个交易日股票交易均价5.92元/股的90%即5.33元/股的发行价格,以锁价方式向青岛出版及其一致行动人出版置业分别定向募集配套资金353,041,483.08元和181,958,508.81元,募集配套资金总额不超过本次交易总金额的25%。募集资金将用于置入资产在建项目的建设、支付本次交易的交易费用等。

主要参考资料：

1. 中国证监会网站：http://www.csrc.gov.cn/。
2. 上海证券交易所网站：http://www.sse.com.cn/。
3. 深圳证券交易所网站：http://www.szse.cn/。
4. 全国中小企业股份转让系统网站：http://www.neeq.com.cn/index。

（梁化军：东北证券股份有限公司总裁助理、投资银行分公司总经理，经济学博士）

第八章
文化产业信托服务模式创新与风险分析

○华淑蕊　鲁长瑜

我国的信托业近十年来取得了飞速的发展,这得益于我国经济发展良好的总体态势。在经济新常态下,信托业必须紧密服务于国家经济结构调整和产业调整政策,文化金融也是其中的重要内容。随着我国文化金融合作政策的大量推进,作为金融的重要组成部分,近些年信托业对文化产业投融资方式的创新实践从未停歇。信托业借着十八届三中全会确立的"金融资本、社会资本、文化资源相结合"的政策东风,借着泛资产管理市场竞争和金融改革背景下行业的转型发展动力,借着日益蓬勃的文化消费大潮汹涌来势的推力,将开启资本与文化融合的新蓝海。

一、国内外信托功能与文化产业融合的金融创新

(一)国外信托功能与文化产业的融合

现代信托制度起源于中世纪英国的用益制,由于这一制度安排的实用性,逐渐被引入其他国家和地区,并得到差异化发展。目前信托制度和功能被广泛运用的代表性国家有英国、美国、德国和日本,其中美国、英国的信托业务主要采用银行兼营的方式;德国并没有为信托业务开设专门的信托公司,而是作为其全能银行的业务之一;日本的信托业务主要集中于全国几家大的信托机构[①]。从中可以发现,在信托业发达的国家,信托业务大部分采用大型金融机构兼营的方式,尤其是银行兼营。因此国外信托在文化领域的创新实践,并不仅仅是专营信托机构的经营行为,而是信托功能之于文化产业在股票融资、债券融资、私募融资之外的更具灵活性和针对性的金融创新活动。国外信托功能与文化

---

① 鲁长瑜:《信托公司信托业务效率及其影响因素实证研究》,吉林大学 2014 年博士论文。

产业的融合主要采用了以下三种方式：

1. 政府资助类信托

由于文化产业对于一国综合实力的战略性以及文化企业的轻资产性，文化产业大多受到各国政府的金融扶持。常见方式有以下几种：政府设立专项扶持基金直接对文化企业进行投资、政府设立引导基金与民间资本共同推动文化产业发展、政府设置文化企业的便利融资机制、政府撮合文化企业与金融机构的合作、政府为文化企业提供融资担保、政府给予文化产业或文化产业投资基金以税收优惠等，在这些方式中信托功能都有被运用。例如：日本中央政府对文化产业的财政投入逐年增加，主导设立艺术文化信托基金吸引民间资本进入文化产业；英国设立信托学校，由政府提供办学经费，并由慈善基金会或信托机构任命学校部分管理人员，从而提升学校的办学质量、更好地实现学校效益和全体学生利益。

2. 专利投资信托

专利投资信托(PIT)是指面向公众公开发行或定向私募发行专利投资信托受益凭证筹集资金，将其投向专利、专利相关权利或专利证券等，投资所得利润按比例分配给投资者的信托。在 PIT 模式下，专利发明人可将其部分或全部利益卖给 PIT，反过来，发明人可将这笔收益作为资本来进行产品商业开发或再发明。发明人也可作为专利投资信托的发起人，发明人作为发起人时，获得 PIT 的股份，可从其专利价值的增值过程中获益[1]。

3. 文化产业资产证券化信托

资产证券化(ABS)一般要满足同质资产和未来现金流两个条件，而文化资产的同质性缺乏判断标准，由著作权、版权、商标权、文化创意等产生的预期收益难以评估，而在美国，这些资产都能够打包成为证券化资产。美国文化产业资产证券化的资产池是各类应收账款，涵盖专利、影视、商标权、软件、音乐收益等各种类型。这首先是由于其应收账款的概念比我国会计制度中的所指更为宽泛，其次是由于证券化业务中资产池范畴的界定由市场实践决定，法律界定参考实践案例。最后，资产评估增强了对同质资产的规定和对未来现金流的预

---

[1] 张敏：《美国专利交易趋向展望——从专利投机到专利投资信托》，《贵州警官职业学院学报》2008 第 1 期，第 70-74 页。

测,从而提供了形成资产池的参考标准①。在该类业务中,信托机构或者发挥信托破产隔离功能的机构担任特殊目的机构(SPV)来实现信托资产的独立性,即信托资产的真实出售以及与发起人的有效隔离。

(二)我国文化产业信托的创新历程

改革开放三十多年来,中国经济社会取得了长足进步,2002-2011年的十年间,GDP年增长率都在9%以上;而2012年第一季度至2014年第四季度,GDP的季度增长率始终处于7.42%—7.9%之间,由高速转为中速增长,各类经济主体呈现出诸多的不适应②,在经济增速换挡期、结构调整阵痛期以及前期刺激政策消化期三期叠加背景之下,拉动GDP增长的方式开始由投资转为内需。作为消费升级的典型代表,文化产业成为了最受期待的行业。

当今世界,文化与经济、政治相互交融,成为社会经济发展的重要战略资源,文化产业的发展不仅对于文化的传承、传播和提高国际影响力具有重要作用,是建设文化强国的基础性、奠基性工程,而且正在成为转变经济发展方式的新动力之一,在政策大力支持与消费升级的背景下,文化产业快速发展,产业投资日益活跃。文化产业符合国家政策鼓励方向,可以带动商业、旅游、建筑、地产、玩具制造、新媒体等行业的发展,具有行业先导性,具有相当的发展前景和投资价值。向来服务于实体经济和前沿领域的信托业敏锐嗅到了文化产业的潜在价值,近年来,尤其是2007年以后,对文化信托的创新如火如荼。

2007年,银监会颁布实施《信托公司管理办法》《信托公司集合资金信托计划管理办法》(简称"新两规"),取代"旧两规",回归信托本源、提升主动管理能力的政策意图跃然纸上,由此,以"新一法两规"为基础和核心的信托法律法规体系初步形成。其后,信托业开始了轰轰烈烈的实业清理;掀起新一轮增资扩股潮,一大批央企、中外大型金融机构成为信托公司大股东;行业管理资产规模快速扩张,2007年至2014年分别为9400亿、1.2万亿、2万亿、3万亿、4.8万亿、7.5万亿、10.9万亿、13.97万亿,信托业在金融市场和理财市场中的地位和作用显著提升③。信托业就是在2007年之后这样的快速发展中开始了与文化产业的融合,并不时闪现创新火花。笔者将文化信托的创新历程分为三个阶

---

① 苏米尔:《文化产业资产证券化的国内外经验及启示》,《华北金融》2014年第9期,第47-49页。
② 鲁长瑜:《论经济增速换挡期的产业结构优化路径》,《内蒙古社会科学》2014年第6期,第120-125页。
③ 鲁长瑜:《海阔循律涌,十年育骄龙——信托法十周年的思考》,《金融时报》2012年1月9日。

段,以下分阶段论述。

1. 第一阶段:政信合作的文化产业信托

第一阶段大致是在 2007 年至 2010 年。文化产业具有轻资产性,难以获得银行授信,但增长潜力很高,也是政府培育新兴经济增长点的领域,因此文化企业在成长初期的融资往往会得到政府的支持。因此信托公司对文化产业的金融创新是从政信合作业务开始的。如 2009 年中投信托发行文化创意产业集合信托债权基金"宝石流霞",募资 6000 万投向杭州市 29 家中小文化创意企业,引入政府专项扶持基金、银行理财资金、专业投资机构资金以及担保公司的全额担保,这种集合融资方式突破了单一文化企业的融资难题,并兼具政策性和市场性,实现了多方共赢和风险闭环。

2. 第二阶段:自主管理的文化产业信托计划

第二阶段大致是在 2011 年至 2013 年。经过前期业务经验的积累,信托公司对于文化产业有了更深认识,对于该产业的风险有了更好把握,2011 年以后出现了许多自主管理的投资于文化产业的信托计划,文化产业投资基金、艺术品投资信托、影视投资信托逐渐兴起,以下分类加以介绍。

(1)文化产业投资基金

如四川信托 2012 年发行的"华闻传媒文化产业投资 1 号集合资金信托计划"将华闻传媒股票质押于受托人名下并设置预警线和平仓线;万向信托 2013 年发行的"旅游文化产业基金 1 号"运用了土地使用权抵押、企业保证担保、项目收益权质押等多种风控手段。信托公司对文化产业投资基金还进行了结构化创新设计,如 2011 年中信信托发行的"丽江文化产业投资基金"以增资方式投资于文化开发企业,除采用土地抵押、股权质押、连带责任保证外,还对信托受益权进行了分层,其中次级受益权以股权和债权形式认购,将融资企业关联方资产纳入到信托计划中,提升了对优先级受益人的保障力。

(2)艺术品投资信托

2011 年至 2012 年国内艺术品市场持续火爆,信托业兴起了一股艺术品投资热潮,虽然各个艺术品信托计划在设计上存在差异,但普遍选聘了艺术品投资顾问并引入担保条款。中融信托 2011 年发行的"融美 1 号艺术品集合资金信托计划"采用了组合投资方式,信托资金以股权、购买特定资产收益权、直接投资艺术品、贷款等单一或组合形式投资于艺术品行业优质企业、项目;2011 年北京信托发行的"懋源富雅 1 号艺术品投资集合资金信托计划"以货币出资方式成为有限合伙企业的有限合伙人,采用优先和次级的结构化设计,优先级受益人的预期收益包含基础收益和超额收益,受托人向有限合伙企业派驻财务监督人员,以此模式达成艺术品项目的投资灵活性和风控适用性。

以上都是资金信托在艺术品领域的创新,2012年出现了首款艺术品财产信托。2012年国投信托的"王健当代艺术信托"宣告了国内首款财产性艺术品信托诞生,该产品为开放式信托,配置资产为王健的各类艺术作品,受托人通过与专业机构合作举办王健画作展览、在国内知名艺术院校举行讲座和演讲、与银行等金融机构合作举办作品鉴赏会等活动对艺术品进行推广运作,实现信托财产的稳定增值。

(3)影视投资信托

作为与资本关联最密切的文化产业细分市场,电影产业一直是信托公司试图尝试的领域。2012年下半年外贸信托发行了国内首款影视类信托——"外贸信托·一壹影视(一期)集合资金信托计划",该信托融资规模为1亿至2亿元,由一壹基金投资管理有限公司参与投资策略制定。信托资金主要投资于优秀的国产电影和电视剧,剩余闲置资金用于银行存款等。该信托项目没有任何抵质押物,其盈利能力如何,完全依靠资金运作方一壹基金投资管理有限公司的实力。

最具有代表性的是2013年末五矿信托发行的"影视艺术品投资基金结构化集合资金信托计划",总规模6亿元,分两期发行,每期金额为3亿元。信托计划采用结构化设计,分为优先、中间、次级三层,优先级为固定收益,中间级为固定+浮动收益。次级为优先级和中间级信托利益的实现提供保障。信托计划总期限不超过6年,每期次级的存续期限为3年,经次级同意期限可延长;信托计划分两大批次投资影视项目,每批次影视项目将对应一期次级资金,次级受益人享有该批次投资影视作品一定比例的超额收益。产品的具体交易结构为,信托资金通过股权和债权的形式投入到和和(上海)影业有限公司(即投资平台公司)当中,再由平台公司投入具体影视项目。信托计划将持有投资平台公司约90%的股权。在这个产品中,次级资金是为了解决影视剧投资的前期开发费用,包括版权购买、主创人员的签约和定金的支付以及看景、美术设计等方面的前期费用,这部分支出占项目总投资的比例控制在20%以内。在项目推进过程中,支出日渐扩大,至剧组成立,开机拍摄后,现金支出开始放量,且中间不能断档。因而,从募集顺序上,先募集次级,再募集中间级,最后募集优先级。次级的期限最长,预计3年左右,中间级和优先级的发行,是根据投资需求在次级发行之后的3个月到半年或1年以内募集,这样,中间级和优先级的期限会相应缩短,也比较符合固定收益偏好投资者对期限的要求,同时也有助于提升次级和中间级的收益。信托资金将混合投资于电影和电视剧项目,其中电影项目占比预计为70%,电视剧项目占比为30%,主投与跟投项目比例约为7∶3。信托资金收益的主要来源,为影视艺术作品的票房、版权收入、影视作品周边项目产生的收入等。

3. 第三阶段:文化产业消费信托

第三阶段是在2014年以后。信托公司是经营风险的机构,对于融资企业有着严格的准入标准,对信托项目有着严格的风控制度,传统的信托计划十分看中企业资信、抵质押物品质、第三方担保情况以及政府的支持力度。因此虽然文化产业是轻资产产业,信托公司往往对于能提供优质抵质押物的文化产业融资项目更加钟情。而2014年以后消费信托的出现则是信托对文化产业金融服务的巨大突破。

2014年末,百度的"百发有戏"通过中信信托设立互联网消费权益信托,其投资作品为电影《黄金时代》。具体的运作方式为消费者通过团购+预售的方式获得消费权益,然后这种零散的消费权益被集中起来注入百度消费权益信托项目,并由中信信托进行集中管理。消费权益是用户参与"百发有戏"电影项目的方式,也是电影片方提供给参与用户的专属权益和特权,例如,与主演电话联系、共进晚餐;做群众演员;获得主演录制的感谢视频等。"百发有戏"的最低起购门槛为10元,认购者不仅可以享受到"百发有戏"提供的与影片相关的各种消费特权,还有望获得8%-16%的权益回报。即产品收益与《黄金时代》的票房挂钩,票房低于2亿元时,收益率为8%,其后每增加1亿元票房,收益率提高一个百分点,若票房超过6亿元,收益率为16%。中信信托作为独立第三方,将发挥信托财产的独立性和破产隔离方面的独特功能,为消费众筹项目增信,同时进行监督管理,确保资金专项运用,间接实现了对消费权益的保障性监控。这一"消费众筹+电影+信托"的方式开启了互联网、金融、文化产业三方跨界融合的可行样本,是当前信托业不断谋求业务转型的一次有益尝试。

二、几种新型文化产业信托模式解析

数据显示,随着一国经济水平的不断发展,居民消费结构将发生重大改变。当人均GDP超过3000美元时,文化消费会快速增长;而当人均GDP接近或超过5000美元时,文化消费则会井喷。我国人均GDP在2008年已经达到3360美元,而在2011年已超过5000美元,因此从人均收入及消费结构的角度来看,中国的文化产业将进入一个高速发展的阶段。信托基于自身的功能和制度优势,不断创新并完善服务于文化产业的方式方法,在实务中形成了以下几种具有代表性的创新模式。

(一) 中小文化企业集合信托

目前我国文化产业发展仍处于起步阶段,大多数企业规模小、实物资产少,难以通过抵押方式获得银行贷款。信托公司基于文化企业的这些特点,并依托信托功能的特有优势,创新性地开展了中小文化企业集合信托业务,在其中采用了资产集合打包、政府信用引入、结构化增信等设计,当然,中小文化企业集合信托不只局限于这些设计,下文将探讨这一模式下的新构思。

中小文化企业集合信托计划是以信托公司为受托人,非公募地投资于若干个中小文化企业的产业基金,是基于发挥财政资金、政府引导基金和私募股权(PE)等战略投资者资金杠杆放大效应的考虑,借助信托的制度和平台优势,整合银行、PE、创投机构、担保机构、证券公司及咨询公司等机构的资源,集合多个投资人的资金,运用于促进若干个中小文化企业成长的信托计划。在加强风险控制的同时,力求在"既不增加中小文化企业融资成本,又能契合投资者需求"的前提下,创造一种连接货币市场、资本市场和产业市场的创新型金融工具。

中小文化企业集合信托一般都采用"优先-次级结构",也可选择引入"债转股"的创新制度安排,设计成"优先-次级结构集合信托"+"债转股"集合信托产品。该种模式以体现中小企业主管部门、PE等战略投资者、隐含政府信用的担保机构的主导作用为前提,引入战略投资者、隐含政府信用的担保机构以解决信用增级和风险分散的问题,引入银行以解决产品销售和资金募集的问题,引入财政贴息资金以解决进一步降低企业融资成本的问题,引入银行、战略投资者及券商等机构以解决为中小文化企业持续发展提供后续系统性服务的问题。该计划第一步可支持符合条件的若干中小文化企业进行债务融资,第二步可撮合符合条件的中小文化企业面向战略投资者将债务融资转换为股权融资,以加快上市步伐[①]。

中小文化企业是中小企业中的一支,通过比较集合企业债、集合中期票据、

---

① 郭美文、曹星:《广东省中小企业集合信托计划可行性研究》,《信托周刊》2012年第81期,第31-41页。

集合短期融资券和集合信托计划等四种中小企业集合债务融资方式的实践效果(见表1),可以看到中小文化企业集合信托具有较强的现实操作意义。

表1 中小企业集合债务融资方式比较

比较项目	中小企业集合债	中小企业集合信托	中小企业集合中期票据	中小企业集合短期融资券
监管部门	发改委	银监会	中国银行间市场交易商协会	中国银行间市场交易商协会
发行主体	企业集合体	信托公司	企业集合体	企业集合体
发行方式	审批制 市场化程度低	报告制 市场化程度高	报备制 市场化程度高	报备制 市场化程度高
信用要求	对单个企业要求高	较高	对单个企业要求高	对单个企业要求高
发行难度	对单个企业要求高	一般	对单个企业要求高	对单个企业要求高
发行期限	3-5年	期限灵活	3-5年	1年
资金用途	投资项目需发改委审批	没有限制	有限制	有限制
承销商	券商	银行、信托	银行	银行
销售市场	A股市场	较广泛	银行间市场	银行间市场
销售对象	保险、银行、基金等	信托公司及银行客户	保险、银行、基金、券商	保险、银行、基金、券商
机构投资者态度	缺乏认购热情	有一定认购欲望	缺乏认购热情	缺乏认购热情
担保要求	需AA或AA以上担保	相对较低	需AA或AA以上担保	需AA或AA以上担保
融资瓶颈	担保增信和风险评估问题难解决,需财政贴息	结构化解决担保和风险分散问题,需财政贴息	难以解决担保增信和风险评估问题	需具备较好的担保条件和设计较好的交易结构
评级要求	需外部评级	不用评级	需外部评级	需外部评级
融资规模	发改委审批	市场协商	银行交易商协会协商	银行交易商协会协商
融资成本	高于银行贷款基准利率	可低于银行贷款基准利率	高于银行贷款基准利率	低于银行同期贷款基准利率
审批效率	低	高	高	高
融资难度	高	低	高	高
融资速度	慢	快	慢	慢

(二)文化产业股权投资信托基金

结合相关法律法规和信托行业已有案例,信托公司开展文化产业股权投资基金业务可以采用以下几种模式,即信托资金入股公司制文化产业股权投资基金、信托型文化产业股权投资基金、信托资金入伙主投文化产业的有限合伙企业充当有限合伙人。这三种方式各有其优缺点,其中,信托型股权投资基金是业内应用较为广泛的一种方式;信托资金入伙有限合伙企业充当有限合伙人是业内热议并积极开发的一种新型模式。下面对这三种方式进行介绍并对它们的具体实务操作进行探讨。

1.信托资金入股公司制文化产业股权投资基金

该种方式下,信托公司以信托计划募集资金入股公司制文化产业股权投资基金,以受托人身份成为该基金公司股东。公司制文化产业股权投资基金是按照公司法及相关规定所组建的投资公司,信托公司通过参加股东大会与其他股东一起选出董事会与监事会,再由董事会委任某一投资管理公司(或个人)或董事会自己直接来管理基金资产。

公司制形式的优点是治理结构完善、监督机制有效。缺点是存在双重征税问题。不但基金公司要缴纳25%的公司所得税,股东从基金取得的股息、红利所得还要缴纳所得税。当然,信托公司以信托资金投资于公司制基金会由于信托收益的免税政策而免于征收信托受益人的所得税,但是仍不能避免公司所得税的缴纳。尽管在中国公司制PE可以在某些环节上获得一定的税收优惠,比如,《吉林省股权投资基金管理暂行办法》(以下简称"办法")规定:股权投资基金投资于省内的企业和项目,由财政部门按项目退出或获得收益形成的所得税地方分享部分的80%给予补助;此外,对股权投资基金投资于高新技术企业有更加优惠的税收政策。但是这些优惠政策仍不能避免所得税在公司层面的完全免除。

然而,这并不是否决了信托资金入股公司制文化产业股权投资基金的可行性。目前信托资金入股公司制股权投资基金没有任何法律障碍,如果投资项目的收益很高,可以承受25%的企业所得税,那么信托公司完全可以以该种方式发起设立或加入到股权投资基金。如果信托公司想要并且有能力对基金和项目进行实质性管理,那么可以通过董事会、投资决策委员会等机构的设置安排来实现对基金的控制,如果信托公司无意对基金进行管理,则只管募集资金入股,承担监督义务即可。

2.信托型文化产业股权投资基金

信托型文化产业股权投资基金是指信托计划作为投资主体直接进行股权投资。其优点是投资者可以免征所得税。缺点是信托资金无法通过IPO退出，证监会明确拒绝存在信托持股企业的IPO申请；监管层对信托资金投资于某些行业，如房地产业，实施了较高的门槛和限制规定，给信托资金直接投资于某些行业股权带来不便；此外，《信托公司私人股权投资信托业务操作指引》对信托型股权投资基金的开展有诸多限制，比如，要求信托公司而不是投资顾问来管理事务，对投资顾问的资质也有较高的要求，这些都抬高了信托开展PE业务的门槛。

文化产业股权投资是股权投资的一个支系，在信托实务中，可以参照其他类别的信托型股权投资基金进行运作。信托型股权投资基金的投资运作模式可以分为三种类型(按照信托公司体现出的投资运作管理能力由强到弱排序)：一是自主型，即信托公司完全依靠自有人力资源担任投资管理人，投资管理团队完全在公司内部产生。如中信信托的"锦绣系列"股权投资产品(案例详见表2)。二是聘任型，即基金投资管理团队仍在公司内部组建，但投资管理团队主要成员聘请资深的职业投资经理担任。如华润深国投推出的"创新资本一号"。三是外包型，即投资管理团队由专业投资顾问公司担任，其与信托公司为委托代理关系。通过契约安排，信托公司对投资顾问的投资方案、运作过程和财务情况进行监控，并自主进行投资决策。如湖南信托推出的"达晨系列"、"高科技创投系列"股权投资产品(案例详见表2)。

表2 信托型PE典型案例基础数据

	中信-锦绣一号(自主型)	湖南-达晨创投(外包型)
成立时间	07.04.30	07.04.09
期限	5年(可调)	6年(可顺延两年)
募集规模(万元)	103,000	7,000
预期收益	6%-25%	不确定
认购起点	100	200
认购(发行)费用	2%	无
运用方向	中国境内金融领域股权投资、IPO配售和公众公司的定向增发项目	参与Pre-IPO,投资拟上市公司；投资拥有核心技术或创新型经营模式的高成长型企业

续表

	中信-锦绣一号(自主型)	湖南-达晨创投(外包型)
信托报酬	1.5%/年×基金信托募集金额	1%/年×信托财产
投资顾问费	无	1%/年×信托财产(6年后按投资净额)
保管费	未公布	0.6%/年×保管金额
收益分配	优先(95,300万元)、次级(5000万元)收益权分配模式,其中次级收益权由中信信托认购。到期一次支付本金及收益	净收益85%归受益人,15%归投资顾问公司
流动性安排	不可赎回:可执行或委托转让;次级收益权不可转让	不可赎回:可自行转让并登记(手续费1%)

为直观地表现信托型文化产业股权投资的运作流程,以图1来说明(以外包型为例)。

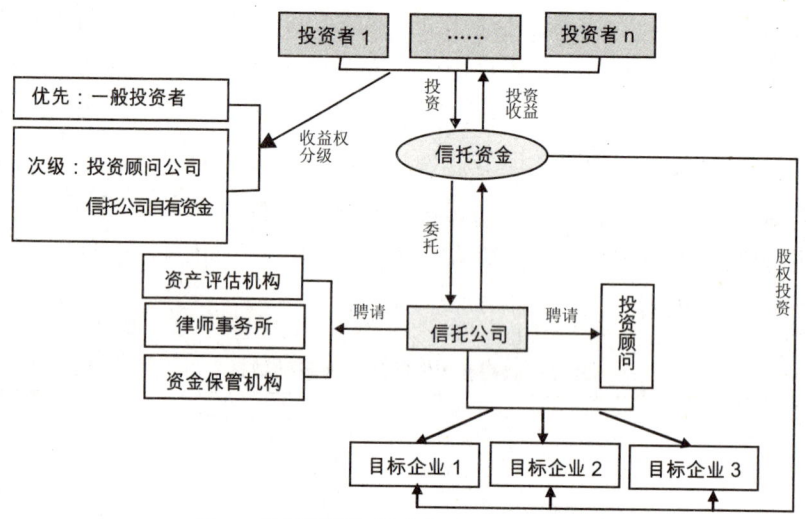

图1 信托型股权投资基金的运作流程图

信托型股权投资基金的收益分层结构如图2所示。

3.信托资金参与主投文化产业的有限合伙企业,充当有限合伙人

该种形式即由信托公司募集客户资金成立集合信托计划,集合信托计划作为有限合伙人LP进入有限合伙企业,再由有限合伙企业进行私募股权投资。有限合伙企业分为两类合伙人,一类是普通合伙人GP,负责投资管理事务的执

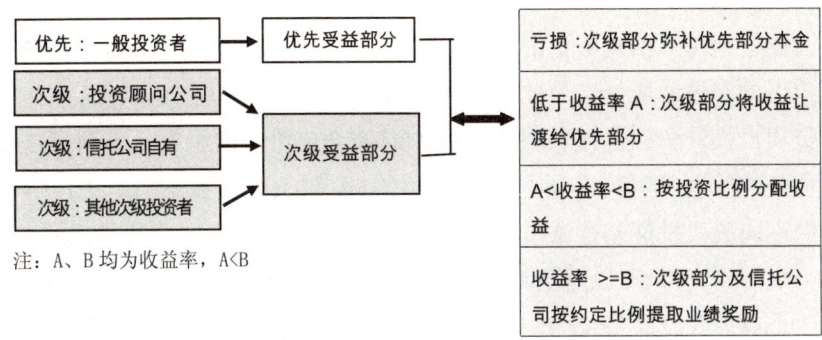

图 2　信托型股权投资基金的收益分层结构

行,拥有很大的自主权,对合伙企业的负债承担无限责任;另一类是有限合伙人 LP,不参与合伙企业的管理事务,以投入的资金为限对基金的亏损与债务承担责任。依据信托法律制度的规定,信托计划不能承担无限责任,所以信托计划只能充当有限合伙人 LP,而不能成为普通合伙人 GP。但是信托公司可以依托合伙章程的特殊约定以及机构和人员的配置来实现对合伙企业的实质控制。

相对于公司制 PE,有限合伙制 PE 避免了双重纳税问题。很多地方政府出台的股权投资基金管理办法都有类似的规定:"合伙制股权投资基金不作为所得税纳税主体,采取'先分后税'方式,由合伙人分别缴纳个人所得税或企业所得税";"合伙人是法人和其他组织的,按有关政策规定缴纳所得税"。而信托收益是免征所得税的,因此,在这种方式下,不论是在企业层面还是投资者层面都不必交所得税。此外,相对于信托制 PE,有限合伙制 PE 不存在上市退出障碍。

文化产业有其独有的行业性质和运作机理,可选取了解并善于运作该行业的机构或个人作为普通合伙人,他们熟谙文化产业运作且有相关业绩,享有与政府、项目合作的资源,并具备文化项目开发和管控能力,对文化项目的市场潜在价值具有判断能力,对开发经营全程具有专业管控能力,因而能更好地实现有限合伙人(包括信托计划)的收益。

该种方式下,对于信托计划的投资人来说,要缴纳双重管理费,有限合伙企业的 GP 会收取一次管理费,信托计划也要收取一次管理费。GP 的管理费一般由两大部分构成,一部分是固定的管理费,另一部分是可变的业绩报酬,其比例一般是超过门槛收益率以上部分的 20%,门槛收益率的确定取决于市场情况和相关方的谈判结果。信托公司可以收取三项费用:一个是认购费(也可以不收取),一个是固定的信托报酬,一个是业绩报酬,按超过门槛收益率以上部分的一定比例提取。

为更好地保障信托资金的安全,维护有限合伙人的权益,GP 对基金的经营管理应得到有效的监督。为此,在合伙协议中应设计一些约束条款,比如,对单个投资项目投资总额进行限制,防止 GP 将资金集中投向少数几个项目;合理限制对债务的使用,避免 LP 承担过大的风险;限制关联性投资,以防止 GP 利用管理的不同股权投资基金做出机会主义行为;限制 GP 出售或质押其在有限合伙基金中的投资份额,以避免 GP 丧失管理基金的内在动力。如果信托公司采用合伙企业形式设立基金,并有意愿、有能力实际控制该基金,那么,可以通过在投资决策委员会等机构享有多数席或掌握决定权方式来实现对基金的真实掌控。

图 3 能更为直观地说明有限合伙制文化产业股权投资基金的运作流程:

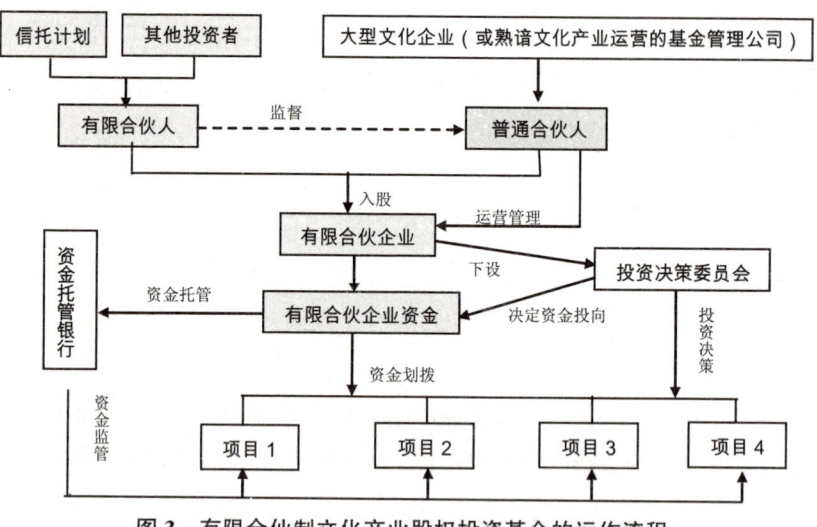

图 3　有限合伙制文化产业股权投资基金的运作流程

(三) 文化产业消费信托

消费信托是指受托人接受委托人的委托,以为委托人优选并保护商品类消费或服务类消费的消费性权益为目的而设立,并以上述消费型权益作为受益人依法所享有受益权的组成部分为特征,由营业性信托机构进行金融化管理的金融信托产品。简单来说,无论设立信托的财产类型是什么,在信托收益权当中含有很大一部分消费品所形成的权益,或者消费服务所形成的权益,比如度假酒店的居住权、以特定价格购买某项商品或服务的权利等。

对于文化产业而言，由于文化产品（图书、音像、表演、影视、艺术品、创意品、文化旅游产品等）是大众消费品，却又不是日常必备消费品，人们对它的消费周期并不确定，但是可以事先计划，因此非常具有做成消费信托的潜质。文化产业消费信托通过认购信托产品，在有保障的前提下，获取高性价比且优质的文化消费权益，如文化度假酒店的居住权、影视剧拍摄的参与权、观看影视或表演的剧场入场权、获得定制图书或音像权，以及以特定价格享有文化产品或服务的权利等。与传统的投融资概念集合资金信托完全不同，其目的不是资金增值，而是获得消费权益。其运作的根本原理在于打通产业链的前段融资需求和后端消费需求。从消费端而言，相当于打造了一张具有消费功能的"虚拟另类信用卡"；而从产业端而言，即构建了一个金融化的销售渠道，在这一过程中，预付购买消费权益产生的沉淀资金也能够被进一步合理利用，除此之外，联动其他针对产业方的投融资项目，促进形成产业链金融的闭循环。这类产品摒弃了公开发行信托计划中常见的"集合资金信托"产品形式，取而代之"单一事务管理"信托，也正因为如此，可以不受限于集合资金信托对于"合格投资者"的严格要求，直接降低了信托产品的认购门槛。

在文化消费信托中受托人（即信托公司）有三个独特的作用：一是帮助客户选择性价比更高的文化消费商品和服务，这个可以简单地理解为集中采购，集采功能对于单个购买而言肯定是有很大优势的，服务提供方会更容易给大的优惠，这样性价比就会相对高一些。二是建立文化消费品和消费服务的标准，经过标准验收以后才可以进入到消费信托的体系中来，从而保证了消费是在一定品质之上的。三是帮助保护消费权益，很多消费行为具有持续性，在这个时间段里消费者权益的落实可能会遭遇风险，消费信托的功能之一就是为消费者减少这样的消费风险。

信托业内对消费信托的实践刚刚开始，中国拥有全世界最大的消费市场，也拥有日益崛起的文化产业，中央扩大内需和文化兴国战略的决心不可谓不坚定，近几年中国人的精神文化需求快速膨胀。在这样的背景之下，中国信托业需要把握时代大潮，在文化消费信托领域开创新的天地，发挥新的功能。

三、文化产业信托的风险与防范

文化产业投资的主要风险有以下几类：政策风险、经济风险、信用风险、市场风险、经营风险、行业风险等。在技术变革的影响下，文化产业的业态已经发生了深刻变革,又出现了传统业务下滑,新型业务开展效果不及预期,复合型人才不足等风险。此外,文化产业一般以无形资产为主,而无形资产的评估与变现具有较强的专业性和较大的不确定性,投资文化产业存在评估不当或者无法处置抵质押物等风险。

文化产业本身是一个巨大的产业群[①],是一个涵盖广泛的创意经济形态。文化产业具有丰富的内涵和广阔的外延,既包括影视、出版、演艺、娱乐、工艺美术等传统文化产业,又包括动漫、游戏、网络文化、数字文化服务等极具活力和潜力的新兴文化产业。文化产业的每一个子领域都具有特殊的风险因子,因此对其风险的详述是一项很大的系统工程,下文仅就信托业内涉足最多的艺术品信托和影视信托的突出风险加以阐述。

（一）艺术品信托业务的突出风险及防范措施

艺术品信托是指信托公司发行信托计划募集资金,将资金投向艺术品领域,通过专业化运作、组合化投资、运作渠道和资金优势以达到从艺术品市场中获取收益的目的。目前我国的艺术品信托正处于刚刚起步的阶段,根据运用方式不同,可以将艺术品信托分为三类:一是融资类。信托公司通过发行信托计划为艺术品藏家或机构提供融资服务;二是管理类。首先签约部分艺术家,再从艺术家手中直接购买作品,信托公司通过对其进行专业化运作提升作品的价值并获利退出;三是投资类。信托计划中引入专业的投资顾问,并在投资顾问的建议下买入艺术品,依靠艺术品自身的升值为投资者带来收益。

融资类艺术品信托是国内最早出现的艺术品信托,信托公司一般采用结构化设计、艺术品抵押、第三方机构担保等方式控制产品风险,这类产品的收益相对稳定且风险较小,主要风险集中在融资方的背景与实力,风险特征与一般的信托产品相似;管理类艺术品信托在国内尚未有成功运作的例子;而近两年发展迅速的投资类艺术品信托产品蕴含较大的风险,因此,本文对艺术品信托风险因素的研究主要是针对投资类艺术品信托。

投资类艺术品信托,目前信托公司常用的方法是与拍卖行等艺术专业机构进行合作,引入艺术品投资顾问,投资顾问负责对艺术品进行评估并提出投资

---

① 国家统计局颁布的《文化及相关产业分类(2012)》,将文化产业的分类修改为10大类、50个中类、120个小类。10大类包括:新闻出版发行服务、广播电视电影服务、文化艺术服务、文化信息传输服务、文化创意和设计服务、文化休闲娱乐服务、工艺美术品的生产、文化产品生产的辅助生产、文化用品的生产、文化专用设备的生产。

建议、作为信托计划的劣后委托人、对投资的艺术品进行回购等工作。艺术品信托的突出风险因素主要表现为以下几个方面。

1. 定价风险

由于专业人才的欠缺,信托公司很难为艺术品给出合适的估价。在投资类艺术品信托业务中,信托产品最终获利的关键因素是判断艺术品真伪及其价格涨跌的能力。由于当前艺术品市场真假混杂,而信托公司存在人才短板,缺乏对艺术品进行专业判断的能力,因此,艺术品信托的筹备和建立有赖于正规而有权威的艺术品"真伪"鉴定机构和独立、自主、了解市场动态的"评估"机构。在实际操作中,信托计划引入投资顾问有助于降低估值风险,但是目前业界未有一个公认的、权威客观的鉴定机构进行艺术品鉴定和估值,艺术品的真伪难以保障、价值存在很大的不确定性。

2. 投资顾问的道德风险

"确权"在信托公司的尽职调查中是非常重要的一环,根据《物权法》和《著作权法》,艺术品作为实物资产的主要权利包括:所有权、署名权、版权、出版权、展示权、宣传权等,当购买了艺术品,所有权、出版权、展示权和宣传权等权利会转移到艺术品的所有人身上。但由于艺术品交易没有一个明确的类似于中央登记中心的机构以确保交易的合法、安全和公平,也缺乏权威机构确定艺术品的版权和交易过户工作,容易遭遇拍卖公司和投资顾问等联合作假的道德行为,信托公司即使通过尽职调查也很难发现端倪,在拍卖公司未完成结算、权利未转移的情况下发行艺术品信托产品存在很高的道德风险。

3. 期限错配风险

信托产品的期限一般为一至两年,在这一时期内艺术品是否能获取收益很难说。艺术品信托是通过投资艺术品,寄望于其升值后变现以获得投资收益,这一般要求对艺术品进行较长时期的收藏。相关统计数据表明,目前国内的艺术品信托的平均年限仅在 2 年左右,"快进快出,立竿见影"成为了当前艺术品信托常态化的操作模式和运作思路。而艺术品投资市场变化非常剧烈,在价格上升周期时,会有大量资金涌向这个市场,出现拍品成交价屡创新高的繁荣景象;但是一旦资金发生转向,就会在很短的时间内迅速"冷却"。在市场大幅波动时,对于期限只有一到两年的艺术品信托产品,信托计划所投艺术品的足额变现很可能不能实现,短线化操作使得投资标的在信托期限内难以实现大幅度升值,预期投资收益难以实现。

4.流动性风险

艺术品信托退出路径不顺畅,存在流动性风险。艺术品信托投资收益的实现需要将所投资的艺术品变现。艺术品变现受多方面因素的影响,包括时间、鉴定、渠道、保存、市场大环境等,以上哪一个环节出问题,都会影响艺术品的变现,退出机制成为了艺术品信托设计中关键的一步。艺术品信托的退出方式主要有拍卖出货、投资顾问回购等。目前,艺术品市场在经历了前期快速升温期后开始出现萎缩,艺术品信托寄望于春秋拍出货以获得投资收益的退出方式可能存在障碍。投资顾问回购艺术品的退出方式对投资顾问公司的实力提出很高的要求,但艺术品信托的募集金额一般都比较大,很多投资顾问的资金实力并不强,也很难应付市场价格下跌或艺术品无法转手后造成的风险。通过投资顾问回购实现艺术品信托的退出存有潜在风险。

真伪鉴定、价值评估、可变现能力是艺术品信托业务的三大核心风险点,针对以上风险分析,对艺术品信托业务的风险管理提出如下建议:

首先,在真伪鉴定方面,与权威鉴定机构采取一对多式合作,对重要艺术品进行一对多式鉴定。其次,价值评估采取评估机构与拍卖行合作的方式,对艺术品价值及市场价格进行综合考量。再次,鉴于艺术品市场的特殊性,避免必须变现时的"有价无市"风险,可以考虑与拍卖行合作"保底拍卖模式",在拍卖之前,拍卖行承诺,如以约定拍卖底价拍卖,寄售艺术品最终流拍,拍卖行将以该约定价格收购所寄售作品,拍卖行在转接了单个艺术品投资风险的同时,也获得了超额收益的机会。最后,强化艺术品信托业务存续期的价值波动与市场跟踪,在艺术品市场波动较大时,及时采取次级补充资金、提前变现清算等方式进行主动管理。

(二)影视信托业务的突出风险及防范措施

政策鼓励金融资本和社会资本对接文化资源,对正处于转型期的信托公司来说,在影视行业开发创新产品无疑是一个重要的参考方向,但信托公司投资电影项目的风险不容小觑。影视行业投资环节较多,影视产品市场存在波动性,其投资回报也具有诸多不确定性,可能发生行业系统风险及非系统风险,导致信托收入受到影响。影视信托的潜在风险主要有几个方面:生产力资源的可控性风险、剧情选择风险、完片风险、影视作品发行风险、收益不确定性风险和管理风险。

1. 生产力资源的可控性风险

影视产品是一个投"人"的行业，投"人"的行业一个重要的风险就是解决生产力资源的可控性。信托公司对此的风险防范应关注以下方面：一是选择优秀的制片团队来进行合作；二是结构化信托中的次级受益人指定在影视行业内的公司和人才，他们本身对行业比较了解，愿意在承担合理风险的同时，博取超额收益，从受托人的角度，引进这些产业方，不仅是为了募集资金，更是通过利益捆绑，解决项目定位的专业性、制作资源的整合及发行渠道的建立等问题。

2. 剧情选择风险

规避这一风险可以依托于建立外部评审机制，外部评审委员会委员涵盖导演、演员、经纪人、制片人等，从各个专业角度给信托项目以综合评价。

3. 完片风险

电影是项目制且周期长，制作环节从头至尾的操作必须严整合规，否则很有可能在某个环节会变成做减法，直至最后的失控。防范措施有：一是采取"完片担保"机制，解决超期和超支的问题，即派担保公司监督和记录影片拍摄进度和支出状况，合理配合制作全过程，以保证影片及时并符合预算支出，如果没有按时完工，则会进行保险赔偿；二是信托公司在制片人执行项目过程当中，派出项目经理从财务角度、项目进度角度，进行全程的监控和管理，资金的拨付严格按照项目进度进行，确保顺利完片。

4. 影视作品发行风险

在前期就应对市场有非常明确的宣传方向的设定，跟一些真正有发行能力的大型机构建立战略合作关系，将所有的宣传工作前置。随着电影的完成，在后期与这些发行机构进一步合作将电影推向市场，并做好资金结算的管控。

5. 收益不确定性风险

影视投资类信托产品的收益主要来源于电影票房、版权收入以及广告收入等。但是影视产品的市场投资环节较多，在拍摄进度、制作预算、版权销售、后期审批以及票房反响方面都存在不同程度的风险，这些因素将加大投资回报的不确定性。

6. 管理风险

由于影视类信托产品实物抵押和担保不足，信托公司又难以深入项目的具体环节,风控难度较大。另外,目前信托公司缺乏相应的专业性人才,无法准确评估产品的运行和管理情况。对于该类风险的防范主要有赖于在国家层面构建无形资产的评估体系和转让平台,以及信托公司对相关专业人才的引进和培养。

结　语

党的十八届三中全会提出,建设社会主义文化强国,增强国家文化软实力,必须坚持社会主义先进文化方向,坚持中国特色社会主义文化发展道路,坚持以人民为中心的工作导向,进一步深化文化体制改革。要完善文化管理体制,建立健全现代文化市场体系,构建现代公共文化服务体系,提高文化开放水平。银监会非银部官员在"2012资本与电影相约"圆桌论坛时表示,在保证投资人利益最大化和信托财产安全的两个原则基础上,银监会对信托支持文化产业方面无限制性规定。可以说,新的经济金融形势开启了信托与文化产业深度创新融合的时代篇章;各项支持政策引领了文化信托的探索实践,并护航文化金融持续稳健的发展之路。能够预见的是,未来中国信托业服务于文化产业在规模上将较快增长,在模式上将创新不断。

中国信托业一直走在中国金融创新的前沿,自2001年颁行《中华人民共和国信托法》以来的十余年间,信托人用法治授予的精诚信念,已然叩开了高端财富管理市场的金石之门。当前,面对中国民众精神文化消费理念的不断觉醒,面对文化市场空前繁荣的时代洪流,信托与文化产业必将在愈发深厚的创新合作中实现互信、共赢、协同,甚至融为一体,并助推中华文化在全世界范围内的勃兴。

参考文献

1. Richard Razgaitis. *Valuation and Pricing of Technology—Based Intellectual Property*. John Wiley & Sons Inc,2003:6.
2. 鲁长瑜:《信托公司信托业务效率及其影响因素实证研究》,吉林大学2014年博士论文。
3. 张敏:《美国专利交易趋向展望——从专利投机到专利投资信托》,《贵州警官职业学院学报》2008年第1期,第70-74页。
4. 苏米尔:《文化产业资产证券化的国内外经验及启示》,《华北金融》2014年第9期,第47-49页。

5. 鲁长瑜:《论经济增速换挡期的产业结构优化路径》,《内蒙古社会科学》2014 年第 6 期,第 120-125 页。
6. 严荔:《发达国家文化资源产业化开发的做法及借鉴》,《经济纵横》2012 年第 6 期,第 48-51 页。
7. 张欣怡、张学海:《金融支持文化产业发展的国际经验与启示》,《云南社会科学》2014 年第 2 期,第 107-110 页。
8. 鲁长瑜:《海阔循律涌,十年育骄龙——信托法十周年的思考》,《金融时报》2012 年 1 月 9 日。
9. 郭美文、曹星:《广东省中小企业集合信托计划可行性研究》,《信托周刊》2012 年第 81 期,第 31-41 页。
10. 索磊:《从"特色学校"到"信托学校"——英国提高薄弱学校办学质量政策解析》,《教育发展研究》2009 年第 Z2 期,第 111-116 页。

(华淑蕊:吉林省信托有限责任公司财富管理中心总经理,经济学博士;
鲁长瑜:吉林省信托有限责任公司,经济学博士)

第九章
文化产业投资与并购市场分析

○ 吴　江

进入新世纪以来，尤其是 2009 年以来，国家通过政策激励、制度构建和市场手段大力鼓励发展文化产业。经过十几年的飞速发展，我国的文化产业在国民经济中的地位日趋重要。在文化产业发展中，作为文化金融和资本市场的一部分，投资与并购市场也日趋活跃。由政府主导与支持的文化产业基金如雨后春笋，各类风险投资基金纷纷试水文化产业，互联网、房地产等产业资本进入文化产业，国内外各类资本的参与加快了中国文化产业投资布局的巨变。文化产业的投资并购发展迅速，但也有诸多问题。本文从投融资角度分析了文化产业发展的特点，对国内外文化产业投资并购市场进行介绍，并结合典型案例对投资并购模式和趋势做了分析。

一、从投融资角度认知中国文化产业

（一）行业发展特点

文化产业依照其层级不同可以分为三个层次，其中最核心的为文化传媒产业，它包含了文化产业最主要的载体形式，是推动文化产业发展的主要因素，具体包括新闻、书报刊、音像制品、电子出版物、广播、电视、电影、文艺表演、互联网、文化演出场馆、文物及文化保护、博物馆、图书馆、档案馆、群众文化服务、文化研究、文化社团、其他文化等。第二层级为文化关联产业，包括旅行社服务、游览景区文化服务、室内娱乐、游乐园、休闲健身娱乐、文化中介代理、文化产品租赁和拍卖、广告、会展服务等。第三层级为文化辅助产业，包括文具、照相器材、乐器、玩具、游艺器材、纸张、照片胶卷、磁带、光盘、印刷设备、广播电视设备、电影设备、家用视听设备、工艺品的生产和销售等。总体来说，文化产业具有以下几个特点：

1.行业规模稳步增长

近年来,随着经济的发展及消费者收入的提高,人们对文化娱乐的消费需求持续增加,我国文化传媒业近年来保持稳定增长。2014年其总产值已过万亿,且同比增长率远远超过同期 GDP 增长,显示出抗周期的稳定增长特性。文化产业各行业年均增速普遍在 20% 以上,个别行业增速达到 30% 左右。文化传媒产业作为文化产业的核心部分,其年均产业规模增长速度已超过 20%。

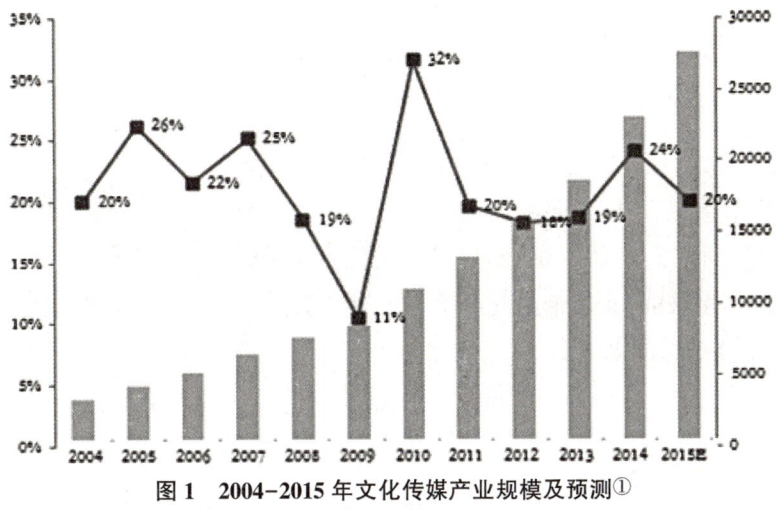

图1　2004-2015年文化传媒产业规模及预测[①]

2.行业机会逐渐增多

在技术进步推动下,网络技术、数字技术日益发达、成熟,为消费者提供了展示自我的多元化、低成本、低门槛与高覆盖率的传播平台。同时,体制变革的稳步推进,为消费者的自由表达、自我诉求创造了更加宽松、良好的政治氛围和舆论环境,文化产业振兴规划降低了行业准入门槛,催生了行业整合的机会。

3.对新技术敏感性高

在各个产业部门中,文化产业历来是对新技术最敏感的行业,也是采用新技术最踊跃、最彻底的行业。每一轮新技术革命,都会繁衍出新的文化媒介传播渠道和传播方式,但每次新的文化媒介的产生,并没有导致传统文化媒体消亡,而是导致新旧文化媒体在竞合、交融中焕发生机。

---

① 资料来源:根据国家统计局等相关网站公开信息整理。

4.政府扶持力度加大

在中国的各个产业门类中,文化产业是开放度最弱的行业之一,也是市场化和产业化运作最晚的行业之一。随着文化产业逐渐成为国家重点扶持和发展的战略产业,政府正加大文化产业的开放力度,加快市场化和产业化进程,文化产业将释放出"最后一座金矿"的巨大经济价值,为资本市场带来更多的选择。

(二)文化产业融资特点

1.融资方式

通常来说,文化产业的融资分为直接和间接两种。

(1)直接融资:由于多数文化企业的商业模式和财务业绩难以达到上市融资的要求,所以上市直接融资模式并非文化企业融资的普适路径。

(2)间接融资:文化企业资产组合中有形资产少、无形资产多,缺乏可供用作银行贷款担保的固定资产,且文化企业无形资产的价值评估中介机构发展滞后,增加了金融机构所面临的信贷风险,金融机构放贷动力不足。

2.盈利模式

文化产业的盈利模式主要是通过为消费者提供内容或功能服务,进而吸引消费者注意力并将其转化为商业价值。总体上可归纳为两大类:一类是向消费者收取内容提供或功能服务费;另一种是将消费者的注意力转化为商业价值卖给企业或个人。即分别向买方(消费者)或卖方(企业或个人)收费。

3.融资瓶颈

由于投入产出的不对称性和消费市场的不确定性,在金融支持文化产业发展方面,传统金融服务产品和金融工具难以与文化产业有效对接,金融创新落后于文化产业发展需求。我国文化企业普遍存在规模小、固定资产少、盈利方式不确定等特点。现在金融产品主要服务于传统产业,重视企业规模和有形资产,对人力资源、著作权、版权等无形资产的评估没有统一标准,致使文化企业受文化产业轻资产特点和经营管理能力的限制,仍不善于灵活运用多元化的金融工具。

(三)文化产业行业中投资与并购机会

近年来快速兴起的文化产业投资基金成为促进文化产业发展的重要资本

力量,而并购基金或将成为文化产业投资基金未来的主要方向之一。

1.文化产业投资基金兴起

自2007年以来,我国先后成立了92只文化产业基金,募集资金达465.56亿元,单只基金募资规模平均达8.31亿元。①

属于轻资产的文化创意企业往往难以获得银行贷款,而文化产业投资基金则能够在一定程度上缓解文化创意企业的融资难问题,促进文化创意产业的繁荣发展。目前,国内的文化产业投资基金主要分为三类:一是由国有文化传媒集团利用自身的行业资源联合地方政府出资,并市场化募资设立的投资基金;二是由投资机构或金融机构设立的投资基金;三是文化企业集团设立的细分领域或某一产业链的投资基金。

2010—2014年文化产业投资基金快速兴起,数量和规模不断扩大,成为中国文化产业的投资主力军。

2.投资基金退出受限

与文化产业投资基金火爆的募资状况相比,其投资和退出则显得较为逊色。2007年至今,国内文化产业投资基金共发生88起投资案例,累计投资规模达到51.68亿元。其中,2010年31起投资案例数量和36.94亿元的投资规模为近7年来最高。2011年后,以上两项数字均开始下降。②

3.并购基金或成未来方向

文化产业投资基金介入并购市场的机会越来越大,并购基金可能成为未来文化产业投资基金的主要方向之一。可以预期,部分文化产业投资基金将成为专业从事并购的基金,寻找潜在被并购企业洽谈、发起并购、转让被并购企业或将被并购企业整合上市,将成为一个重要的资本运营方向。

此外,随着影视产业、网络游戏产业、网络媒体、广告传媒、出版等领域的投资逐渐饱和,文化产业投资基金将越来越精耕细作,向更细分的领域挖掘潜在投资项目。据统计,目前计划设立的文化产业投资基金中,有数只基金规划的投资方向为3D技术影视产业链、互联网电视产业链、影视剧项目投资、手机游戏产业等细分领域。细分领域或某一产业链的投资基金发展快速,将成为未来

---

① 纪爱玲:《文化产业投资基金转战并购市场》,中国创新网,http://www.chinahightech.com/html/684/2013/0617/935373738323.html。
② 同上。

文化产业的重要资本力量之一。

业内人士分析,文化产业投资基金将会参与到重大文化产业项目的直接投资中,目前华人文化产业基金就参与了多起文化产业项目投资,今后这一趋势将逐渐发展,如大型的文化地产类项目将会有文化产业基金参与投资。

4.各领域投资机会(如表1)

表1 文化产业各领域投资机会

细分领域	预计增速	投资机会
光电设备和IPTV业务	30%	在三网融合过程中存在发展机遇,预计未来几年将获得30%以上的业绩高增长。
有线网络运营	15%	未来三年中国有线网络行业收入增速将在15%左右,但巨额的资本开支将严重制约行业利润水平的增长。
新闻出版	10%	内生增速较低,未来将主要集中在向数字出版业务的转型以及大型骨干企业跨区域兼并整合等两方面。
整合营销	20%	包括品牌管理、公共关系在内的中国整合营销行业仍然处于快速成长阶段,在中国企业品牌意识不断提升的基础上,行业的兼并与整合将频繁展开。
广告	>GDP增速	伴随我国国民经济的增长,企业营销及广告投入力度将进一步加大,广告市场规模将持续走高。
动漫	30%	未来五年中国动漫产业将进入由"大"向"强"转变的攻坚期,整体行业在保持30%以上高速发展的同时,将诞生更多优质龙头企业,具有优质内容创作能力和清晰盈利模式的动漫企业将获得重大发展机遇。
电视剧	20%	未来三年中国电视剧行业仍将处于高景气时期,但由于电视剧整体产量已经严重过剩并且成本明显上涨,预计未来几年中国电视剧整体产量增长将较为有限,而行业内竞争将加剧,龙头企业将受益。
电影	30%	未来五年中国电影行业无论在国内电影票房、观影人次,还是制作水平上都将有快速提升,包括二三线城市在内的电影院和银幕数量的急剧增长将为中国电影行业的发展提供有力保证,中国电影市场将处于发展的黄金时段。

二、国内外文化产业投资与并购市场

(一)我国文化产业投资与并购市场

1. 政策支持促使我国文化产业投资步伐加快

自2010年开始,我国针对文化产业陆续出台了系列相关支持政策,加强文化产业的发展,2012年11月1日十八大报告中提出,文化产业是经济发展极具潜力的增长点,我国政府明确到2020年,文化产业将成为国民经济支柱性产业,即文化产业的增加值达到GDP的5%—6%。

在此情况下,国家大力鼓励文化产业发展,然而,文化产业特有的轻资产、高风险的特点,过去传统的融资模式无法快速满足文化产业发展的速度。所以,注重行业成长性、偏好风险的产业投资基金的发展随之成为了我国文化产业发展的必要支持与力量。目前,文化产业在密集利好政策的支持下进入快速发展期,由政府主导与支持的文化产业基金如雨后春笋,国内外各类资本也同时加快了对中国文化产业的投资布局。[1]

根据ChinaVenture的不完全统计,自2007年IDG[2]中国媒体基金[3]诞生至2013年5月,国内累计成立92支文化产业基金,其中36支基金处于开始募资状态,56支基金募资完成(含首轮募集),其募集完成规模达465.56亿元,平均单支基金募资完成规模达8.31亿元。

而据中国经济网的统计,2014年仅一年内增加51支文化产业投资基金,其中,40支披露募资总金额,总募集资金额高达1196.85亿元,平均单支基金的总募集金额达到29.92亿元。其中首期募集金额共达到140.75亿元,平均单支基金的首期募集金额达到10.05亿元。

图2为2007—2012年上半年中国文创产业投资情况。

---

[1] 郭全中:《关于十八大报告中"文化产业"的解读》,中国论文网,http://www.xzbu.com/7/view-4117159.htm。
[2] 美国国际数据集团(International Data Group)是全世界最大的信息技术出版、研究、发展与风险投资公司,创建于1964年,总部设在美国波士顿。
[3] 2007年5月,中国电影集团与IDG建立中国媒体基金,这一基金,其首批注入资金为5000万美金,将主要用于发掘中国的新电影。

图2　2007—2012年上半年中国文化产业投资情况①

从基金开始设立与募集完成的趋势来看,国家的政策导向较为明显,自2009年至2014年,国内文化产业基金规模呈上升趋势。从基金创设的主体来看,2007年至今,政府、传媒集团、券商、金融机构、专业的创投团队等陆续进入文化产业,利用各自优势设立文化产业基金,进行合作共享。尽管2012年全球经济增速放缓,PE行业投资规模总体收缩,但是中国文化产业仍然在国家政策的鼓励以及地方政府产业结构转型促进下获得持续发展,资本市场对文化企业的关注度依旧很高。

2.互联网业对文化产业投资的渗透逐步加深

从投资领域来看,2012年及以前,投融资活动主要分布在传统媒体、动漫及影视、网络新媒体及网络游戏等几大领域。而2012年以后,互联网科技对传统行业的影响在文化产业行业得到了充分体现,投资者更多青睐于与互联网技术相融合的文化企业,例如网络新媒体、网络游戏等。以2014年来看,最占据份额的主要投资领域主要集中在移动互联网,共计11起,占总数的23%;其次为旅游演艺行业8起,约占17%;排名第三位的为游戏行业及文化传统行业。可见,随着我国经济转型升级的深入推进,以互联网新媒体为代表的新兴产业快速崛起,其投资热情远高于传统文化行业。2014年新增文化产业投资基金投向分布情况如图3。

---

① 张亚男:《清科观察:中国文化创意产业专项基金发展困局》,《金融管理与研究》2012年第9期。

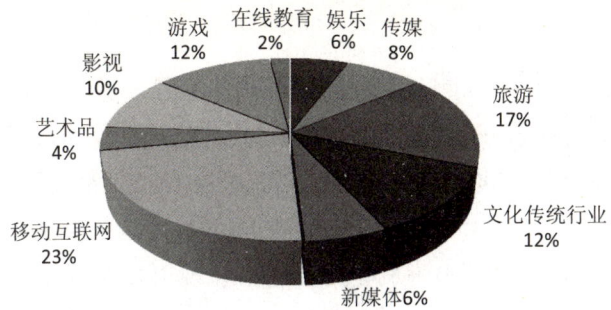

图 3　2014 年新增文化产业投资基金投向分布情况①

3. 一线城市为文化产业投资聚集区

居民文化需求与地区经济发展水平息息相关,经济较发达区域孕育了一批批优秀的文化企业,文化产业初现集聚效应与规模效应,良好的发展前景与投资机遇也催生了一大批文化产业投资机构。从全国范围来看,目前我国文化产业基金主要分布在南方,其中以江浙与广东地区的文化产业为主,一线城市(北京、上海、广州、深圳等)为文化产业发展的主要推动地区,而基金投资范围也主要是基金所在地的相关企业与文化产业。

《2014 年文化产业基金发展报告》显示,2014 年新增加 51 支文化产业投资基金,新增文化产业投资基金中,北京以 16 家居于首位,上海、广州分别以 9 家、8 家次之,这三个城市的新增文化产业投资基金数目占总基金数的 64%,募集基金总金额达到了 339.05 亿元,占总金额的 28.32%,可见一线城市为文化产业发展的主要推动地区。具体情况如图 4。

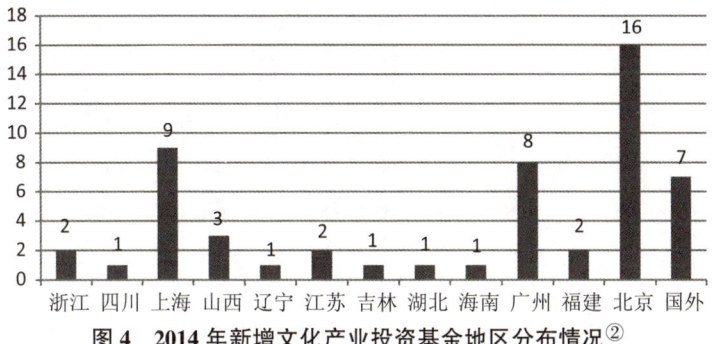

图 4　2014 年新增文化产业投资基金地区分布情况②

---

①② 《2014 新增文化产业基金 51 支 移动互联网投资炙热》,中国经济网,http://www.ce.cn/culture/gd/201412/30/t20141230_4230756.shtml。

4.文化产业并购市场活跃

随着中国多层次资本市场的逐步建立,中小企业私募债、新三板以及文化产权交易等融资通路放开,文化企业获得更多融资路径。我国长期依靠投资和外需驱动的经济增长模式已逐渐乏力。文化产业被定位为国民经济支柱产业之一,将成为消费与内需主导的经济新引擎,并仍会持续获得政策性利好支持。在政策与资本双重驱动下,中国文化产业逐渐显现出高速成长趋势,相对于其他行业,文化产业成为资本市场的重点关注领域,文化企业战略性并购整合正在拉开序幕。当前的文化产业并购、整合主要有两大类:一类是以上市影视传媒公司为主,这些公司为了谋求更快发展,或是因为自有业务营收、利润很难达到投资者要求,于是采取投资并购方式达到维持上市公司收入及利润增长的目标;另一类是传统产业转型需求,目前很多传统产业需要转型,而产业转型的主要方式是并购。

随着国家政策对文化传媒产业的支持以及消费需求升级的刺激,引发了文化传媒行业的并购热潮。据中国经济网不完全统计,2013年文化产业发生96起并购事件,并购金额500亿元;2014年截止到12月20日,文化产业共发生并购事件159起,其中已完成并购项目共52起,并购总规模达1000亿元人民币,2014年前6个月的并购规模已超过2013年全年总规模。与2013年相比,并购事件涉及领域更广,热点领域也由游戏动漫转移到影视传媒领域。

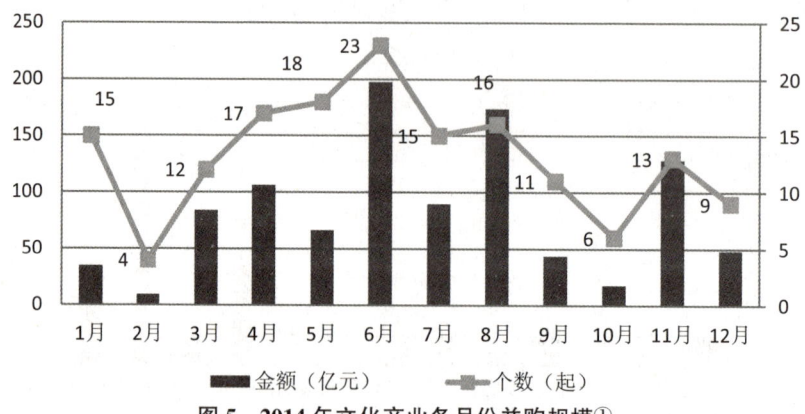

图5 2014年文化产业各月份并购规模①

---

① 《2014新增文化产业基金51支 移动互联网投资炙热》,中国经济网,http://www.ce.cn/culture/gd/201412/30/t20141230_4230756.shtml。

由图5可见,2014年6月并购数量和金额是全年最高,23起并购事件的并购金额达200亿元。1月—6月并购数量和规模呈震荡式增加,延续了2013年文化产业并购潮的趋势,整体规模增速较快;6月—12月并购规模呈波动式下降,文化产业在经历了较长一段时间的大规模并购后,文化产业市场资金量和企业进入量急速增加。目前我国文化产业投资市场仍处于初级发展阶段,整体并购规模处在高位,预计今后将逐渐趋于平稳发展。

与前述文化产业投资基金的投向领域类似,2014年并购事件也主要发生在影视传媒、游戏动漫、移动互联网、教育培训和旅游户外5个行业板块,其中影视、新媒体板块是并购的热点领域,55起事件的并购金额达450亿元,占并购总金额的45%。并购金额超10亿的事件有28起,总金额达680亿元,占并购总金额的67%,并购事件主要分布在影视传媒和游戏动漫领域(如图6)。

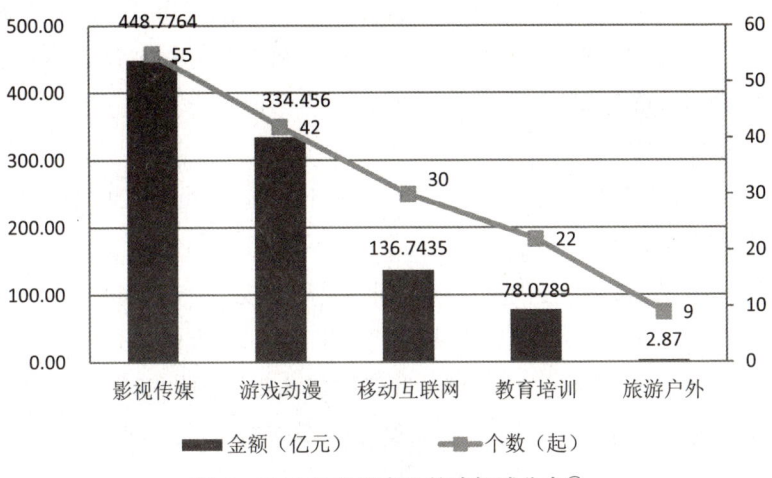

图6　2014年文化产业并购领域分布①

目前,我国文化产业的范围很广泛,从并购标的所属细分行业,可大致将其分为四个板块,分别为:影视传媒、游戏动漫②、移动互联网和其他③。

(1)影视传媒板块

近年来,影视传媒板块并购重组在资本市场中较为活跃,2013年仅A股文化传媒板块就有56个并购案例,涉及金额近400亿元,该板块市值增长了

---

① 《2014新增文化产业基金51支 移动互联网投资炙热》,中国经济网,http://www.ce.cn/culture/gd/201412/30/t20141230_4230756.shtml。
② 包括网络游戏与手机游戏及相关娱乐软件。
③ 包括广告、出版、有线和卫星电视、教育服务、文化旅游等。

106.31%；从 2013 年至 2014 年 4 月 5 日，影视产业板块中并购项目共 25 起，并购金额超过 100 亿。从并购项目的控股率看，在 25 起并购中，有 20 起并购属于控股型并购，控股率达到 80%，而达到 100%控股的并购为 10 起①。从具体的并购项目看，仅有一项并购涉及的是影院并购②，其余皆为影视内容制作公司③。同时，不同于往年的影视产业并购，2014 年以来的影视产业并购、整合除了量的增长外，由国内上市公司主导的影视业并购正在大踏步向业外扩散、蔓延④。

(2)游戏动漫板块(包括网络游戏与手机游戏及相关娱乐软件)

从 2013 年至 2014 年 4 月 5 日期间，游戏板块的并购为 20 起，总额为 237.96 亿元。虽然数量不多，但项目涉及金额较大⑤。同时，其事件领域更多向移动端手游迁移，拥有内容创新的小型游戏团队或者是游戏工作室越来越受文化产业资本的偏爱。此外，游戏行业是文化产业外企业进入文化产业的高发领域，且这些买方企业偏好 100%收购，进入文化产业的愿望要远超出对游戏行业本身"内容为王"的考量，由此，跨界并购现象在游戏行业中较为明显且并购规模较大，其并购金额基本都在 10 亿以上⑥。

(3)移动互联网板块

近年来，互联网科技对文化产业的影响得到了充分体现。文化传媒行业出现结构性投资机会，高科技含量的文化企业如网络新媒体等随之成为文化产业领域投资热点。2012 年，国内移动互联网相关产业规模已经超过 9000 亿元，3G 用户达到 2.3 亿，整个移动互联网进入高速发展期，巨大的成长潜力吸引大量资本进入，投资活跃度保持上升，移动互联网成为最大的投资热点。2012 年至 2013 年上半年，移动互联网行业初创期投资案例数为 118 起，披露投资金额

---

① 《文产并购：揭秘隐藏估值陷阱 游戏行业泡沫最大》，中国科技网，http://www.wokeji.com/kjwh/whzx/201404/t20140414_688879.shtml。
② 即新文化并购的兰馨影院 60%股权。
③ 如：2014 年华策影视(代码：300133.SZ)拟以 1.04 亿元投资收购北京合润德堂文化传媒股份有限公司 20%股权，以及 4000 万元收购高格影视 18.1%股份；阿里巴巴以 62.44 亿港元收购影视文化公司文化中国(代码：01060.HK)60%的股份；华录百纳(代码：300291.SZ)拟以 25 亿元收购蓝色火焰等。
④ 如：熊猫烟花(代码：600599.SH)以 5.5 亿元收购华海时代影业传媒有限公司，湘鄂情收购中视精彩、笛女影视收购两家影视公司 51%股权、中南重工(代码：002445.SZ)以 10 亿元收购大唐辉煌等。
⑤ 同脚注①。
⑥ 如：张化机(现已改名"天沃科技"，代码：002564.SZ)收购 5173 游戏网、松辽汽车(代码：600715.SH)收购上海都玩网络、大东南(代码：002263.SZ)收购上海游唐网络、巨龙管业(代码：002619.SZ)收购艾格拉斯科技等。

3.74亿美元;仅2013年上半年投资案例数即有60起,披露投资金额1.29亿美元①。

(4)其他板块(包括广告、出版、有线和卫星电视、教育服务、文化旅游等)

以并购标的属于传媒广告影视娱乐行业来计算,从2012年7月1日到2013年间,A股上市公司中提出并购申请的(含已完成及停止实施)、交易金额在5000万元以上的,共计41起;交易金额在10亿元以上的达11起,涉及金额206亿元,占总金额的近85%②。从2013年至2014年4月5日期间,广告行业的并购高达28起,并购总额为349.29亿元,超过50%控股的收购为14起,控股率为50%,其中100%收购广告公司的为8起。

在火热的并购后,企业还是要回归到正常的经营中去,并购只是迈向未来发展的起步,从长期持续发展的角度来看,文化产业投资与并购领域存在一些值得反思与警惕的地方:其一,文化企业是以人为本的无形资产主导型企业,其核心竞争力在于内容和创意,依赖行业内专业人员经营管理至关重要,否则即使有更多的资本投入,也不能保证就会有相应的价值产出,特别是文化产业外企业进行跨界并购时,"门外汉"在后期合理的整合经营,是无法用资本的投入多少来衡量的;其二,在目前大量参与文化产业并购的资本中,除BAT等互联网企业通过文化产业的并购来展开文化产业的整体布局外,也存在上市企业想依靠介入文化板块来提升股价、从而盲目参与文化产业并购的情况,投资者需要警惕资本的炒作;其三,文化产业企业多为轻资产公司,目前在文化产业的并购中,并购估值增值率普遍较高,基本都在200%以上,有些甚至高达800%,需要警惕目前文化产业并购中的泡沫。

(二)美国文化产业投资与并购市场

美国文化产业发展及繁荣主要体现在六个方面:一是文化艺术产业;二是图书出版产业;三是电影电视产业;四是传媒集团产业;五是音乐唱片产业;六是旅游游乐产业。总体而言,当今世界上,美国文化产业发展处于顶峰,他国难以望其项背,其文化产业主要形成了以下几种投融资形态:

---

① 《移动互联网进入并购时代》,中国产经新闻网,http://www.cien.com.cn/html/Home/report/88939-1.htm。
② 《文化业并购"大块头有大智慧"》,新浪网,http://finance.sina.com.cn/stock/t/20131007/061816912314.shtml。

1. 多元化的混合资助方式

文化产业有公益性和营利性领域之分,美国政府对于文化产业的支持主要表现在其对于非营利性的艺术领域的支持,即对文化传承的支持。其资助方式主要采用的是多元的混合资助方式,这种资助方式除了政府直接对公益性的文化领域提供支持外,还积极地引导配套的社会资金及产业资金。政府通过对公益性文化领域的投入,一方面完善了整个文化创意产业发展的基础,使它的增长空间更大;另一方面也实现了国家艺术文化政策的目标。

美国政府对于文化艺术的资助一般不会超过文化组织所得的20%,其余部分则必须由申请者从政府机构以外筹集。美国政府尤其注重通过法律法规和政策杠杆来鼓励各州、各企业以及全社会对文化事业进行赞助和支持,要求各州、各地方拨出相应的地方财政经费与联邦政府的文化发展资金相配套,并明确规定与文化公益事业相关的单位或群体一律享受免税待遇。

美国的文化团体和个人从社会各界得到的捐赠,数倍于联邦政府和州政府财政拨款,因而可以看作是另一种形式的政府投入。例如,纽约具有国际水准的新美术馆,是当代艺术的主要展场。它的资金来源包括纽约市政府文化局、纽约州政府艺术局、联邦美术馆和图书馆协会,这部分是政府拨款;它还接受大企业基金会如菲利斯摩里斯烟草公司基金会、美国运通基金会、大通银行基金会等的资助;同时它还接受老牌基金会(沃霍尔基金会)、梅隆(银行业)、卡内基(钢铁业)基金会和新贵中的诺顿基金会的资助;最后,就是社会上富有的个人的捐助和普通人的捐助(门票和购物)。

另外,美国的文化产业还得益于财团的资助。二战后美国形成的洛克菲勒财团、摩根财团、第一花旗银行财团、杜邦财团、波士顿财团、梅隆财团、克利夫兰财团、芝加哥财团、加利福尼亚财团、得克萨斯财团等十大财团中多数财团都与文化产业有着千丝万缕的联系。以传媒为例,美国的主流媒体大多由各大财团控股,依靠财团巨大的财力和其他资源维持其运营。以美国通用电器公司(GE)为例,通用电气是一家老牌的多元化公司,从飞机发动机、发电设备到金融服务、电视节目制作等等均涉及,美国战斗机F-15采用的也是通用电器公司生产的发动机,美国国家广播公司(NBC)就是通用电器旗下的一家子公司。NBC作为美国第一家广播电视网,拥有和运营13家电视台,在美国收视率一直位居前列,而通用电器公司又是由美国老牌财团摩根财团控股的。通过与财团的合作,美国文化产业获得了发展所需要的大量资金。

2.通过金融制度创新筹措资金

美国金融制度的不断创新为文化产业发展注入了大量的资金。以电影业为例,如美国于1995年将投资组合的理论运用于电影投资,一个投资组合中通常包括20—25部风格不同的电影,极大地压低了投资人的风险,从而使得保险资金和退休资金蜂拥而至。2004年华尔街的私募基金也加入到电影投资的大军中,以电影投资基金的方式出现。如2005—2006年,Gun Hill Road 分别向索尼和环球提供7.5亿美元和5.15亿美元,Magic Films 投资给迪斯尼5.05亿美元,而华纳兄弟和福克斯分别获得来自 Legendary Pictures 和 Dune Capital 的5亿和3.25亿美元资金,Melrose Investment 投资3亿美元给派拉蒙。美林的研究报告显示,在适当的财务杠杆结构下,类似基金的平均回报率超过20%,同时电影回报和宏观经济、股市的关联性较小,对基金具有很大的吸引力。电影投资基金的募集通常是由私募基金以高收益债、低收益债和优先股等不同品种的金融产品吸引风险承受能力不同的投资者来完成,例如由派拉蒙牵头设立的 Melrose Partners 募集了2.31亿元,融资操作人美林将 Melrose Partners 切成高收益债、低收益债和优先股三块,分别吸引不同的投资者:银行投资主要债券,机构投资者以500万或1000万美元为单位投资风险较高的品种。其具体融资方式有以下四种:

(1)股权融资。融资时间通常在5—7年之间,片商一般会和投资方协议在特定的时期内回购融资方的股份,既保全影片版权的完整,又保证投资方良好的退出通道。

(2)夹层融资。一般采取次级贷款的形式,也可采取可转换票据或优先股的形式。夹层次级贷款期限较短,一般为几个月。投资方要求制片商找一个权威性的销售代理商,评估未完工影片可能的未来收入,核定贷款额度,同时有专门的保险公司承保,为银行提供完工保证,制作公司将制作费的2%—6%支付给保险公司。

(3)优先级债务贷款。制片商把地区发行权卖给指定地区发行商时得到"保底发行金",这相当于发行商的预支。优先贷款实际上是以预售发行权合约为担保,以保底发行金为还款来源。

(4)发行 AAA 级债券。一般由投资银行以影片的 DVD 销售收入和票房收入为基础资产,向投资者发行证券化产品。

(三) 韩国文化创意产业投资与并购市场

1. 政府投资发展

韩国文化创意产业的发展一直在韩国政府的主导下进行,其融资模式最主要的是政府的直接投资。"文化立国"的提出标志着韩国政府意识到文化创意产业的战略性发展是提高韩国国民生产总值的突破点,韩国政府设立的"文化产业基金"对文化创意产业的投资提升到国家预算的1%。自此之后,韩国政府连年增加文化创意产业财政预算,从1998年的2.2%,到1999年的11.7%,发展至2011年,韩国文化创意产业财政预算创韩国政府历年文化创意产业财政预算新高,达到三兆三点七零九亿韩元。韩国司法委通过相关提案,决定2012年韩国政府基于以往文化产业发展业绩以及未来文化产业发展前景,对文化创意产业加大投资预算,尤其是对占据销售额主要部分的网络游戏业进行更大力度的扶持。届时,韩国政府将成立高达1700亿韩元的包括出口转向基金在内的扶持基金,用以发展在全球范围内建立韩国文化产业体系。由此可见,在韩国文化创意产业的发展过程中,政府的直接投入是文化创意企业融资的最主要来源。

2. 完善的资金扶持体系

除了对文化创意产业的直接投资外,为更好地促使文化创意产业的蓬勃发展,韩国政府对资金投放的领域和方式的选择也对文化创意企业形成了多层次完善的资金扶持体系。例如,韩国政府为促进游戏、影视等文化创意产品的出口,专门设立了影音分轨公司,以政府补贴之方式全额资助将出口产品由韩文翻译成外文,并因此提高了出口贸易额;韩国广播文化交流财团设立支援计划,为年产量过千的大型出口影音制作公司提供支持,支持其影音制品的制作费用以及韩国影音制品的出口外文制作费。韩国政府还设立了诸如文化产业振兴基金、广播发展基金、电影振兴基金和出版基金等文化创意产业专项基金,用以扶持韩国文化创意产业之发展。韩国文化振兴院也广泛动员民间资本参与政府财政投资,共同运作来支持韩国文化创意产业之发展,将其称之为文化产业专门投资组合,并且成功融得几倍于政府财政投资的民间资金,保障了文化创意产业的发展。

3. 三大文化产业投资基金

正在运营的韩国文化产业投资基金主要有3个:Global Contents Korea 基

金、威凤堂堂基金以及文化账户内容基金。它们同以母基金的形式运营。目前，这三只基金的主要投资领域涵盖影视剧、动漫、漫画形象、游戏等文化创意产业。由于所投项目风险较小，几年来经营业绩良好。尽管个别项目出现过亏损，但整体都处于盈利状态。

上述3只文化产业投资基金都是以政府和民间共同出资的形式进行募集的，基本上是50%的资金源于政府，50%源于民间。最后，通过公平竞标的形式选择民间的基金管理公司进行管理，完全市场化运作。此外，这几只文化产业投资基金并非只局限于韩国国内。只要有韩国公司参与的项目，如中国电影集团公司与韩国某个动画公司合作的项目也可以申请这几只基金。当然，外国的资本也可以加入到这个项目中来。

在基金的风险管控方面，这3只基金和普通的基金管理条款相似。如果项目盈利，公司向政府支付事前约定的投资收益，再对剩下的利润进行分配；如果项目亏损，公司则要先向政府基金归还约定比例的资金，再自行消化剩下的损失。

(四) 日本文化产业投资与并购市场

文化产业是日本经济发展的主要支柱产业。它通过对本国文化资源的充分挖掘，进行市场运作，主要包括休闲、娱乐、博彩、旅游、参观、博览会等方面。日本在1995年确立了"文化立国"方略后，文化市场成为日本发展潜力大、增长速度快的重要经济领域。在400家财力最雄厚的日本公司中，文化企业占81家。日本文化产业相当发达，主要体现在它不仅拥有较大的市场份额，更在于能充分把握时代的脉搏，运用数字技术，利用创新思维创造出具有市场竞争力的文化产品。总体来说，日本文化产业投资主要有以下三种模式：

1. 中央政府增加财政投入

自2007年起，日本中央政府对文化产业财政投入金额逐年增加，从1016.5亿日元猛增至2012年的1170.9亿日元，比2011年增加了13.5%，这一增幅可谓达到了日本文化厅财政预算的历史最高水平。以动漫产业为例，日本文化厅设立了"资助影视制作"、"资助影视作品上映"等项目，在其中的"文化艺术振兴费补助金"项目中明确规定："在文化厅预算范围内，文化厅可以向动漫制作人、动漫监制人以及作家等提供剧本创作的支持，支持有助于提高地区知名度的动漫创作活动。"

2.政府与民间资本共同资助

日本政府创立了各种基金会,引导民间资本资助文化产业。如1991年3月成立了由政府和民间共同出资的"艺术文化振兴基金",共筹集资金约653亿日元。其中,政府出资为541亿日元,民间资本为112亿日元。"艺术文化振兴基金"用于向艺术文化活动提供资金援助,艺术文化活动主要包括艺术家及艺术团体的创作活动、地方文化公演及艺术品展示等。

3.设立文化产业专项基金

为了支持文化产业的发展,日本文化厅设立了文化产业专项基金,专门用于支持地方文化产业特别是观光产业的振兴事业。文化产业专项基金除了支持地方文化产业发展之外,还有一部分用于支持在海外举办电影节、艺术展览、与海外联合制作文化艺术作品、交流文化遗产和建立海外文化艺术宣传中心等。此外,日本还成立了"东京多媒体基金Ⅰ"、"东京多媒体基金Ⅱ"、"《怪盗佐萝莉》项目"、"动画片基金"等4项专项基金,专门用于动漫、游戏、音像等文化产业项目的开发。

三、文化产业投资并购模式与发展趋势分析

(一)主要投资与并购模式解析

在国家经济中长期广阔的发展前景下,我国文化产业中的投资与并购模式也不断丰富。

1.非上市公司股权投资

非上市文化企业融资的重要手段之一为股权融资,通过股权融资可以有效解决文化企业轻资产特性下难以获得普通债权融资的困境。随着资本市场对文化企业开放度不断提高,股权投资基金以市场化形式助推文化企业上市也已成为文化产业领域的新趋向。在投资机构中,不乏深创投、中科招商、达晨创投、红杉资本等一些知名股权投资基金。

案例一:弘毅投资凤凰传媒

凤凰出版传媒集团与弘毅投资于2008年5月26日签订了《江苏省新华书店集团有限公司增资协议》,弘毅投资向公司增资48,146万元。增资后,出版

集团和弘毅投资分别持有集团公司90%和10%的股权。2011年11月30日,江苏凤凰出版传媒股份有限公司在上交所上市,发行股票5.09亿股,每股发行价为8.8元,弘毅投资账面投资回报约13.2亿元。

凤凰出版传媒集团弘毅投资提供资金进行高管及高技术人才的聘用、产业整合以及新产品的开发,增强了公司的运营能力。而弘毅投资也通过提供资本助力获取了丰厚的回报。

案例二:金石投资入股人民网

2010年12月,金石投资出资1500万元认购人民网207.3万股,所占股比为1%。2012年4月27日,被称之为"官媒第一股"的人民网登陆上交所,发行价格为20元/股,开盘首日大涨73.6%。金石投资人民网账面退出回报为4146万元,账面回报率1.76倍。

"人民网"通过借助"金石投资"渠道优势顺利上市,金石投资通过参股知名公众文化企业,在获利的同时,增加了自己在业界的声誉。

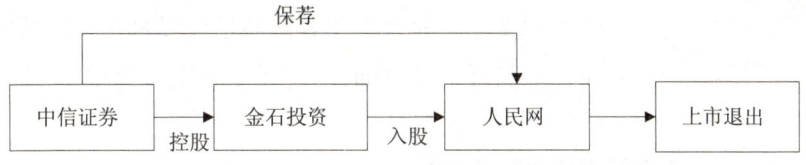

图7　金石投资"投资+保荐"全链服务人民网上市

2.上市公司定增投资

截至目前,A股文化产业相关上市公司已超过30家,对这些上市文化企业而言,非公开发行融资为其重要的融资渠道之一。Wind统计显示,2014年以来,文化传媒行业上市公司有8家公布了定增预案。择优参与A股文化产业相关上市公司定向增发,一方面可直接分享文化产业长期增长的收益,另一方面也为这些文化企业的发展壮大解决了其资金诉求。

案例:电广传媒定向增发

2012年10月,电广传媒(证券代码:000917)公布了非公开发行预案,拟向大股东及公众投资者募资不超过53亿元,用于"建设下一代广播电视网,实现全业务运营升级改造项目"和偿还银行贷款等项目。2013年12月,电广传媒增发,发行价格13.19元/股,共有广发证券、新华基金、财通基金、国华人寿保险等7家外部机构投资者参与了增资,锁定期为1年。2014年12月,电广传媒定增股票解禁,较之 1 年前增发价格已溢价近 30%。

3.并购

近两年来,文化产业中并购频发。2013 年文化产业发生 96 起并购事件,并购金额 500 亿元;2014 年截止到 12 月 20 日,文化产业共发生并购事件 159 起,并购总规模达 1000 亿元人民币。文化产业出现并购火热局面主要有以下几方面原因:其一,文化企业自身有"做大做强"的需要,尤其是上市后的文化企业拥有充足资金后必然会通过一系列并购行为迅速进行战略布局,以弥补自身"短板",扩大业务版图,捍卫自己的龙头地位;其二是如高金食品、中南重工等部分传统企业,行业不景气、经营困难较大使企业迫切需要转型,出于转型的需要,而转向文化产业符合政策导向且可带来新的增长点;其三是互联网企业由于线上线下"全产业链"经营的需要,开发文化产业的增值服务和衍生产业,以进一步放大收益。

按并购方的支付方式,并购可以划分为现金收购、股票收购、现金与股票结合收购几种。其中,未上市的文化企业受限于其股票的流动性不佳、价值较难判断等因素,施行并购通常采取现金收购的方式,而上市文化企业的并购方式则更加多样。

案例一:蓝色光标收购思恩客(现金收购)

北京蓝色光标品牌管理顾问股份有限公司("蓝色光标",代码:300058)成立于 1996 年,2010 年正式登陆创业板,成为中国国内首家上市的公共关系企业。其主营业务为公共关系和广告策划。2008 年以来,为积极推进蓝色光标向专业传播集团发展的长期战略,蓝色光标共计参与实施并购案例 22 起,堪称行业内的并购先锋。它先后收购了广告、咨询、网络营销、文化传播、软件行业等多家企业,营业收入从最初不到 5 亿元增长到 2014 年 9 月份的 41 亿元。2011—2013 年,股价从 30 元左右一直涨到接近 70 元,涨幅超过 130%。

蓝色光标以内生式成长与外延式发展的"双轮发展"战略,依靠并购手段不断发展壮大的经验较具代表性。其初期并购资金主要源于超募资金,后期主要以"现金+股票"结合的方式。以下主要介绍其现金收购思恩客的全过程。

思恩客公司在网络游戏广告领域在行业排名前两位,而即使在整个互联网广告领域,其规模也可以排进前 10 名。蓝色光标对思恩客的收购可弥补其内生增长空间有限的缺陷,迈出向互联网营销领域进军的战略转型步伐。蓝色光标全资控股思恩客共分三个阶段完成:第一阶段,2011 年 3 月 16 日,蓝色光标用人民币 2400 万元超募资金以"收购原股东股权+增资扩股"的方式投资思恩客,取得 10% 股权;第二阶段,2011 年 4 月 25 日,蓝色光标以人民币 9840 万元超募资金,透过全资子公司上海蓝色光标公关服务有限公司收购思恩客原股东股权 41%,收购完成后,蓝色光标共持有思恩客 51% 的股权;第三阶段,2012 年 3 月 30 日,蓝色光标以人民币 19,019.84 万元,透过全资子公司上海蓝色光标品牌顾问有限公司收购思恩客原股东股权 49%,收购完成后,思恩客成为蓝色光标全资子公司。

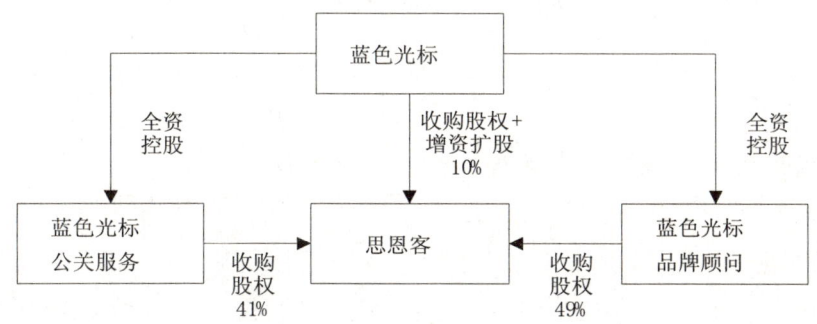

图 8　蓝色光标现金收购思恩客

案例二:蓝色光标并购今久广告("现金+股票"收购)

北京今久广告传播有限责任公司(简称"今久广告")为本土领先的综合类广告公司,除面向客户提供媒介代理购买服务外,还提供广告全案代理服务和公共关系服务,自 1995 年成立以来积累了绿地集团、华润置地等大批的核心集团客户,并凭借其广告采购规模成为《北京青年报》《京华时报》等中国主流报刊媒体的核心合作伙伴。

今久广告的主营业务与蓝色光标现有资源具有一定的重叠性和相关性。通过对今久广告的收购,蓝色光标可整合自身与今久广告的客户、媒体及其他供应商等方面的资源,实现协同效应,从而在业务规模、盈利水平等方面得到大幅提升。

2011 年 7 月,蓝色光标、上海蓝标与今久广告的股东们签署了《现金及发行股份购买资产协议》。交易的具体方案为:蓝色光标拟通过向特定对象非公开发行股份并与支付现金相结合的方式,购买今久广告所有股东方持有的今久广告合计 100% 的股权。交易价款由蓝色光标采取两种方式支付:(1)蓝色光标通过其全资子公司上海蓝标以现金方式向王建玮支付 10,875.00 万元以收购王

建玮持有的今久广告 25%的股权;
(2)蓝色光标向今久广告除王建玮以外的其他股东非公开发行合计 10,672,224 股股票以收购今久广告其余 75%的股权。

交易完成后,蓝色光标直接持有今久广告 75%的股权,通过其全资子公司上海蓝标持有今久广告 25%的股权。

4.借壳上市

借壳上市通常是指非上市企业取得上市公司控制权的同时或一段

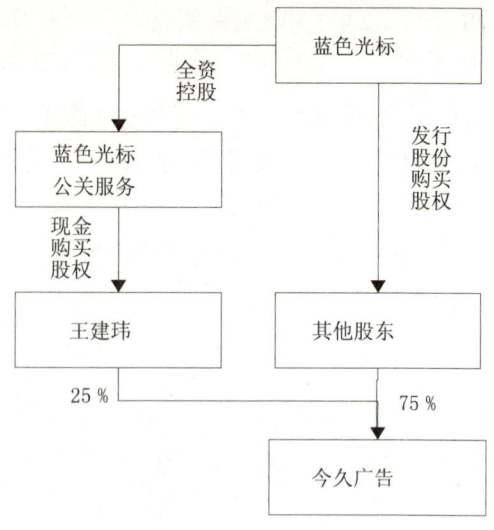

图9　蓝色光标"现金+股票"收购今久广告

时间内,由上市公司收购非上市企业股权、资产、业务,从而实现非上市企业完成上市程序的方式。借壳是许多文化企业上市的途径之一,如博瑞传媒、新华传媒、浙报传媒、长城影视等等。以下主要介绍长城影视借壳的全过程。

案例:长城影视借壳江苏宏宝

江苏宏宝主营业务为五金产品,盈利水平连年低迷甚至亏损,使公司早已萌生转型意图。2010 年和 2011 年公司先后设立江苏宏宝光电科技有限公司和江苏宏宝光伏系统有限公司,从事太阳能硅片、组件生产和太阳能光伏发电系统的运营,试图将公司业务向新能源行业转型。但光伏行业发展进入低谷,且持续处于低迷状态,公司投资的太阳能硅片、组件项目,未投产即已产生巨额亏损。于是公司转型新能源失败。在此之际,长城影视借壳实现上市公司主营业务的转型,从根本上改善了公司的经营状况,增强了公司的持续盈利能力和发展潜力。

2013 年 8 月,停牌近三月的江苏宏宝(代码:002071)发布重组草案。江苏宏宝以拥有的全部资产和负债作为置出资产与长城集团等 61 位交易对方拥有的长城影视 100%股份的等值部分进行置换。该重大资产重组完成后,江苏宏宝将持有长城影视 100%的股权,江苏宏宝主营业务由五金产品的生产与销售转变为电视剧的投资、制作与发行及其衍生业务。

本次交易的置出资产参照资产基础法的评估值,作价为 39569.26 万元,本次交易的置入资产——长城影视 100%股份按收益法的评估值作价为 229051.76 万元。置入资产作价超出置出资产作价的差额部分,由江苏宏宝向长城影视全体股东按其持有比例发行约 3.41 亿股股份购买。

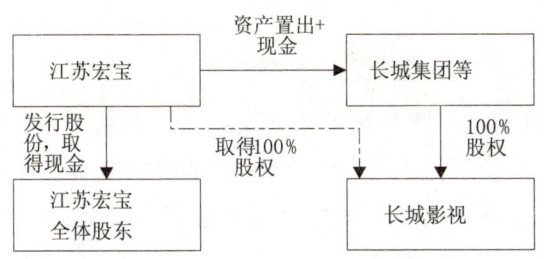

图 10　长城影视借壳江苏宏宝

5.影视剧投资

伴随电影电视剧行业的快速增长,以单个电影/电视剧作为投资标的、就单片的制作与发行签订收益分成协议,也成为近年来的较具代表性的投资模式之一。通过收益分成方式投资于具体影视剧标的,相对简单明了,可规避投资于企业股权所涉及的对企业历史沿革、治理结构、主要资产、或有负债等更为复杂的尽调与苛刻的要求,降低了投资门槛,并较大地简化与加快了投资流程。以下主要介绍 2014 年国产片票房之首《心花路放》的投资情况。

案例:北京文化投资《心花路放》

2014 年 7 月,北京京西文化旅游股份有限公司(北京文化,代码:000802)下属子公司北京摩天轮文化传媒有限公司(简称"摩天轮文化")与北京映月东方文化传播有限公司、东阳坏猴子影视文化传播有限公司和中国电影股份有限公司北京电影发行分公司签署《心花路放》发行协议,参与电影《心花路放》的发行,负责该电影的宣传,总投资金额不超过 1.25 亿元。协议约定扣除制作费、发行代理费、宣传费、院线分红等后的片款的 25%由摩天轮文化取得。

《心花路放》上映后,票房总计 11.67 亿元,在北京文化公布的 2014 年度报告中,影片《心花路放》确认收入 1.91 亿元。

(二)未来发展趋势畅想

自 2010 年以来,我国文化产业虽然有了较大发展,但是文化产业大的格局并没有发生变化。从目前来讲,我国文化产业业务稳定性偏弱,与之相关的服务体系、管理模式并不成熟,市场规模不大,人才相对缺乏,产业内许多公司还处于小而散的状态。同时,产业内企业业务模式单一,抗风险综合能力弱。而随着产业的发展,以上因素都在客观上推动着行业进入大规模的资本整合期,最终,伴随行业集中度的提升,一些专业的、大型的、具有优秀运营能力的公司将存活下来。

1.未来文化产业投融资体系将不断完善

就当前我国文化产业体系发展现状来看,一是当前文化体制改革尚未完全完成,不少优质文化资源仍未能进入市场,产业投资基金的投资对象还有待进一步扩大;二是从发达国家经验来看,文化产业投资基金的发展离不开财政、税收等方面的政策扶持,而目前我国还缺乏完备的相关政策;三是退出机制尚不完善,投资者无法获取高增长阶段的高利润,影响文化产业整个投融资体系的健康发展。

我国近年来力求在文化软实力上的话语权,除了进一步出台相关政策鼓励产业发展外,也在大力支持国有文化传媒集团、投资机构或金融机构、文化企业集团积极组建文化产业投资基金,进一步加强在政策环境营造和产业基金投资导向上的作用,不断完善文化产业投融资体系,保证市场的发展活力。具体措施如下:

第一,完善退出机制,即加快完善主板、中小板、创业板、新三板以及股权交易中心、产权交易市场等多层次的资本市场,畅通文化产业基金退出路径。第二,完善财税制度,即对文化产业投资基金投资新兴文化业态、小微文化企业等予以支持。第三,推动文化产业投资基金与银行、担保、保险等机构合作,建立适合文化企业生命周期发展的融资体系。第四,建立文化产业知识产权评估体系和文化企业信用评级体系,从而为文化企业知识产权资产化、证券化、文化企业的融资信用等级提升等提供专业中介服务。同时,产业投资基金应参与企业管理,为企业发展提供各种战略资源和后续增值服务,使文化产业投资基金不仅成为一个资本运作平台,还作为一个资源整合平台,汇集各类文化企业资源并进行有效整合,从而促进文化企业持久发展。

2.并购将加速文化产业行业整合步伐

随着文化企业壮大自身的并购诉求不断加强、传统行业企业跨境并购越来越多地涉足文化产业,文化产业掀起并购的浪潮,文化产业并购的资本推手也逐步增多。[1] 在这些文化产业并购力量的作用下,文化行业的整合将加快。企

---

[1] 如:掌趣科技以1亿元投资华泰瑞联并购基金;华泰证券旗下的华泰瑞联并购基金首期募集规模10亿元;乐视网与乐视控股共同发起设立领势投资基金,总规模预计5亿~10亿元人民币;互动娱乐与复星瑞哲合作拟共同发起设立两个投资平台,并购、投资符合公司发展战略需要的企业以及上下游企业;楚天高速全资子公司与天风证券股份有限公司进行合作,共同发起产业并购基金等。

业并购活跃和政策支持是文化产业发展的核心驱动力,在未来的几年内,我国文化产业公司之间的并购或是互联网等企业进入文化传媒产业将处于高潮期。文化产业并购市场的活跃,将促进行业中企业间的优胜劣汰,提高行业集中度,从而提升行业整体实力,最终形成一批大型文化产业集团。同时,还将推进传统文化产业与新兴产业的融合。

3.投资与并购市场将趋于理性而活跃

根据前述发展现状来看,近几年,文化产业基金的投资与并购事件发生领域主要集中在影视产业、游戏和娱乐类,产业基金同质化问题严重。究其原因,一是目前国内文化产业企业整体不成熟,具备投资潜力的企业数量有限,企业文化创意不足、产品生命力较短、盈利模式不够清晰,故而使得国内文化产业投资资金与可投项目之间整体处于供大于求的局面;二是从投资人角度看,资本的逐利性使其大多数偏好投资于未来两三年能上市的成熟企业,但与之相对的,文化产业市场化进程相对较晚,规模化和商业模式成熟的企业不多,成长性也都普遍较弱,大多数企业很难短期内出现爆发性增长,因此真正有资金需求的很多中小创业企业仍然很难筹集到资金;三是广电传媒等文化产业的细分领域受政策和行政体制的影响比较大,与此相关的文化产业虽然创新热情较高,但考虑到政策风险,使许多有投资与并购意向的机构也保持观望态度,使资金无法有效到达真正需要资金的文化企业。

"罗马不是一天建成的",上述资金方与需求方的不平衡状况的改变也需要一个较长的演变过程,而我们可以期待伴随着政策、投资对文化产业的支持和关注,文化产业整体板块的发展将得到提升,可盈利板块将不仅仅集中于目前过热的细分领域里,将有更多领域的文化产业企业规模得到提升、盈利模式更加清晰,投资与并购的意向行为也将逐渐趋于理性,使文化产业得以稳健发展。

(吴江:中国东方资产管理公司股权投资部董事总经理,经济学博士,金融学博士后)

NO.3

专题篇 >>>

第 十 章　文化类上市企业资本运营模式与案例分析　　　刘德良

第十一章　文化产业园区文化金融服务模式研究　　　　王昱东　殷欧阳

第十二章　文化产业海外投资分析报告　　　　　　　　刘德良

第十章
文化类上市企业资本运营模式与案例分析

○刘德良

随着我国文化产业的不断发展壮大,越来越多文化类企业走向了上市的道路,因此,资本运营模式对于文化类上市企业的重要性也逐渐显现。资本运营模式是企业在资本市场的实践过程中形成的一整套成熟的、行之有效的完整资本运作方法,其目的是通过一系列的资本运营手段,达到提高公司的整体规模和经营效率、实现资本的保值增值并且提高市场的竞争力。虽然我国的资本市场已经日趋成熟,但是作为我国资本市场的新兵,大多数的文化类上市企业对于资本运营模式的理解以及运用还存在着理解上的偏差或者运用上的不当,缺乏经验。本文在总结分析我国文化企业上市(2006—2014年上市)的整体态势及其上市后投融资现状的基础上,对已经上市的文化类企业目前普遍采用的资本运营模式进行了具体的分析和评价,并强调了不同模式的适用性;最后针对各重点领域的典型企业的资本运营路径进行了整体归纳分析。

一、我国文化类上市企业总体概况

随着我国经济的全面发展,文化产业作为蓬勃发展的朝阳产业日益受到国家的高度重视,文化产业已成为国民经济的重要组成部分。近几年,文化企业发展较快,积极接触资本市场,众多文化企业相继启动上市事宜。从实践看,上市方式主要涉及 IPO 上市和借壳上市两种,在国际证券市场上偶尔还会有介绍上市[①]方式。

(一)上市文化企业共计87家,募集资金近800亿元

据不完全统计,2006—2014年,我国共有87家(披露金额的共计80家)文

[①] 即 way of introduction,一种无需 IPO 直接申请上市的方式,只在境外某些证交所适用,我国第一家在美国以这种方式上市的是"中国手游",也是迄今为止唯一一家。

化企业成功上市。累计融资额达1908.7亿元人民币。另外,从上市活跃度来看,2010年上市活跃度最高,其新增上市文化企业数达21家。受境内IPO冰封影响,2013年我国上市文化企业增加值较低。随着IPO的正式重启,2014年我国上市文化企业开始增长。从融资规模来看,2014年以1402.39亿元的规模排名第一,占比为73.47%,且其单年融资规模远高出前几年之和。

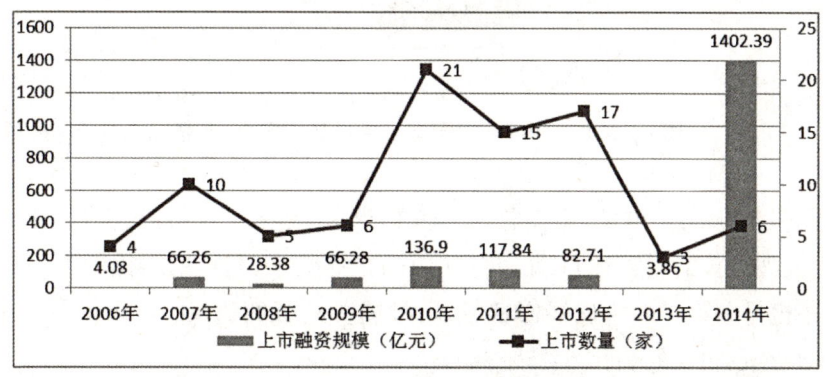

数据来源:新元文智 www.cciresearch.cn

图1 2006—2014各年度我国文化企业上市情况对比

(二)超四成的文化企业纷纷选择境外上市渠道且上市方式除了IPO外,还有少部分选择借壳上市与介绍上市

据不完全统计,2006—2014年,我国文化类上市企业有57.47%选择境内上市,共计50家;42.53%的企业纷纷通过纽交所、纳斯达克、港交所登陆境外资本市场,共37家。从整体来看,文化企业较热衷的上市渠道主要为深交所,共计40家,所占比重为45.98%。其次是纽交所,共计14家,占上市总数的16.09%。另外,近几年我国文化企业所选择的上市方式主要涉及IPO(77家)、借壳上市(9家)、介绍上市(1家)三种,其中88.51%的文化企业选择IPO,10.34%的文化企业选择借壳上市,仅有1.15%的文化企业选择介绍上市。

(三)网络新媒体领域的文化企业上市活跃度及融资额均居首

调查显示,2006—2014年我国上市的文化企业主要分布于游戏动漫(8家)、广播影视(17家)、广告营销(10家)、旅游休闲娱乐(4家)、软件信息服务(11家)、网络新媒体(20家)、文化用品生产(4家)、新闻出版(12家)、文化专用设备制造(1家)九大领域。其中,76.12%的融资额隶属于网络新媒体,该领

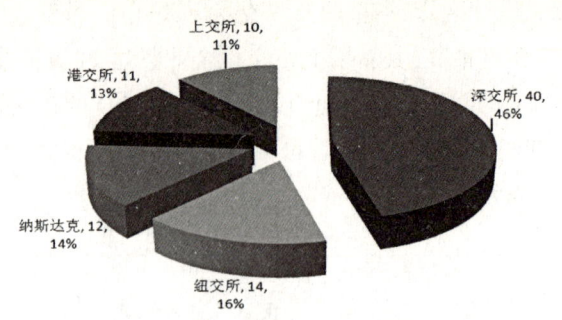

数据来源:新元文智 www.cciresearch.cn

图2　2006—2014年我国文化企业上市渠道分布情况

域披露募集额的达19家,募集总额高达1452.81亿元人民币;其次是新闻出版领域,其披露募集额的有11家,共募集163.5亿元人民币,所占比例为8.57%;融资规模排名第三的为广播影视领域,披露募集额的达14家,募集资金总计128.78亿元人民币,占比6.75%。

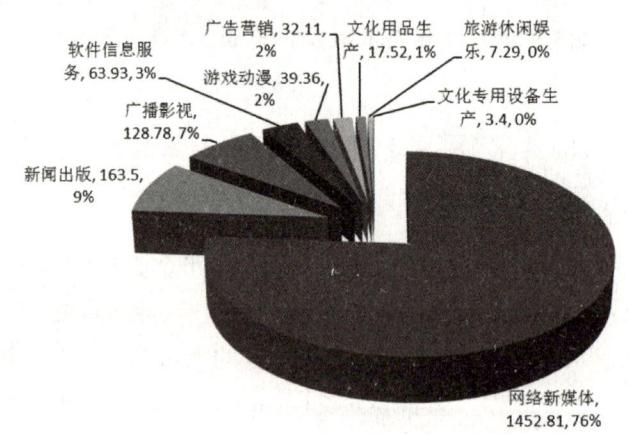

数据来源:新元文智 www.cciresearch.cn

图3　2006—2014年我国上市的文化企业行业分布情况(单位:亿元)

二、文化类上市企业投资状况

我国文化企业上市后主要以股权投资、并购投资、设立基金、定向增发、发行债券及信托计划等资本运营手段为公司资本扩张的主要战略方式。总体情况如表1:

表1 文化企业上市后资本运营手段分类一览表

股权投资	——共计发生100起(94起披露金额)相关事件,投资总规模为305.02亿元人民币,且投资标的辐射多地,初步形成国内以上海为首,海外以香港最受青睐的局面。另外,广播影视业股权投资力度最大且被多领域"混搭";
设立基金	——主要涉及新闻出版、广播影视、网络新媒体、游戏动漫等五大领域的上市文化企业,参投设立基金总数为15支,募集额突破250亿元,在设立形式上主要以"上市文化企业+投资机构"联合为主;
并购投资	——目前跨区域并购浪潮渐起,国内并购标的以北上广为主,海外延伸至美国、韩国、香港等地。涉及资金332.58亿元,且并购投资方超三成为广播影视业,并购标的则多数倾向游戏动漫领域;
债券融资	——主要涉及中期票据、短期融资券、超短期融资券、中小企业私募债四种。发债方以广播影视、旅游休闲娱乐、新闻出版三大领域为主。且逾六成份额为以华谊兄弟、光线传媒和乐视网为代表的广播影视业。
信托计划	——发起方全部归属于广播影视业,发行规模为5.12亿元,且发行年份主要集中在2012年与2013年。

(一)股权投资标的辐射多地,海外占比22.67%且跨界投资趋势明显

1.上市文化企业股权投资额逾300亿元,且2014年占比最高

据不完全统计,截止到2014年底,我国文化企业上市后(2006—2014年上市)股权投资事件共计100起,其中披露金额的达94起,投资总规模折合人民币3050174.14万元,单个投资事件平均规模为32448.66万元人民币。其中2014年投资频率及投资额均居首,分别为46起(占总事件数的46%)、2086321.67万元(占总投资规模的68.4%),且全年投资额更是超过前几年的总和。

2.股权投资标的辐射多地,国内以上海为首,海外以香港最受青睐

据不完全统计,近几年,我国上市文化企业股权投资标的辐射多地,其中国内投资标的涉及上海、北京、广东、浙江等13个省市(较青睐上海、北京等一线城市的企业),股权投资事件共计92起(87起披露金额),涉及总金额为2358809.14万元,占总投资额的77.33%;海外投资标的涉及最多的区域为香港(7起,499520万元),其次是加拿大(1起,112000万元)、英国(3起,72500万元)、新加坡(1起,6400万元)、美国(1起,945万元),股权投资事件共计8起

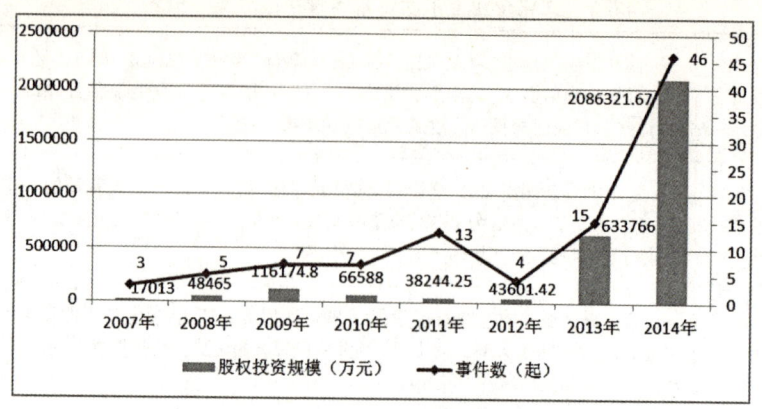

数据来源:新元文智 www.cciresearch.cn

图 4　我国文化企业上市后(2006—2014年上市)各年度股权投资规模情况

(7起披露金额),投资规模为691365万元,占总投资额的22.67%。另外,开展海外股权投资的上市文化企业主要集中于广告营销、网络新媒体、广播影视三大领域,其中广告营销领域投资活跃度最高(5起),网络新媒体以499520万元的投资额居首,占海外投资总额的72.25%。

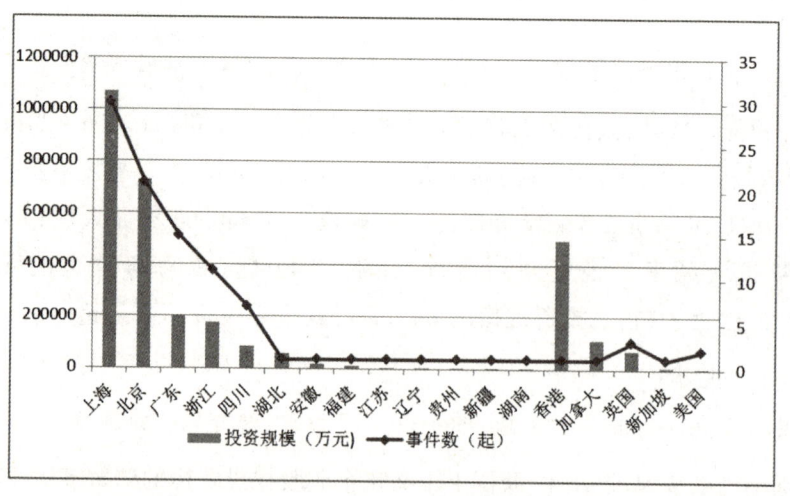

数据来源:新元文智 www.cciresearch.cn

图 5　我国文化企业上市后(2006—2014年上市)股权投资标的分布区域情况

3.广播影视业投资力度最大且被多领域"混搭"

广播影视业投资规模居首,广告营销领域投资活跃度最高。从近几年我国上市文化企业股权投资主体隶属行业来看,主要涉及7个领域。其中,广告营销领域最为活跃,投资事件高达25起(披露金额的达24起),占总融资事件的25%,其次是广播影视业,以23起投资事件位居第二;按投资规模来看,广播影视业居首,涉及金额为1062099.42万元,占总投资额的34.82%,其次是网络新媒体领域,涉及金额为917517.8万元,占总投资额的30.08%;另外,按单个事件投资额来看,网络新媒体领域以101946.42万元排名第一,广播影视以46178.24万元居次席。

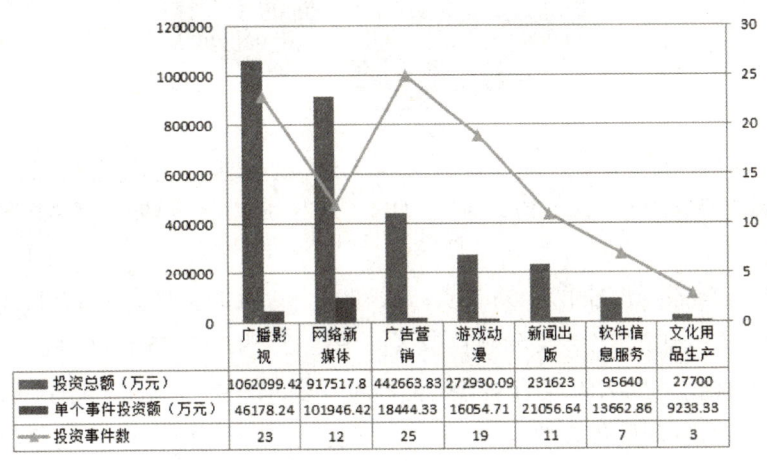

数据来源:新元文智 www.cciresearch.cn

图6 我国文化企业上市后(2006—2014年上市)股权投资主体行业分布情况

跨界投资趋势明显,广播影视业受多领域青睐。另外,据数据显示,我国上市文化企业股权投资标的涉及领域极为广泛,包括广播影视、广告营销、游戏动漫、酒店服务、网络新媒体、软件信息服务、新闻出版、金融服务、教育培训、旅游休闲娱乐、音乐、文化用品生产、汽车服务等13个领域,且各大投资主体跨界投资趋势明显。其中,广播影视板块最受青睐,除了同行业进行横向扩张外,游戏动漫、新闻出版、软件信息服务、广告营销、文化用品生产5大领域都将投资触角频频伸向该领域。据不完全统计,隶属广播影视业的投资标的涉及金额141.35亿元,所占比重为46.34%。

4.三成以上投资事件股权占比在40%—60%区间,投资占股在60%以上的事件数稍次之

据数据显示,在100起股权投资事件中有85起披露了股权占比情况。其中,投资占股在40%—60%区间的事件最多,事件数达28起,占比32.94%,涉

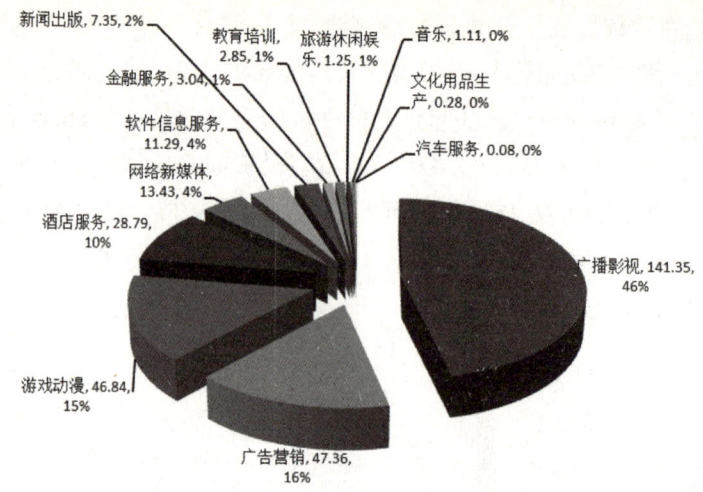

数据来源:新元文智 www.cciresearch.cn

图7 我国文化企业上市后(2006—2014年上市)股权投资标的分布行业情况

及金额42.54亿元,居第三位;投资占股在60%以上的事件数为21起,所占比重为24.71%,居第二,涉及金额在各区间中居首,为181.55亿元;股权占比在20%以下的事件数最少,仅有17起,但涉及金额(42.96亿元)却高于股权占比在40%-60%区间的投资总额。

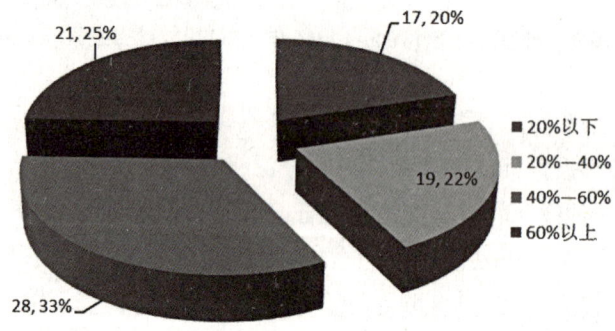

数据来源:新元文智 www.cciresearch.cn

图8 我国文化企业上市后(2006—2014年上市)股权投资占股比例情况

(二)多领域上市文化企业参投基金,且以与投资机构联合的形式为主

1.上市文化企业参投基金共计15支,募集额突破250亿元

据不完全统计,近几年,我国文化企业上市后(2006—2014年上市)参投设

立的基金共计 15 支,其中 9 支披露募集额,总计 253.78 亿元,平均单支基金的募集金额达到 28.2 亿元。另外,从时间上看,上市文化企业 2014 年参投基金最为频繁,共计参投 11 支基金,出资额为 22.35 亿元(10 支披露金额),总募集规模达 139.82 亿元(7 支披露金额)。2011 年虽然参投基金数量较少,但单支基金却以 55 亿元募集额居首位。

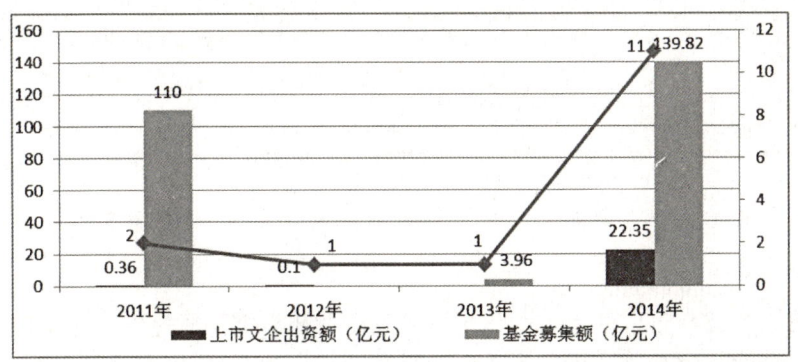

数据来源:新元文智 www.cciresearch.cn

图 9　近年我国文化企业上市后(2006—2014 年上市)各年度参投的基金情况

2. 多领域上市文化企业参投基金,超百亿募集额隶属新闻出版业

从参投设立基金的上市文化企业分布领域来看,主要包括广播影视——参投 3 支基金,上市文化企业出资额共计 10.46 亿元,3 支基金总募集规模达 70 亿元;游戏动漫——参投 6 支基金,上市文化企业出资总额为 3.46 亿元(5 支披露金额),该领域参投的基金总募集额为 8.48 亿元(仅 3 支披露金额);广告营销——参投 3 支基金,上市文化企业出资 3.5 亿元,该领域参投的基金总募集额为 5 亿元(仅 1 支披露金额);旅游休闲娱乐——参投 1 支基金,上市文化企业出资 0.1 亿元,募集总规模尚未披露;网络新媒体——参投 1 支基金,上市文化企业出资 6.3 亿元,募集总资金达 69.3 亿元;新闻出版——参投 2 支基金,上市文化企业出资额为 0.25 亿元(1 支披露金额),募集总规模为 101 亿元。

由此可见,新闻出版领域的上市文化企业所参投的基金募集额最高,广播影视业的上市文化企业出资额居首。另外,上市文化企业参投设立的基金投资范围多与其自身所处行业相关。比如,奥飞动漫、中青宝、掌趣科技等游戏动漫公司把投资目光瞄准游戏研发、发行等游戏动漫产业链各环节;华谊兄弟、华数传媒、乐视网以广播影视为主;蓝色光标、粤传媒则发力数字营销、广告创意领域。

表 2　近年我国参投基金的上市文化企业（2006—2014 年上市）行业分布情况

领域	参投基金数量(支)	上市文化企业出资额(亿元)	募集总额(亿元)	参投企业代表
新闻出版	2	0.25	101	新华传媒、凤凰传媒
广播影视	3	10.46	70	华谊兄弟、乐视网、华数传媒
网络新媒体	1	6.3	69.3	阿里巴巴
游戏动漫	6	3.46	8.48	掌趣科技、奥飞动漫、中青宝、完美世界
广告营销	3	3.5	5	蓝色光标、粤传媒
旅游休闲娱乐	1	0.1	——	宋城股份

3. 上市文化企业主要通过三种形式参投设立基金，且以上市文化企业+投资机构为主

研究发现，近几年，上市文化企业参投设立基金主要通过以下几种形式：一是通过和投资机构合作设立产业投资基金（以 PE 为主），该模式占比 46.67%，如由华谊兄弟、富坤创投等共同发起设立的湖南富坤文化产业投资基金；二是通过和券商机构合作，共同设立产业投资基金，该模式占比 20%，如新华传媒联合海通证券全资子公司海通开元、上海东方传媒等共同发起设立的上海文化产业股权投资基金；三是上市文化企业联合其股东共同成立产业投资基金，谋求多渠道发展。该模式占比 33.33%，如乐视网与乐视控股（北京）有限公司联合发起设立的投融资和并购业务基金——领势投并基金。

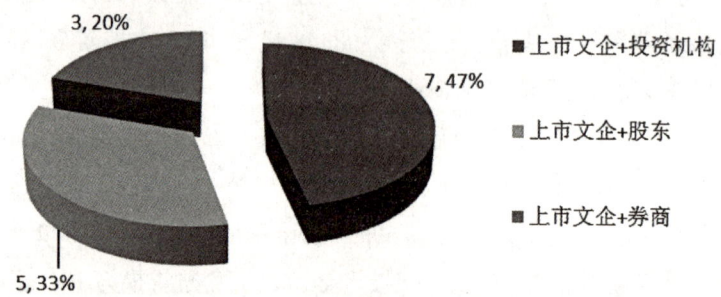

图 10　我国上市文化企业（2006—2014 年上市）参投基金的模式占比情况

对上市文化企业而言，采用参投设立基金的模式不仅能够撬动杠杆交易，解决融资压力，还可凭借 PE 等投资机构的专业力找到优质资源，为其储备更多

的优质投资标的,加快外延扩张步伐;另外,从形式上来说,投资基金的规模、存续期、分配方案等都可以量身定做,既方便又灵活。

(三)对外并购规模突破330亿元,跨区域并购热潮渐起

1.上市文化企业并购规模突破330亿元,且2013年占比最高

据不完全统计,截止到2014年底,我国文化企业上市后(2006—2014年上市)开展的并购事件共计68起,其中披露金额的达51起,涉及资金折合人民币总计332.58亿元,单个并购事件平均投入6.52亿元。其中2013年并购频率及涉及资金均居首,分别为31起(占总事件数的45.59%)、178.11亿元(占总投入资金的53.55%),其次为2014年,其并购事件为18起,涉及金额达104.04亿元。

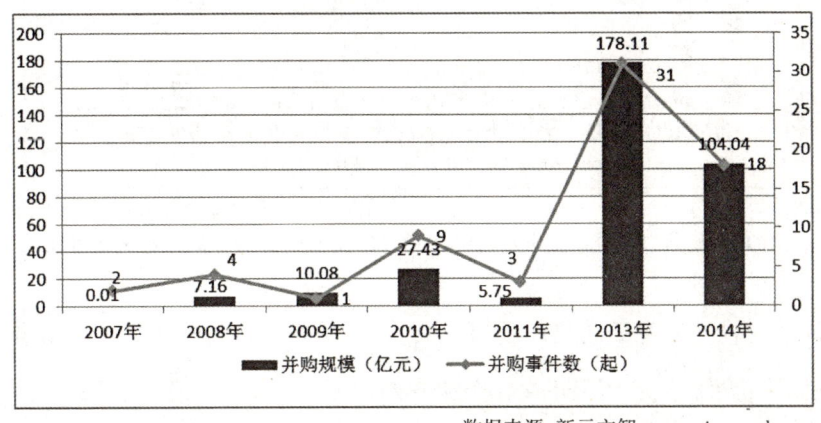

数据来源:新元文智 www.cciresearch.cn

图11 我国文化企业上市后(2006—2014年上市)各年度并购情况

2.跨区域并购浪潮渐起,国内并购标的以北上广为主,海外延伸至美国、韩国、香港、英国及日本

近年来,我国上市文化企业凭借自身优势,不断在全国乃至全球布局,其跨区域并购浪潮渐起,而且并购标的在区域分布上呈现出明显的地域集聚性。据不完全统计,截止到2014年底,国内并购事件达60起,披露金额的共计43起,涉及金额达309.22亿元,占并购总规模的92.98%,并购标的主要集中在上海、北京、广东三地,无论是交易金额还是交易数量,均排在国内前三名。这与其拥有优越的投融资环境及逐渐与国际接轨的发展现状密不可分。另外,海外并购事件共计8起,涉及23.36亿元,占并购总金额的7.02%,并购标的主要分布在

美国(4起,12.68亿元)、韩国(1起,5.99亿元)、中国香港(1起,1.92亿元)、英国(1起,1.45亿元)、日本(1起,1.32亿元)5个地域。且开展海外并购的上市文化企业主要集中于游戏动漫、广告营销、网络新媒体、新闻出版四大领域,其中以盛大、完美世界为代表的游戏动漫领域并购交易频率及交易额最高,分别为5起、16.18亿元,占海外并购总金额的69.26%;广告营销、网络新媒体、新闻出版三领域的并购规模及占比分别为4.41亿元、18.88%,1.92亿元、8.22%,0.85亿元、3.64%。

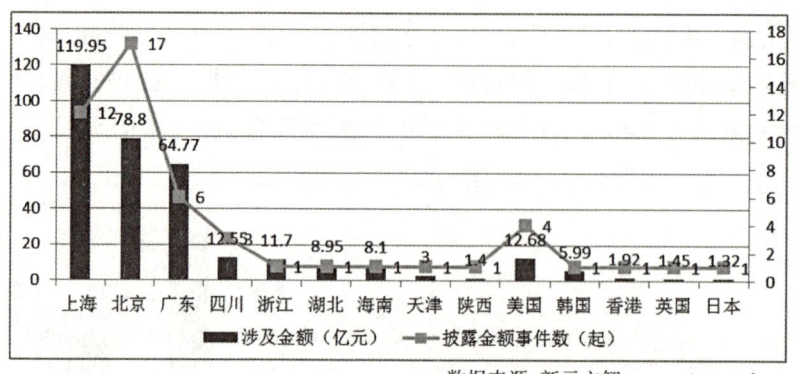

数据来源:新元文智 www.cciresearch.cn

图12　我国文化企业上市后(2006—2014年上市)并购标的分布区域情况

3.并购投资方超三成属广播影视业,近四成并购标的分布于游戏动漫领域

据不完全统计,我国上市文化企业并购投资方主要分布于广播影视、游戏动漫、网络新媒体、广告营销、软件信息服务、新闻出版6个领域。其中,游戏动漫领域并购交易最为活跃,并购事件高达24起(披露金额的达15起),占并购总事件数的35.29%。其次是网络新媒体领域,以17起并购事件位居第二,占比25%;按并购涉及金额来看,广播影视业居首,交易额118.34亿元,占总交易额332.58亿元的35.58%。其次是游戏动漫领域,涉及金额108.95亿元,所占比重为32.76%。

另外,从并购标的隶属行业来看,主要辐射游戏动漫、广播影视、广告营销、网络新媒体、软件信息服务、新闻出版、旅游休闲服务、教育培训、音乐、足球10大领域。其中,游戏动漫作为国家重点鼓励支持的行业,近几年深受广大上市文化企业青睐,不管是并购频率还是交易额均居首位,共发生18起并购事件,15起披露金额,交易额达131.58亿元,且除了81.23%的并购资金源于同行业外,软件信息服务及新闻出版业分别出资12.15亿元、12.55亿元对该板块企业进行并购。

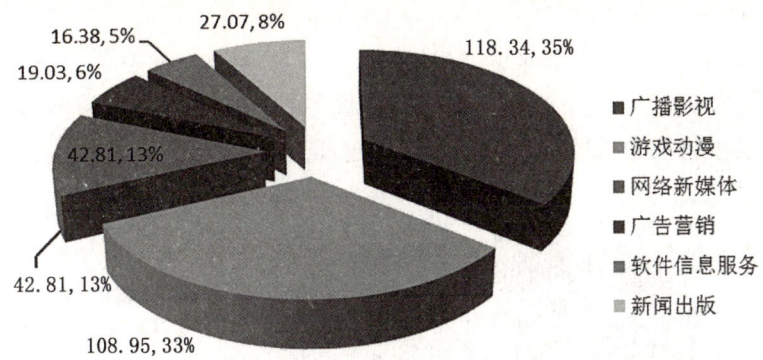

数据来源:新元文智 www.cciresearch.cn

图 13 我国文化企业上市后(2006—2014 年上市)并购投资主体分布行业情况

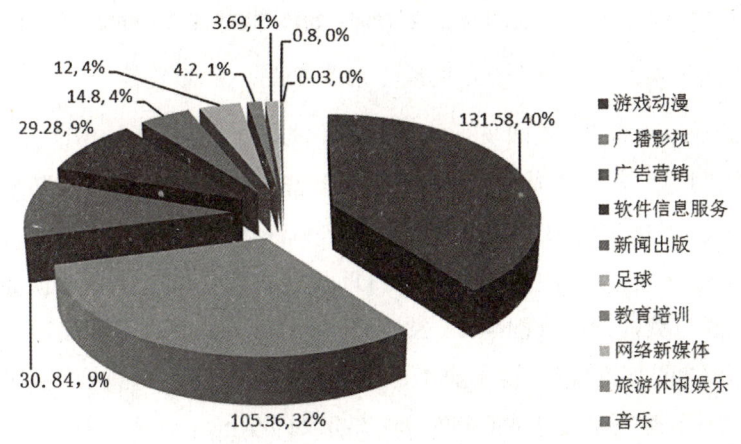

数据来源:新元文智 www.cciresearch.cn

图 14 我国文化企业上市后(2006—2014 年上市)并购标的分布行业情况

三、文化类上市企业融资(上市后)状况

(一)债券融资以 CP 为主,六成以上融资额属广播影视业

1.短期融资券的发债金融居首位,占比近六成

据不完全统计,截止到 2014 年底,我国上市文化企业(2006—2014 年上市)发行债券 12 起,发债规模 46 亿元。其中发债密度最高的为 2014 年,总计 6 起,融资额共计 30 亿元,占债券总融资额的 65.22%。发行的债券类型主要涉及中

期票据(MTN)和短期融资券(CP)、超短期融资券(SCP)、中小企业私募债(SMECN)四种。各类型的发债金额分别为5亿元、27亿元、10亿元、4亿元,其各自融资额在近年债券融资总额中的占比分别为10.86%、58.7%、21.74%、8.7%。其发行债券的数量分别为1起、8起、1起、2起。

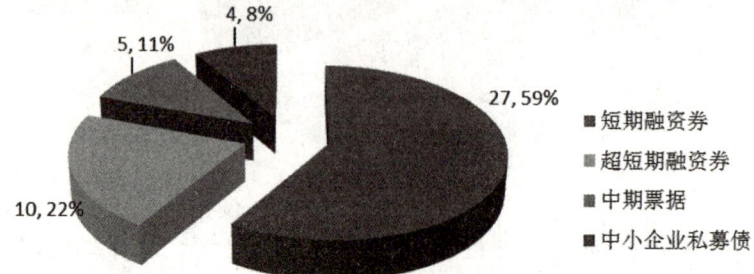

数据来源:新元文智 www.cciresearch.cn

图15 近几年我国上市文化企业(2006—2014年市)各发债类型融资占比

2.发债方涉及三大领域,六成以上融资额属广播影视业

截止到2014年底,我国发行债券的上市文化企业(2006—2014年上市)主要分布在广播影视、旅游休闲娱乐、新闻出版三大领域。且所占份额最多的为广播影视业,如华谊兄弟、光线传媒、乐视网和吉视传媒,共计发行10次,发行总融资达32亿元,发行次数和发行额占近几年我国上市文化企业债券发行总次数及总发行额的比例分别为83.33%和69.57%。其次是新闻出版业1起债券融资10亿元,旅游休闲娱乐业1起债券融资4亿元。另外,广播影视业中71.88%的债券融资额属于短期融资券(7起,23亿元)。

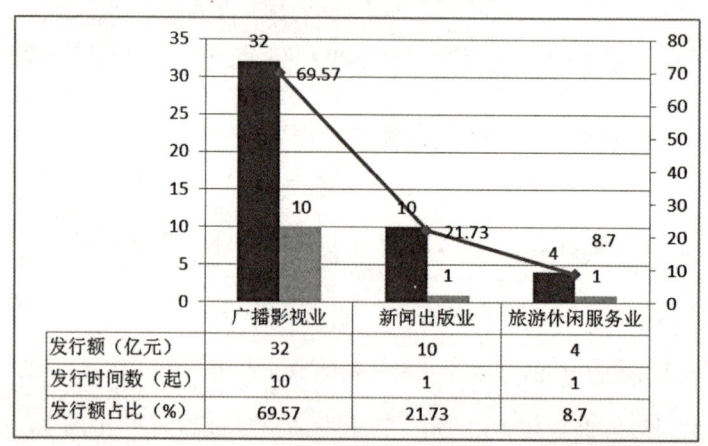

数据来源:新元文智 www.cciresearch.cn

图16 近几年我国上市文化企业(2006—2014年上市)发债规模在各行业分布情况

(二)信托发起方全部属于广播影视业,发行规模为 5.12 亿元

1.近几年信托发行计划八成以上集中于 2012 年

据不完全统计,截止到 2014 年底,我国上市文化企业(2006—2014 年上市)发起信托计划 11 起,信托发行总规模 5.12 亿元,平均发行规模为 1.09 亿元。主要集中在 2012 年、2013 年,其中 2012 年信托发行最为频繁,共计 9 起,信托发行规模达 4.15 亿元,占近几年信托计划发行总规模的 81.05%;2013 年,信托发行计划 2 起,信托发行规模 0.97 亿元,所占比重为 18.95%。

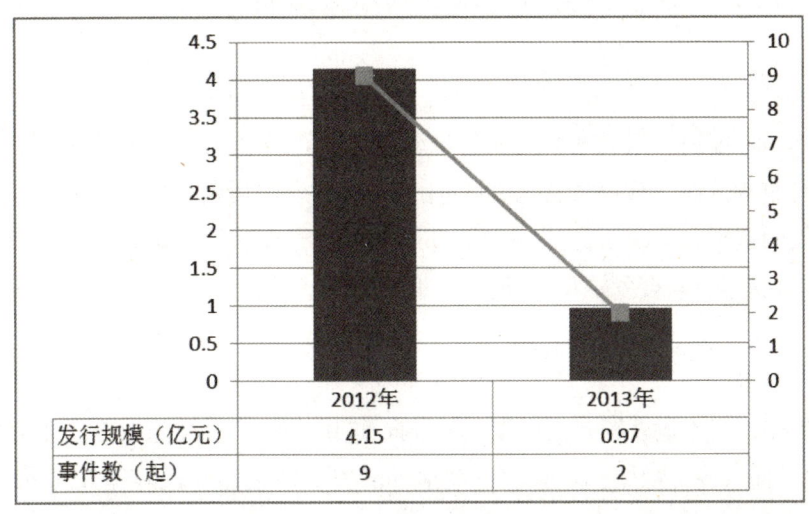

数据来源:新元文智 www.cciresearch.cn

图 17　近几年我国上市文化企业(2006—2014 年上市)信托发行情况

2.信托发起方全部隶属广播影视业,且主要集中于乐视网、吉视传媒、百视通三家企业

据数据显示,截止到 2014 年底,我国发行信托计划的上市文化企业(2006—2014 年上市)全部分布在广播影视业,且主要集中在乐视网、吉视传媒、百视通三家上市文化企业,三方合计发行信托 11 起,其中乐视网发行信托频率最高,自上市后共计发起信托 6 起,发行规模为 2.78 亿元,占总发行规模的 54.3%;其次是吉视传媒,其上市后共计发起 4 起信托计划,发行规模为 2.04 亿元,占总发行规模 5.12 亿元的 39.84%,信托资金主要用于数字电视网络建设。

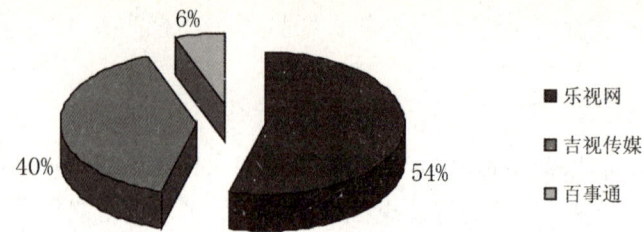

数据来源:新元文智 www.cciresearch.cn

图18 近几年发起信托融资的上市文化企业(2006—2014年上市)情况对比

四、文化类上市企业主要资本运营模式分析

随着世界经济格局进入以大公司、大集团为中心的时代,我国文化类上市企业不同程度地利用资本运营实行经营扩张和产业扩张。由于文化类上市企业的行业特殊性,使得文化类上市企业所采用的资本运营模式与普通的模式存在较大的差别。总体而言,文化类上市企业资本运营主要采取扩张型、收缩型、上市文化企业+联合发展型、政府导向型四种模式。

(一)扩张型资本运营模式

扩张型资本运营模式指在市场的导向作用下,上市文化企业基于现有的资本结构,通过内部积累、追加投资、吸纳外部资源即兼并和收购等方式,使企业实现资本规模的扩大,也可以称为市场化资本运营模式。该模式是上市初期文化企业较常用的一种资本运营模式。

横向资本扩张型——指交易双方属于同一文化细分领域,产品相同或相似,为了实现规模经营而进行的产权交易。横向资本扩张可减少竞争者的数量,增强企业的市场支配能力,改善行业的结构,解决市场有限性与行业整体生产能力不断扩大的矛盾。完美世界的扩张就是横向型资本扩张的典型例子。如2010年4月,完美世界收购了日本C&C Media Co. Ltd.为全资子公司;2010年5月获得美国游戏工作室Runic Games, Inc.的多数股权;2011年8月收购了美国著名网络游戏公司Cryptic Studios 100%股权;2014年4月以1亿美元现金的方式收购了盛大游戏共计30,326,005股A类普通股。当前完美世界已成为总部位于中国的领先的网络游戏开发商和运营商。

纵向资本扩张型——指上市文化企业与处于生产经营不同阶段的企业或

者不同行业部门之间,有直接投入产出的交易。纵向资本扩张将关键性的投入产出关系纳入自身控制范围,通过对原料和销售渠道及对用户的控制来提高企业对市场的控制力。2009年9月10日,奥飞动漫以国内"动漫第一股"的独特身份登陆深交所中小企业板,募集资金净额8.68亿元。有了充裕的资金后,奥飞动漫的产业链布局开始大肆延伸。2010年3月10日,奥飞动漫以9000万元现金成功收购嘉佳卡通公司60%股权。作为国内第一家动漫概念上市公司,奥飞动漫此次收购一家连续亏损3年的卡通电视台显然不是为了电视台上的盈利,而是瞄准了电视台的内容经营权和背后的广大儿童受众。嘉佳卡通卫视是全国五家专业卡通卫视频道之一。本次收购完成后,奥飞动漫成为国内唯一一家拥有频道经营权的上市公司。随后奥飞动漫又收购了执诚服饰等不同产业链环节企业,当前奥飞动漫已初步形成一个环环相扣、优势互补的产业链,从动漫内容制作、到图书发行、玩具等衍生产品开发制造,乃至形象授权等,奥飞产业链所涵盖的,是一个以动漫文化力量催生市场无限可能的集团型企业。

混合资本扩张型——指上市文化企业与一个或两个以上(含)没有直接投入产出关系和技术经济联系的企业之间进行的产权交易。混合资本扩张适应了现代企业集团多元化经营战略的要求,跨越技术经济联系密切的部门之间的交易。它的优点在于分散风险,提高企业的经营环境适应能力。如阿里巴巴打造"大阿里帝国"的收购战略属全方位布局,吃大鱼,小鱼也不放过:社交方面投资陌陌、新浪微博,收购O2O基础应用高德地图、打车应用快的,音乐方面收购虾米网、天天动听,传媒方面投资华数传媒、中国文化传播以及投资众安保险、天弘基金等。从阿里的投资策略来看,其投资策略极为灵活多变,涉及领域也非常广泛,只要有价值的企业(无论是否与电商相关),阿里都会收入囊中。

(二)收缩型资本运营模式

收缩型资本运营模式是指上市文化企业将自己拥有的一部分资产、子公司、内部某一部门或分支机构转移到公司之外,从而缩小公司的规模。它是对公司总规模或主营业务范围进行的重组,其根本目的是为了追求企业价值最大化及提高企业的运行效率。收缩型资本运营模式通常是放弃规模小且贡献小的业务,放弃与公司核心业务没有协同或很少协同的业务,宗旨是支持核心业务的发展。当一部分业务被收缩掉后,原来支持这部分业务的资源就相应转移到剩余的重点发展的业务,使母公司可以集中力量开发核心业务,有利于主流核心业务的发展。收缩型资本运营是扩张型资本运营的逆操作,近几年上市的

文化企业在该模式中的主要实现形式有:

资产剥离——指上市文化企业把所属的一部分不适合企业发展战略目标的资产出售给第三方,这些资产可以是固定资产、流动资产,也可以是整个子公司或分公司。资产剥离主要适用于以下几种情况:(1)不良资产的存在恶化了公司财务状况;(2)某些资产明显干扰了其他业务组合的运行;(3)行业竞争激烈,公司急需收缩产业战线。新华传媒上市之后,就进行了大量的资产剥离。如2013年10月8日,新华传媒将所持有的上海解放文化传播公司(下称"解放文化传播")51%股权挂牌出售,挂牌价为3.25亿元。据了解,解放文化传播的业绩始终不理想。2011年、2012年分别实现净利润436.18万元、-27.66万元;2013年亏损进一步拉大,2013年1-7月净利润为-145.67万元。截至7月底,公司总资产13.88亿元,所有者权益6.08亿元,负债则为7.79亿元。经上海东洲资产评估公司评估,截至2013年4月30日,解放文化传播账面净资产6.09亿元,评估价值达9.32亿元,新华传媒所持51%股权对应的账面价值为3.22亿元。

分拆上市型——指一个母上市文化公司通过将其在子公司中所拥有的股份,按比例分配给现有母公司的股东,从而在法律上和组织上将子公司的经营从母公司的经营中分离出去。分拆上市有广义和狭义之分,广义的分拆包括已上市公司或者未上市公司将部分业务从母公司独立出来单独上市;狭义的分拆指的是已上市公司将其部分业务或者某个子公司独立出来,另行公开招股上市。分拆上市后,原母公司的股东虽然在持股比例和绝对持股数量上没有任何变化,但是可以按照持股比例享有被投资企业的净利润分成,而且最为重要的是,子公司分拆上市成功后,母公司将获得超额的投资收益。

2011年4月香港交易所上市公司第一视频〔旗下包括微视频新闻门户第一视频新闻网(v1.cn)、移动互联网公益彩票销售运营、手机游戏三大业务〕向联交所提交手机游戏及手机方案设计业务分拆上市申请;2012年3月8日,其分拆手机游戏及手机方案设计业务获联交所批准,且第一视频旗下手游业务分拆为中国手游娱乐集团,上市方式为公司分派相当于6.7%手游股份的实物美国预托股份,同时在买卖连权股份最后日期的当日,每持有2000股第一视频股份的合资格股东,可以获发一股中国手游的美国预托股份。2012年9月25日中国手游集团正式登陆纳斯达克。中国手游集团的分拆上市,不仅实现了企业的业务价值最大化,而且提高了以股份权益为基础的补助,激励了中国手游集团的管理层及财务更加透明,对企业的良性循环更有利。另外,于2011年5月成功登陆纽交所的凤凰新媒体也是凤凰卫视传媒集团将子公司进行分拆上市的典型案例。

股份回购型——指上市文化企业通过一定途径购买本公司发行在外的股份,适时、合理地进行股本收缩的内部资产重组行为。通过股份回购,上市文化企业达到缩小股本规模或改变资本结构的目的。股份回购与股份扩张一样,都是上市文化公司在其发展的不同阶段和不同环境下采取的经营战略。因此,股份回购取决于公司对自身经营环境的判断。一般来说,一个处于成熟或衰退期的、已超过一定的规模经营要求的公司,可以选择股份回购的方式收缩经营战线或转移投资重点,开辟新的利润增长点。

2012年5月21日,阿里巴巴与雅虎达成协议,阿里巴巴集团以63亿美元现金及价值8亿美金的阿里巴巴集团优先股,回购雅虎手中持有的阿里巴巴集团股份的50%。同时,阿里巴巴集团将一次性支付雅虎技术和知识产权许可费5.5亿美元现金。而在未来整体上市时,阿里巴巴集团有权优先购买雅虎剩余持有股份的50%。整个交易完成后,阿里巴巴集团董事会、软银和雅虎的投票权之和将降至50%以下。据了解,回购计划完成后阿里巴巴集团董事会将维持"阿里巴巴集团、雅虎、软银"之间"2:1:1"的比例。

(三)上市文化企业+联合发展资本运营模式

上市文化企业+联合发展资本运营模式,是指上市文化企业与一个或多个企业采取共同出资,按照一定的股权比例新设一家实体企业,或者是采取签订战略合作协议的方式以及特许经营的方式,从而达到企业间联合经营的目的。运用该模式的双方,可以均为文化企业,也可以只有其中一家为文化企业。该模式的特点是,可以通过合资经营、非产权合作或者特许经营的方式,使企业的经营业务范围得以迅速地扩张。

上市文化企业+文化企业——当前传统媒体与网络媒体的联合发展资本运营模式较为成熟,能够达到优势互补的目的。传统媒体拥有广泛的新闻资源、雄厚的人力资源和独立的采访权,这些都是网络媒体所欠缺的。网络媒体提供平台,传统媒体提供素材的联合战略在业界被广泛接受。如凤凰卫视传媒集团和新浪合作,开辟了凤凰卫视专区。

上市文化企业+PE——该模式主要体现为A股上市文化企业与PE共同成立基金(基金形式主要为有限合伙企业,同时还有部分有限责任公司或者资产管理计划)用于新兴行业或固定项目进行股权投资,基金退出方式主要包括上市文化企业收购、股权转让、股权回购等多种方式。如蓝色光标斥资1亿元联合深创投(出资4900万元)设5亿元创投基金——北京红土嘉禾创业投资基金。该基金的投资范围将主要集中在大TMT、大文化行业的各个细分领域,如互联网、新媒体、大数据、公关、传媒、影视等,而蓝色光标主营的公关媒体广告等也自然囊括其中。

除以上两种上市文化企业+联合发展资本运营模式外,还有上市文化企业+汽车等跨界联合模式。如2014年7月23日,阿里巴巴集团与上汽集团在上海签订了战略合作协议。双方将开展"互联网汽车"方面的合作。阿里巴巴负责Yun OS操作系统、大数据、阿里通信、高德导航、阿里云计算,而上汽集团则提供整车与零部件开发、汽车服务贸易等资源。

(四)政府导向型运营模式

政府导向型运营模式,是指依靠地方资源,采取和政府合作的方式,加上企业的资金、品牌以及管理上的优势,来进行资源的联合开发。该模式的特点是通过政企合作,利用双方的优势条件,从而达到优势互补、资源共享的双赢局面。该模式主要体现在文化旅游板块,尤其是在旅游业具有一定影响力,并意图开发或者是涉猎其他地区的旅游资源的旅游上市公司。

云南世博旅游集团(以下简称"云南旅游")在哈尼梯田旅游项目的开发上,运用的就是典型的政府导向型运营模式。云南旅游通过与云南原阳县政府的合作,按照元阳政府以梯田资源加上部分资金的形式入股,云南旅游则以资金、品牌以及管理的方式控股,共同发起组建了哈尼梯田文化旅游开发公司,此模式的运用,使得哈尼梯田既不耽误申遗的工作,同时又能实施哈尼梯田文化旅游资源的开发与建设,是一个双赢的举措。由于文化旅游业本身便是政府主导型产业,所以如果能在合法合理地遵循政府的产业导向的基础上,充分借助政府的产业政策进行共同开发,这将对文化旅游项目的开发及运作起到十分有效的推动作用。

五、上市文化企业资本运营模式案例分析

为了更深入了解已上市文化企业的资本运营状况,我们选择五个在文化产业细分领域比较典型的几个企业进行分析,包括:蓝色光标、阿里巴巴、掌趣、乐视网和新华传媒(资料部分来自网络)。

(一)广告营销领域——蓝色光标

公司简介:蓝色光标传播集团(以下简称"蓝色光标")成立于1996年,是一家为大型企业和组织提供品牌管理与营销服务的专业企业。集团主营业务为整合营销(包括数字营销、公共关系、广告创意策划和媒体代理、活动管理和国际传播业务等)、电子商务、移动互联和大数据。集团旗下拥有蓝色光标数字营销机构、蓝标电商、智扬公关、博思瀚扬、美广互动、电通蓝标、思恩客广告、精准阳光广告、今久广告、博杰传媒、蓝色方略、Financial PR、香港 Metta 广告、英国 We Are Social、美国 Fuse Project 等业务品牌。

1.上市情况介绍

2010年2月26日,蓝色光标在深圳证券交易所创业板上市,成为国内公关概念第一股。融资规模为1.6亿元,当日市值为27亿元,当前总市值为352.13亿元,流通市值为239.01亿元,市盈率(动)为49.45。

2.上市后资本运营分析

蓝色光标自上市之后便开始发动并购闪电战,跑马圈地、急速膨胀。主要涉及的资本运营模式有扩张型资本运营模式(投资并购、债券融资、定向增发)、上市文化企业+联合发展资本运营模式。

(1)通过投资并购实现规模效应和协同效应

据不完全统计,蓝色光标自上市以来,累计发生的投资并购事件达23起,涉及资金48.47亿元(其中海外投资4起,涉及资金4.3亿元),参投领域主要为广告、金融服务、软件、汽车等。蓝色光标通过投资并购实现了业务规模的几何级增长,并大大提高了其在市场竞争中的领导地位,获得了可观的规模效应。另外,通过并购业务实现了业务种类、业务品牌、服务行业和经营地区上的扩张,使其不同业务平台之间形成了有效的联系,这种内在联系可以看作并购带来的协同效应。

通过对蓝色光标上市以来主要的投资并购案例的总结,可以发现公司在其并购扩张过程中显示出了高超的并购技术,它主要应用了分步并购、选择(适时)并购、设置业务对赌条款、利用子公司平台并购、通过增资扩股形式进行并购、发行股份购买资产、发行股份并购与募集配套资金等并购技术。

在设置对赌条款方面,蓝色光标较擅长。例如,在对金融公关集团的投资中,蓝色光标规定了"业绩承诺",而在股份比例超过51%的收购项目中,蓝色光标都做了详细的"估值调整与业绩承诺条款",也就是俗称的"对赌"。对赌协议是指投资方与融资方在达成协议时,双方对于未来不确定情况的一种约定。如果约定的条件出现,投资方或融资方可以行使某种权利。在思恩客并购案中,蓝色光标通过"股权投资+增资扩股"方式投资,对未来三年的业绩都做了对赌约定,如果思恩客未来净利润没有达到约定要求,蓝色光标有权要求原思恩客股东予以相应的现金补偿。在美广互动、精准阳光、今久广告的协议对赌中,蓝色光标还详细约定了未来利润和收购的 PE 值倍数的关系。

在控制并购风险上,主要体现为针对不熟悉的领域先参股,熟悉并规范之后再增持到控股;保留管理层,签订业绩承诺或对赌协议;在达到业绩预期后进一步增持股份;在支付上采取分期付款,以"现金+限制性股票"结合的方式避免道德风险;与现有管理层签订同业竞争条例防范业务风险;对骨干员工授予股票期权以保证其工作积极性;保留业务完整性,通过注入蓝色光标的管理信息系统逐步整合运营平台。

(2)积极利用公司债等债务融资工具

蓝色光标作为 A 股创业板市场上资本运作最为成功的企业之一,除投资并购外,公司还积极利用公司债等债务融资工具做大企业融资规模,助力产业整合和升级。如 2012 年,公司获得中国证监会非公开发行面值不超过 4 亿元的公司债券的批复,并成功发行了第一期公司债券 2 亿元。

(3)与投资机构联合设立基金,助力价值链整合和产业扩张

蓝色光标为在更大范围内寻求对公司有重要意义的并购标的,借助专业投资机构放大公司的投资能力,加快公司发展扩张的步伐,同时分享快速发展的并购投资市场的回报。2014 年 3 月使用自有资金 1 亿元参与设立北京华泰瑞联并购基金。华泰并购基金将聚焦于上市公司产业并购与重组过程中的投资机会,致力于服务上市公司的并购成长、推动公司价值创造,并在并购投资中合理运用杠杆,实现投资回报。随后 5 月份,蓝色光标又斥资 1 亿元联合深创投(出资 4900 万元)设立 5 亿元创投基金——北京红土嘉禾创业投资基金。该基金的投资范围将主要集中在大 TMT、大文化行业的各个细分领域,如互联网、新媒体、大数据、公关、传媒、影视等,而蓝色光标主营的公关媒体广告等也自然囊括其中。

另外,2014 年 11 月 4 日,蓝色光标公告称,董事会通过发行境外上市外资股(H 股)并申请在香港联合交易所主板挂牌上市的计划。初始规模为不超过本公司发行后总股份的 25%,将在 18 个月内选择适当的时机和发行窗口完成

发行，募集资金主要用于境外并购项目、海外业务拓展项目、海外业务支撑平台搭建项目、偿还银行贷款、补充运营资金等。若上市成功，蓝色光标将成为第一家"A+H"股上市的内地创业板公司。H股上市将拓宽融资渠道、降低融资成本，有利于加速海外业务拓展。

（二）网络新媒体——阿里巴巴

阿里巴巴集团（以下简称"阿里巴巴"），由马云于1999年带领其他17人所创立，集团由私人持股，服务来自超过240个国家和地区的互联网用户；集团及其关联公司在大中华地区、印度、日本、韩国、英国及美国70多个城市，经营多元化的互联网业务；自成立以来，集团建立了领先的消费者电子商务、网上支付、B2B网上交易市场及云计算业务，近几年更积极开拓无线应用、手机操作系统和互联网电视等领域。集团以促进一个开放、协同、繁荣的电子商务生态系统为目标，旨在对消费者、商家以及经济发展作出贡献。

1. 上市情况介绍

2007年11月6日，阿里巴巴集团B2B子公司阿里巴巴网络有限公司（以下简称"阿里巴巴网络"）于香港联合交易所主板分拆上市。挂牌首日，其开盘价30港币，较发行价13.5港元涨122%，一跃成为中国互联网首个市值超过200亿美元的公司，融资总规模为92.78亿元。在当时仅次于2004年在美国纳斯达克上市的互联网股份——谷歌所创下的首次公开发售纪录。

2012年6月，阿里巴巴网络以私有化为由正式从香港联交所退市，这被认为是阿里巴巴整体在港上市的前兆，但最终阿里巴巴选择了纽交所。

2014年9月19日，阿里巴巴正式登陆纽交所，开盘价92.7美元，较发行价大涨36.3%，市值2383.3亿美元，超过Facebook和亚马逊。本次IPO融资规模高达218亿美元，加上承销商拥有的超额配售权，属纽交所223年历史上最大的一笔IPO，同时也超过了Facebook的160亿美元，以及美国此前最大规模IPO——VISA的179亿美元融资额，成为目前为止美国最大规模的IPO个案。此次阿里巴巴上市，有六家银行为其承销：瑞信、摩根士丹利、JPMorgan、德意志银行、高盛和花旗。另外，阿里巴巴此次IPO打包上市的业务包括：淘宝、天猫、聚划算3大零售平台，Alibaba.com国际批发平台，1688.com国内批发平台，全球速卖通AliExpress以及阿里云服务，业务核心聚焦于电商及电商配套服务、金融—支付、本地生活服务等领域。

2.上市后资本运营分析

阿里巴巴的上市路径为子公司拆分上市——退市——集团整体上市。自子公司阿里巴巴网络分拆上市后,其资本运营模式主要涉及扩张型资本运营模式(投资并购)、收缩型资本运营模式(股份回购)、上市文化企业+联合发展资本运营模式。

(1)全方位并购模式,打造多元化生态系统

自阿里巴巴子公司阿里巴巴网络在香港上市后,阿里巴巴便开启了并购模式,尤其是2014年阿里巴巴赴美IPO临近时期,其大手笔并购的新闻几乎日不间断。据不完全统计,共发生24起投资并购事件,其中披露金额的有13笔,涉及资金达127.52亿元。其中2014年投入的资金高达112.59亿元,占近几年总投入的88.29%。阿里巴巴先后将美团网(团购网站)、虾米网(音乐网站)、快的打车、新浪微博、高德地图、穷游网(出境游网站)、佰城旅游网(在线旅游网站)、天弘基金、中信21世纪(药品电商)、友盟(移动开发者服务平台)、Tango(美国社交手机应用商)、银泰百货(线下百货商)、恒生电子(金融机构软件供应商)、华数传媒、中国文化传播(电影电视制作商)、优酷土豆、广州恒大俱乐部、新加坡邮政、UC浏览器(中国领先的手机浏览器)、海尔电器等纳入麾下,并创建了菜鸟网络等公司。

由以上并购标的可见,和百度、腾讯围绕自身核心业务进行并购不同,阿里巴巴的并购可谓全方位出击,涉及金融、文化、娱乐、生活服务、医疗等多个与消费者息息相关的领域,以数据为核心的多元化大生态正在形成。另外从并购策略上看,阿里巴巴的行动较同行也更为激进,不论是否与其核心的电商业务相关,只要企业有价值,阿里巴巴都会想方设法收入囊中。更为重要的是,阿里巴巴的大规模并购行为,一直遵循其强调的"接力跑"式发展模式(B2C业务是阿里巴巴接力跑的第一棒,第二棒是淘宝和支付宝,第三棒是大数据,第四棒则将是金融、物流等业务)。投资菜鸟网络,收购高德地图,入股海尔、银泰,是为了拓展传统电子商务,进而完成O2O布局;收购恒生电子,入主天弘基金无疑是在巩固自身的互联网金融优势;投资天天动听、虾米音乐、华数传媒、文化中国、优酷土豆、恒大足球则是看准了泛文化产业的巨大市场前景。

(2)股票回购——退市——再上市

2012年2月21日,阿里巴巴的股东阿里巴巴集团及阿里巴巴联合宣布,阿里巴巴集团("要约人")已向阿里巴巴董事会提出私有化要约。阿里巴巴集团

提出以每股 13.5 港元的价格回购阿里巴巴剩余的 13.28 亿股股份(占总股本的比例为 26.55%),预计耗资约 180 亿港元;2012 年 5 月 21 日,阿里巴巴与雅虎达成协议,阿里巴巴集团以 71 亿美元价格回购雅虎 20% 的股权。根据协议,如果阿里巴巴集团在 2015 年 12 月前进行 IPO,阿里巴巴有权在 IPO 之际回购雅虎持有的剩余股份的一半;2012 年 5 月 25 日,阿里巴巴的私有化建议已于法院会议中获足够多数独立股东批准通过,投票赞成私有化建议的股票数量占独立股东所持股票总数的 95%;2012 年 6 月 15 日,阿里巴巴公司注册地开曼群岛大法院批准了阿里巴巴的私有化计划,据此港交所批准撤销阿里巴巴的上市地位;2012 年 6 月 20 日,阿里巴巴正式从港交所退市;2014 年 9 月 19 日,阿里巴巴正式登陆纽交所。

如果粗略算一笔账的话,可以说,在当年香港上市与退市的四年半的时间里,阿里巴巴融资进账 131 亿港元,回购花掉 180 亿港元。以借贷类比,阿里巴巴"借"的这 131 亿的年利率在 8.5% 左右。与借了一笔银行贷款,或者发了一笔企业债券,成本相差无几。因此,昔日的退市是划算的。

另外,上市是初级战术,退市是高级战术,退市后再上市则是最高级的战术。"上市——退市——再上市"则是马云为阿里巴巴打造的资本战略。阿里巴巴与其最大的竞争对手腾讯的业绩实际相差不多,但其市值、募集资金差异都非常大。腾讯 2013 年全年总收入为人民币 604.37 亿元,经营盈利为人民币 191.94 亿元,非通用会计准则经营盈利为人民币 207.68 亿元。2014 年上半年,腾讯总收入为人民币 381.46 亿元,经营盈利为人民币 156.33 亿元。再加上未来微信购物的盈利预期,腾讯的市值应该比阿里巴巴更高才对,但 2014 年 9 月 19 日,在阿里巴巴上市的当日,腾讯的市值为 11697 亿港元,折合人民币 9264 亿元。而阿里巴巴 2383 亿美元的市值折合人民币 15013 亿元,阿里巴巴比腾讯高出了 5749 亿人民币的市值。而在 IPO 募集资金方面,阿里巴巴是 218 亿美元(折合 1373 亿人民币),而腾讯 2004 年 6 月在香港联交所挂牌上市时募集资金才 15.5 亿港元。阿里巴巴的募集资金比腾讯高出了 1360.6 亿人民币。二者相加,阿里巴巴比腾讯多了 7110 亿元人民币。因此可以说,阿里巴巴"上市—退市—再上市"的资本战略,为阿里巴巴多带来了 7110 亿元人民币。

(3) 阿里巴巴+联合发展资本运营

2010 年 4 月,阿里巴巴董事局主席马云与聚众传媒创始人虞锋、巨人网络董事长史玉柱、新希望集团董事长刘永好、分众传媒董事局主席江南春等 10 多位中国企业家共同发起云峰基金,其中阿里巴巴投资 1 亿美元,史玉柱巨人网络投资 2000 万美元,该基金募集资金达 11 亿美元。据了解,云峰基金主要在科技/媒体/电信、医疗保健和消费这三个行业中进行投资。

(三)动漫游戏——掌趣科技

北京掌趣科技股份有限公司(以下简称"掌趣科技")成立于 2004 年 8 月,注册于中关村科技园,是国家高新技术企业和双软认证企业。公司主营游戏开发、代理发行和运营,是中国领先的移动终端及互联网页面游戏开发商、发行商和运营商。当前已自主研发和代理发行了 200 余款游戏产品。

掌趣科技以"精品化、泛娱乐化、平台化、全球化"的战略,在"内生增长"的基础上,不断加强"外延发展",持续投资、并购有发展潜力的公司及团队。动网先锋、玩蟹科技、上游网络、天马时空、晶合思动等行业领军企业先后加入掌趣大家庭,并战略投资了 Unity Software Inc.、筑巢新游、欢瑞世纪。通过内生加外延的整合、协同,掌趣的手游及页游产品全面覆盖了卡牌、重度 ARPG、休闲、竞速、射击、体育、策略塔防等主流游戏类型,成为行业产品门类最全的研发、发行商。

1. 上市情况介绍

2012 年 5 月 11 日,掌趣科技作为"手机游戏第一股"在深圳证券交易所创业板挂牌上市,发行股票 4,091.50 万股,每股发行价人民币 16.00 元,共募集资金 6.55 亿元人民币。

2. 上市后资本运作分析

掌趣科技上市后坚持"内生增长+外延发展"并重的发展战略,围绕游戏全产业链持续投资、并购有发展潜力的公司及团队。其主要涉及的资本运营模式有扩张型资本运营模式(投资并购、定向增发)、上市文化企业+联合发展资本运营模式。另外,在投资并购交易结构设计上大多采用同股不同权、对赌和奖励机制,并以发行股份+支付现金相结合的支付方式完成收购。

(1)通过投资并购完善产品线布局、掌控发行渠道

游戏领域目前的投资并购已经是常态化的行为,一个单独的游戏企业很难完全靠自有团队迅速覆盖所有类型的产品领域,也不可能以一己之力进入所有国家和地区的市场,而通过投资并购来完善产品线布局、掌控发行渠道是上市公司快速成长的有效手段。

掌趣在投资并购方面具有较出色的表现,比如对动网先锋的并购就是其作

为手游企业在页游领域的有效扩张,双方在产品类型上实现了互补。2013年初,动网先锋拿到了《西游降魔篇》页游和手游的改编授权后,将手游项目的立项制作交给了掌趣科技下属的研发团队。同时,掌趣科技旗下《石器时代》的页游版本已经交给了动网先锋进行研发。这样的并购不是简单的双方财务上的合并,目前已经形成了1+1>2的协同效应。

另外,为拓展公司的移动游戏代理发行业务,在现有系统与平台的基础上进一步提升公司iOS平台发行能力,公司向iOS游戏发行领域的佼佼者北京筑巢新游网络技术有限公司(以下简称"筑巢新游")增资2200万元,增资后公司持有筑巢新游35%的股权。筑巢新游团队的iOS平台游戏发行经验丰富,在iOS正版流量运营方面有较大优势,能够与掌趣科技形成良好协同,促进双方业务发展。一方面,掌趣科技用户基数大,CP资源丰厚,根据多年积累能够提供更好的平台和帮助,筑巢新游可获得更加优质的内容,发展将更加迅猛。另一方面,收购标的在iOS平台上的发行经验也是对公司极好的补充,能够完善公司iOS平台的代理发行能力,提高公司的市占率并进一步增强议价能力。

除动网先锋、筑巢新游外,玩蟹科技、上游网络、天马时空、晶合思动、Unity Software Inc.、欢瑞世纪等行业领军企业先后加入掌趣大家庭,且在投资并购动网先锋、玩蟹科技、上游信息等企业的交易结构上均设计了同股不同权、对赌和奖励机制,并采用发行股份+支付现金相结合的支付方式。通过内生+外延的整合、协同,目前掌趣科技的手游及页游产品全面覆盖了卡牌、重度ARPG、休闲、竞速、射击、体育、策略塔防等主流游戏类型。

(2)掌趣科技+联合设立基金

掌趣科技斥资2000万参股手机创投基金。2014年4月,掌趣科技以自有资金2000万投资上海冠润基金,成为该基金的有限合伙人,交易完成后,掌趣科技持有上海冠润基金24.39%的股权。据了解,上海冠润是日本Cyber Agent Ventures旗下的一只基金,主要从事于早期移动互联网团队的投资,以国内智能手机的相关企业为重点投资领域。其主要投资于早期及种子期的企业,通过并购及第三者收购的方式获得利益分配,每个项目的投资金额范围为300万—500万人民币。通过对上海冠润基金的投资,可实现扩大对早期智能手机及手机游戏研发及发行企业的资金支持,为公司未来发展储备更多的并购标的,抓住市场发展机遇,进一步完善公司对全产链的布局的战略定位。

掌趣科技充当有限合伙人(LP),以1亿元投资华泰瑞联并购基金。2014

年 3 月,掌趣科技公告称,公司将使用自有资金 1 亿元参与投资设立华泰瑞联并购基金。公司作为有限合伙人承担有限责任,不参与基金的日常运营与管理。掌趣科技首期出资为公司认缴出资额的 50%,即 5000 万元,在华泰并购基金首期出资的 70% 已用于项目投资后,根据普通合伙人的通知要求,公司将缴付剩余认缴出资额的 50%,即 5000 万元。华泰并购基金重点投资领域为 TMT、医疗服务及医药、大消费、环保等行业,掌趣科技本次参与投资设立华泰并购基金,目的在于将公司对于所在行业的深入理解及判断与华泰瑞联基金管理公司专业团队的并购专业能力有效结合,充分利用并购基金平台,推动公司的产业整合及外延式扩张,实现公司健康、持续成长和价值创造。

(四)广播影视——乐视网

乐视网成立于 2004 年 11 月,长期以来,乐视网致力于打造垂直整合的"平台+内容+终端+应用"的生态模式,涵盖了互联网视频、影视制作与发行、智能终端、大屏应用市场、电子商务、生态农业等,日均用户超过 5000 万,月均超过 3.5 亿。近十年来,乐视网采用"付费+免费"的创新型商业模式,坚持"合法版权+用户培育+平台增值"的"三位一体"的经营理念,在行业内率先实现盈利并持续高速增长,进而确立了乐视网在网络视频服务行业的市场领先地位,创造了多项全球或中国第一:中国用户规模第一的专业长视频网站、全球首家推出自有品牌电视的互联网公司、中国首家拥有大型影视公司的互联网公司、中国第一家提出内容自制战略的公司。乐视网正成为中国最具活力和影响力的科技与文化融合的创新型企业。

1. 上市情况介绍

2010 年 8 月 12 日,乐视网成功登陆深交所,开盘价达到 49.44 元,较 29.2 元的发行价高出 20.24 元,涨幅 69.32%。至此,国内视频行业经过五六年的探索,A 股首家网络视频公司诞生。本次募集资金总额为 7.3 亿元,超募 4.2 亿元。其募集资金主要投向互联网视频基础及应用平台改造升级项目、3G 手机流媒体电视应用平台改造升级以及研发中心扩建等。项目建成后,将大大提高乐视网在相关领域的业务开拓能力,并使其能抓住"三网融合"时代的视频服务领域的发展机遇。目前,乐视网的市值已经由上市之初的 30 亿增长为 400 多亿,多次创下创业板公司市值最高纪录,成为创业板龙头股之一。

2.上市后资本运营分析

自 2010 年登陆创业板之后,乐视网在资本市场向来不缺乏资本故事,每一次资本运作都与其股价有着千丝万缕的关系,历经 4 年股价涨 12 倍。其主要涉及的资本运营模式包括扩张型资本运营、上市文化企业+联合发展资本运营。其中在扩张资本运作方面主要通过定向增发、发行信托、发行债券、股权质押等多种方式进行融资,在投资收购上大多采用"现金+股票"的方式。

(1)"一箭双雕"的并购模式

据了解,乐视网真正开启转型的并购模式始于 2013 年。当年,乐视网共募集资金 16 亿元,主要用于收购 2 家公司的股权。2013 年 10 月,乐视网以"现金+股票"方式收购花儿影视 100%股权,总对价为 9 亿元,其中股权支付 6.3 亿元,现金支付 2.7 亿元;该笔 2.7 亿元来自于最高可达 3.98 亿元的定向增发配套融资。即刨除 2.7 亿元的现金支付外,乐视网可因并购花儿影视的融资增发最高获得 1.28 亿元现金净流入。并购花儿影视一方面将实质性地使乐视网的内容优势从"拥有优质内容"升级到"拥有生产优质内容的能力",另一方面,收购完成后乐视网将获得更好的资金储备。与此同时,乐视网还发行股份收购乐视新媒体 99.5%股权,对价为 3 亿元,另向不超过 10 名其他特定投资者发行股份,募集配套资金 4 亿元。

(2)多种融资模式并举

据不完全统计,乐视网以信托计划、股权质押、定向增发、发行债券融资等多种方式并举,获得资金 84 亿元。其中,乐视网信托计划共计 6 起,募集资金额为 2.78 亿元;发债规模为 4 亿,共计发行 2 次,且发债类型均为中小企业私募债;在股权质押方面,根据乐视网公告数据显示,从 2013 年 2 月 8 日到 2014 年 7 月 3 日这 15 个月间,乐视网共进行了 18 次股权质押和 10 次股权解除质押,股权质押解押次数相当频繁。2013 年 2 月 8 日、3 月 7 日、4 月 1 日、4 月 8 日,乐视网分四次将名下 4840 万股用于质押,其 CEO 贾跃亭个人名下 83.98%的股票已被质押,达到近两年来贾跃亭质押个人名下股票的高峰,这些股票占上市公司总股本的 39.32%。此外,贾跃亭在 2014 年 4 月也曾解除过两笔股权质押,解除质押的比例占其拥有股权的 16.53%。质押股权的目的,主要用于乐视网生态链除乐视网之外部分构架的完善和投资。

另外,2014 年 8 月 8 日,乐视网发布定增预案,本次非公开发行募资 45 亿元。受此消息刺激,8 月 8 日复牌后乐视网上涨 7.64%,收盘价报 39.6 元,此次

45亿元定增,也创下了创业板再融资金额的新纪录。本次发行包括5名对象,其中乐视控股将出资10亿元,认购2876.9万股;中信证券出资5亿元,认购1438.4万股;蓝巨投资出资15亿元,认购4315.3万股;宁波久元出资10亿元,认购2876.9万股;金泰众和出资5亿元,认购1438.4万股。本次募集资金将用于主营业务相关的投入,包括内容资源库的建设和扩充、网络视频服务运营、平台的研发和升级、智能终端研发及乐视生态链各个环节的投资并购等。上述资金募集将有效地满足未来二到三年公司高速成长的资金需求。

(3)乐视网+联合运营多元化

2012年,乐视网与京东商城达成战略合作,推出在线视频购物。在电子商务由图文购物向视频购物发展中,由乐视来做视频服务平台。从页面设置上来看,用户可以在京东商城在线视频购物专区观看热门影视剧。同时,该专区还支持用户在线购物,在影视剧作品中出现的产品将在京东做关联销售。用户可在京东商城同款产品的购买页面直接下单。

2014年年初,乐视网与北京汽车共同战略投资美国电动汽车设计公司Atieva,意在合作制造互联网智能汽车。合作理念以"轻资产+技术驱动"为基础,创立轻资产品牌。乐视网将为北京汽车提供互联网智能汽车的智能系统、EUI操作系统、车联网系统。

2014年7月23日,乐视网战略入股重庆广电控股的重庆有线,并由乐视网与重庆有线共同出资设立新的子公司,作为向全国共同开展互联网电视业务的经营主体,重庆广电将调动各方面资源,力争尽快向广电总局申请互联网电视集成播控服务牌照或互联网电视内容服务牌照。

2014年8月7日,乐视网宣布与海康威视签订框架协议,双方将在云服务、智能硬件、视频内容等领域开展合作,协作开展智能家居及商业楼宇的安防监控等项目型合作,以及基于视频分析技术的深度合作等。

(五)新闻出版——新华传媒

上海新华传媒股份有限公司(以下简称"新华传媒"),是国内唯一一家横跨出版发行和报刊经营行业的大型传媒企业,也是中国出版发行第一股。改制的先发优势,悠久的历史积淀,丰富的资源网络,以及优质的品牌和资本优势,为公司构建了较大的施展空间。目前,新华传媒已形成图书发行、报刊经营、广告代理、电子商务及传媒投资等业务板块。其中公司所属的新华连锁是上海地区唯一使用"新华书店"集体商标的企业,在全市拥有大型书城、中小型新华书店门市等大中小不同类型的直营网点近150家,拥有中小学教材的发行权,图书零售总量占上海零售总量的65%以上;公司拥有《新闻晚报》、《申江服务导报》、《房地产时报》、《人才市场报》、《I时代报》以及《上海学生英文报》等多家知名报刊的独家经营权;公司下属的上海中润解放传媒有限公司是《解放日报》、《新闻晨报》、《申江服务导报》等报刊的广告总代理商,在业界被誉为"媒体品牌管家"。

1. 上市情况介绍

新华传媒全称"上海新华传媒股份有限公司",是新华发行集团借助华联超市的"壳"整合而来,公司前身为上海时装股份有限公司、华联超市股份有限公司。1993年10月,上海时装股份有限公司向社会公众公开发行普通股股票2,000万股,公司股票于1994年2月4日在上海证券交易所上市交易;2000年7月,公司原控股股东华联(集团)有限公司将其所持有的本公司51,425,082股国家股转让给上海华联商厦股份有限公司,并受让其所持有的上海华联超市公司100%股权,公司更名为"华联超市股份有限公司";2006年9月,上海新华发行集团有限公司受让本公司股份118,345,834股(占总股本的45.06%),成为本公司第一大股东,经过资产置换,公司主营业务由原来的经营连锁超市业务变更为经营文化传媒业务,公司名称变更为"上海新华传媒股份有限公司";2006年10月,新华传媒借壳华联超市,在上交所正式登陆资本市场,成为"图书出版发行第一股"。

2. 上市后的资本运作分析

新华传媒上市后,充分发挥资本市场配置资源的功能,通过增发并购,进一步打造和延伸核心业务产业链,实现跨行业发展和进一步的资源整合。主要涉及的资本运营模式为扩张型资本运营模式(定向增发、投资并购)、收缩型资本运营模式(资产剥离)、上市文化企业+联合发展资本运营模式。

(1) 定向并购整合资源,打造完整的平面媒体经营产业链

新华传媒借助于上市公司这个平台,展开资本运作。2007年5月24日,新华传媒发布定向增发方案的公告称,公司已决议以每股16.29元价格向《解放日报》报业集团、中润广告定向增发1.24亿股。其中《解放日报》报业集团将按照有关文化体制改革政策,把政策允许进入上市公司的所属传媒经营性资产全部注入新华传媒。2008年1月,新华传媒完成定向增发,《解放日报》报业集团、上海中润广告有限公司分别以其传媒类经营资产认购公司124,367,268股

股份。定向增发后,新华传媒主营业务结构从以图书及音像制品发行业务为主向报业经营、消费服务类媒体及广告代理业务领域延伸,使得公司在传媒经营领域的产业链结构更加丰富、宽广和完整,本次交易将使公司业务结构有效整合并产生并购协同效应,使公司向拥有完整产业链的传媒经营上市公司迈出关键步伐,大大增强了公司未来的盈利能力和可持续发展能力。

出售方	业务大类	业务小类	控股子公司	出售股权
解放报业	报刊经营类	专业类	上海地铁时代传媒发展有限公司	51%
			上海房报传媒经营有限公司	100%
			上海人报传媒经营有限公司	100%
			上海解放教育传媒有限公司	100%
		消费类	上海申报传媒经营有限公司	100%
			上海晨报传媒经营有限公司	100%
	报刊发行类		上海风火龙物流有限公司	100%
	传媒衍生类		上海解放文化传播有限公司	100%
	广告类		上海中润解放传媒有限公司	55%
中润广告	广告类		上海中润解放传媒有限公司	45%

图19 新华传媒定向增发认购资产列表

另外,自新华传媒向解放报业集团及中润解放广告定向增发之后,其兼并和整合动作频频,又分别于2007年12月、2008年5月以5013万元、1.12亿元对新民传媒、嘉美广告进行增资并成为控股股东。

(2)资产剥离,加速资产整合步伐

在传统传媒企业积极通过收购动漫影视、游戏类资产实现向新媒体转型之时,新华传媒却逆势而为,一再出售资产,加速资产整合步伐。

2013年7月24日,新华传媒公告称,将上海炫动传播股份有限公司(以下简称"炫动传播")5.5%的股权通过上海文化产权交易所公开挂牌转让,转让价格不低于资产评估价格1.38亿元,本次转让后,新华传媒仍将持有炫动传播2%股权。据了解,本次股权转让的目的主要在于盘活公司存量资产,加快公司产业结构调整。2013年10月8日,新华传媒将所持有的上海解放文化传播公司(下称"解放文化传播")51%股权挂牌出售,挂牌价为3.25亿元。据了解,解放文化传播的业绩始终不理想。2011 年、2012 年分别实现净利润 436.18 万元、-27.66 万元;2013 年亏损进一步拉大,2013 年 1-7 月净利润为-145.67 万元。截至 7 月底,公司总资产 13.88 亿元,所有者权益 6.08 亿元,负债则为 7.79 亿元。经上海东洲资产评估公司评估,截至 2013 年 4 月 30 日,解放文化传播账面净资产 6.09 亿元,评估价值达 9.32 亿元,新华传媒所持 51% 股权对应的账面价值为 3.22 亿元。综合来看新华传媒这两次出售资产,整合之意明显。

(3)新华传媒+联合发展

新华传媒+联合发展数字阅读——2010 年 4 月 29 日,新华传媒(45%)、《解放日报》报业集团(35%)和易狄欧(20%)三方共同出资 1500 万元,成立新华解放数字阅读传媒有限公司,推出了自有品牌"亦墨"电子阅读器,正式进军移动手持阅读终端运营领域。着力打造网上数字内容发行平台——"新华 e 店",启动与实体书店的全面联动,逐步拓展外部渠道。新公司中,易狄欧主要负责提供终端产品,新华传媒提供旗下新华书店的渠道资源,同时借与全国出版社的良好关系,提供内容资源。《解放日报》报业集团方面,一是提供旗下多家报纸的内容资源,另外也将在宣传推广上为新公司提供帮助。据介绍,新公司现已完成与 110 多家出版社全面线上、线下图书发行以及与 500 多家出版社单项合作协议的签订。

新华传媒+联手做大动漫产业——2007 年 8 月 15 日,新华传媒会同上海文广新闻传媒集团与通力计算机通信技术(上海)有限公司就动漫产业中原创动漫的创作、推广、出版等事宜达成一致意见,并签署了战略合作备忘录。据悉,三方将联合开发、制作并推出联合品牌——东方 DigiBook 数字交互多媒体出版平台,共同推广漫画作品的数字出版;新华传媒将利用销售通路推广东方 Digi-Book;通力公司投入资源并负责为东方 DigiBook 建立独立的网络支持平台,管理营运相关内容,由此产生的经济收益与文广集团、新华传媒共同分享。

新华传媒+联合设立文化投资基金——2012 年 11 月 5 日,上海文化产业股权投资基金举行了揭牌仪式。该基金是上海市人民政府批准成立的一家全国性大型文化类股权投资基金,是上海市人民政府贯彻中央大力发展文化产业指示的重要举措。基金目标规模为 100 亿元人民币,首期募集 30 亿元人民币(分两期到位)。基金共同发起方包括海通开元投资、新华传媒、上海东方传媒和上海强生集团等,基金主要出资人包括厦门建发集团有限公司、上海张江文化控股有限公司、文汇新民联合报业集团、石狮市铧亚翔达股权投资基金等。据了解,该基金重点投资领域为文化及相关产业,包括广播影视业、新闻出版业、网络文化产业、数字内容产业、动漫产业、旅游广告业、休闲娱乐业、创意设计产业、文化用品及设备产业等。目标是通过对文化及相关产业的股权投资,积极参与文化及相关领域企业的重组、改制、上市及并购,帮助企业整合资源,提升价值,并最终实现基金的价值。

(刘德良:北京新元文智咨询有限公司董事长,清华大学新经济与新产业研究中心研究员)

第十一章
文化产业园区文化金融服务模式研究

○王昱东　殷欧阳

文化产业园区作为文化企业集群式发展的一种模式,具有集中优质资源、构建完整产业链、形成品牌吸引力、政策和资金密集投放等多种优势,被国内外许多城市所采用,也往往成为一地的文化名片甚至旅游景点。但在文化产业园或深沉典雅或光怪陆离的外表之下,产业和企业发展的理想与现实并非同样丰满,道路也大多曲折而充满变数。作为园区的建设者和运营者,当然不能代替企业去面对市场的风险和挑战,但如何构建尽可能完善的服务体系、找到企业发展的痛点、在企业发展的关键环节给予切实的帮助,是我们一直在思考的问题和实践的内容。本文将注意力集中于文化园区金融服务问题的提出,成功案例的分析,以及以金融为核心的综合性企业孵化模式的构想,旨在与同行分享经验和日常思考所得,并就教于大方之家。

一、我国文化产业园区金融服务存在的一些问题

(一) 文化产业园区金融服务内容与服务主体单一

目前,我国文化产业园区规划和开发经费的支出占文化产业增加值的比重仍然偏低,作为文化产业园区主体的中小企业普遍存在经营资金缺乏的难题。文化企业资金来源主要包括各级政府的财政拨款、专项补贴资金、企业自有资金和金融机构融资,但由于资金规模、企业准入条件和操作时间周期等原因,这四种资金渠道在解决中小文化企业的资金需求上存在很多问题。

商业银行一般对于企业的融资需求、资金规模和企业资质都提出了严格的审核要求,囿于文化类中小企业本身的轻资产和较低信用等级的特征,与国有大型企业相比,银行更愿意为后者提供资金,这就造成了现在文化产业园区中小企业融资难的悖论:一方面商业银行有富余资金急于提供贷款,另外一方面

中小企业又局限于商业银行单一通道难以融资,使得企业的有些项目不得不因资金不足而放弃。

社会上存在大量的闲置资金并有投资文化产业的愿望,而文化产业园区内企业却资金不足,其主要原因是投融资体制对文化产业发展的制约。现有投融资体制不仅制约了文化企业的融资规模和融资效率,同时还影响了文化产业的资本扩张。因此对文化产业投融资体制的改革是发展文化产业园区的重要因素,而其中最为核心的内容就是将市场机制引入文化产业园区的投融资领域,降低社会资金进入文化产业领域的限制,形成一种公平竞争的市场环境,改变过度依赖政府直接投资和银行直接贷款的格局。

就当前的情况来看,虽然我国已经初步形成了文化产业园区的多元化投融资体系,但是融资额度偏小、资金来源渠道不畅通仍是制约文化企业发展的不利因素,无法满足文化产业园区众多中小企业在发展过程中对资金的需求,未来解决融资渠道问题依然是投融资体制改革的重中之重。

(二)文化产业园区中小企业在资本市场融资规模偏低

目前,我国文化产业已初步建成多层次资本市场结构,但从文化产业园区实践现状分析,对于文化产业园区的中小企业而言,无论是股权类融资还是债权类融资都存在较大的困难。

从股权融资路径分析,我国的股票交易市场已经形成了主板、中小板和创业板的多层次市场格局,但是监管部门采取股票发行核准制规定,且设置了较高的上市门槛,对于企业的资产规模、盈利水平和风险控制等设置了与一般上市公司同样的标准,导致众多存在高成长潜力的文化类中小企业无法通过资本市场获得发展资金。在2010年已经开始运行的创业板市场,尽管其交易机制和融资对象都是参考了美国纳斯达克(NASDAQ)市场,但是与后者相比存在较多的障碍不足。

从债权融资途径分析,我国企业债规模逐年增加,但是与股票市场仍相差甚远,文化企业债的发行也集中在大型国有文化企业中,一般都是通过银行进行操作,较高的发行门槛将众多文化产业园区的主力军——中小企业拒之门外,文化类中小企业在资本市场的融资困境难以解决。

(三)文化产业园区企业集群效应未充分发挥

近年,国内兴起了投资建设文化产业园区的热潮,主观愿望是通过园区搭建公共平台、形成产业集群效应、实现资源共享,推动文化产业的快速发展。但从操作整体性、功能性和前瞻性的视角来看,文化产业园区已显现了不少问题。

第一,各文化产业园区之间分离而自成体系。目前的文化产业园区中,部分为政府划地拨款,部分为企业以文化产业园区的名义争取更多的政策优惠,房地产色彩浓厚。此外由于不同的产业园区有不同的建设主体,出现各自发展的局面,造成重复建设和资源浪费。文化产业园区自身的特色定位并不强,尤其是与所在区域的特点联系不够密切,有重复设立之嫌。

第二,文化产业园区内企业之间缺乏密切的交流合作。园区内企业仅仅停留在分享基础设施、优惠政策带来的低成本上,各个企业之间都是"大而全""小而全"的封闭的生产体系,企业间缺乏知识、信息的交流,缺乏合理分工基础上的主动合作。园区管理机构无法促进企业之间建立有效的分工和相互学习、相互依存的机制。

第三,文化产业园区内企业与外部企业之间缺乏有效联系。产业链的构建在空间上是可以分离的,根据不同园区的功能定位不同,所处地理位置各异,决定了园区内的产业链构建也是各不相同的。比如位于城区的文化产业园区只能发展产业链中附加值相对较高的环节,而其他环节可以放到城区之外进行,园区内企业与其上下游企业需要建立有效的分工与产业联动。但目前的状况是园区内企业与其园区外的上下游企业之间存在普遍的脱节现象,这样会增加企业生产中的困难,增加企业的交易成本以及生产成本,甚至导致创意产品最终无法生产出来以实现其经济价值。

(四)"创客"模式在国内的发展与反思

"创客"以用户创新为核心理念,是创新2.0模式在设计制造领域的典型表现。经过数年的发展,中国初步形成了以北京、上海、深圳为三大中心的"创客文化圈"。上海是国内第一个成立"创客空间"的城市,这里的"创客"是在玩的氛围中创新,把创作当成一种休闲方式,集成了国外兴趣使然的创客理念;深圳是国内"创客产业链"最完整的城市,被誉为"创客天堂","创客"在这里可以找到齐全的电子元器件、各类加工厂和技术人员,快速完成从创意到产品原型到小规模生产的过程;北京"创客"更具跨界协同创新与创业精神,这得益于北京云集了众多顶级技术支持人才、文艺人才和资本机构。

"创客"给传统产业带来的新变化就是出现了一个创造者的新阶层,以前大企业的使命是专业化大规模地为社会提供资源,现在则出现了一些个人化的制造。新工业革命不会给传统的生产厂家带来很大的变化,但对小众或个体具有革命性的意义,如阿里巴巴,通过把市场开放给普通小众,初创企业家就有机会通过网络联系到商家,通过平台进行个体制造,使得产业链条变得更长。但是,反观"创客"模式,存在的现实问题也不能忽视。一是没有严密的组织结构,在效率上未必能有保证,以兴趣驱动的工作,能否经得起市场的考验具有相当不确定性。二是"创客"本身就是在反复的试错中前进,过程本身就是亏损的来源。任何一种新颖的提法或者概念出现初期,都会出现大规模的井喷式发展,这属于正常现象①。文化产业与其他行业一样,也是以市场为主导的,大浪淘沙,最终市场会检验并决定有哪些真正符合市场需求的"文化创客"被留下。

当前文化产业发展亟待解决的问题很多,比如无法落地、无法付诸实践,而文化产业的轻资产特性又使得这一问题更加的凸显。在这样的发展形势下,"创客"的提出无疑是给这些飘在空中的创意打开了一个落地的突破口,在工程、设计、营销、全球化等各个环节给予创业者以支持,解决文化创意落地的瓶颈问题,这对于我国的文化产业的整体发展具有极大的推动作用,而且创客模式也会拥抱开放式的平台,这就意味着,开放式平台仅仅是对公司治理模式的补充,不可能真正颠覆它。

二、国内外产业园区金融服务案例分析

(一)中关村产业园区多层次融资模式案例

2014年北京地区天使投资机构活跃度明显高于全国其他地区,而北京地区天使投资最活跃的是中关村。截至2014年底,中关村活跃天使投资人近700名,活跃天使投资基金40支,管理天使投资基金规模近30亿元人民币。北京中关村上市公司达226家,上市公司市值总额约近1.9万亿元,同比增长近14.3%,利润总额约为598亿元,同比增长11.2%。中关村境内创业板上市公司占全国的七分之一,形成了"中关村板块",成为我国创业板的主力军。中关村产业园针对中小企业不同发展阶段,提供差异化的金融服务,整合银行金融机构、各类股权投资机构、多层次资本市场的力量,激发了各类金融资本力量支持企业发展。

---

① 曹红霞:《文化创意产业的"创客"时代》,和讯网,http://news.hexun.com/2015-05-16/175863573.html。

模式一：中关村股份报价转让系统（新三板）

2009年国务院批准了新的中关村股份报价转让试点制度，在代办系统挂牌的中关村企业达到66家，不仅为园区非上市股份公司提供了有序的股份转让服务平台，方便了创业资本退出，适应了多元化的投融资需求，而且为探索建立统一监管下的全国性场外市场积累了经验。截止到2015年年初，中关村在"新三板"挂牌和通过备案的企业总数达300余家，约占全国挂牌企业总数的30%；2014年中关村新增挂牌企业已达40家，募集资金5.47亿元。在中关村股权代办系统中挂牌的数百家企业中有8家企业已在中小板和创业板上市。目前，中关村上市公司总数达到241家，融资总额近2100亿元。

模式二：金融服务超市

"中关村产业园金融服务超市"是北京首个以电子商务形式提供综合金融服务的集中平台，根据园区中小企业个性化金融服务需求，为企业提供全方位的投融资组合产品、融资项目推介和金融产品服务。

平台线上、线下功能：平台分线上、线下两部分内容。线上为金融产品发布和项目推介，平台与政府相关部门、金融服务机构等系统连接，实现了金融产品展示、优秀融资项目推介及金融信息政策实时发布，建成了产业园区金融服务产品供需双方展示交易平台。线下为金融信息披露和项目活动组织，平台定向请金融机构发布最新的金融创新产品、举办金融机构与园区企业对接会、企业专场路演等活动及发布动态的融资项目和融资信息，使得真正优质的科技型融资项目得以成功实现对接。

五大金融服务板块：金融超市平台根据企业需求设立了金融供应区、融资需求区、公共服务区、特色专区以及自助服务区，集成金融服务供应商，在公共服务、特色服务、便捷服务方面开发了新颖功能，使企业有更好的互动体验感。比如在金融供应区，设有五大货区，分别是政策资金、债权融资、股权融资、特色融资和融资中介；在融资需求区，有融资项目推荐、潜力客户群、海外项目专区、融资企业专区，其中，融资项目推荐按项目来源汇集了协会、中发展集团、联合信用等体系中的多元化的融资项目；"潜力客户群"从金融机构发展业务的角度汇集了软件园的上市公司、"瞪羚计划"企业、"金种子工程"企业等；"海外项目专区"则聚焦海外的原创性、关键性、颠覆性、有影响力的项目；"融资企业专区"则对近期有明确融资意向的企业进行信息披露。目前金融超市网店已接纳了126家金融服务机构，其中银行24家、金融投资机构89家、行业组织及协会13家，各类融资需求规模累计约6亿元。

模式三：创业投资基金

中关村平均每年的创业投资案例和投资金额均占全国的三分之一左右,天使投资活跃。2001年,中关村设立第一家有限合伙的创业投资企业,设立了第一支政府创业投资引导资金。截止到2014年,中关村设立的创投基金投资总额超过42亿元,共投资科技型企业190余家。已完成投资的项目中,4家企业IPO上市,2家企业实现并购退出,2家企业已通过上市审核拟近期IPO,7家企业已报证监会IPO审核,还有50多家已具备IPO条件并计划于近两年申报上市。

模式四：银行信贷服务

中国银行、杭州银行、北京银行、华夏银行等近20家商业银行在中关村产业园设立了专门为中小企业服务的信贷专营机构和特色支行;服务于园区企业的北京中关村科技融资担保有限公司也为企业提供担保融资近840亿元;大力推广信用保险及贸易融资、信用贷款、知识产权投融资、小额贷款等工作。

（二）北京嘉诚印象文化产业园区"物业+服务+金融"模式案例

嘉诚印象文化产业园区（以下简称"嘉诚"）位于北京东城区的藏经馆胡同里,全称为"嘉诚藏经馆胡同17号创业孵化器平台"。嘉诚定位目标为建设中小文化企业服务平台,它经历了房产运营,产业聚集,经营文化园区,最后到培育孵化器文化产业园的发展路径,是民营企业开发经营文化产业园区的典型代表。嘉诚实践文化产业聚集区的理念始于2010年前后,目前已经在北京建设了13个地块面积大约9万多平方米的文化空间,并且开始进军天津等外地城市。嘉诚印象文化产业园区经过多年的发展已具备自身的特征。

特征一："物业+服务+金融"发展模式

一是物业服务,重点建设文化产业聚集区,本质是出租物业,其主要收入以物业租金为主。二是一站式服务,嘉诚承办东城区的中小企业服务中心,为园区内的企业提供一站式服务。从工商注册,到税务登记,再到融资及政策兑现,企业免去跑政府、工商、税务机构的流程,省去国贸CBD往返的成本,从服务中心即能享受全流程服务。但此模式对嘉诚盈利水准挑战较大,难以维持园区财务可持续发展。比如,2013年嘉诚的运营费用是400多万元,实际上政府提供资金只有100多万元左右,当园区企业亟须的服务需求和运营商的盈利方式难以匹配时,新的运营模式就呼之欲出。金融服务是嘉诚的第三种发展模式,围绕园区中小文化企业的现实困难,深度挖掘企业资金需求,帮助中小园区企业融资是此模式的核心。文化产业园区金融服务的杀手锏则是帮助其所在的东城区的中小企业新三板挂牌上市。目前，嘉诚已和东方信达成立了首支规模达2亿元的文化基金，并向6家公司提供资金5900万元。

以上三种模式都是嘉诚针对文化企业不同发展阶段提供的个性化专业服务，而金融服务对于文化中小企业尤为重要，与大部分小微企业一样，它们最缺乏的不是第二轮后期项目成熟时的融资需求，而是初创期的天使资金支持和企业壮大后主板A股市场的认可。嘉诚文化产业园"物业+服务+金融"的发展模式基本能满足符合条件的初创企业对于资金的需求，发挥着培育壮大文化企业孵化器平台的功能。

特征二：政府资源整合利用

与众多单纯走市场路线的孵化器有所不同，嘉诚的特点是重视对政府资源的利用，北京市东城区聚集了众多文化创意企业，要想真正把孵化器做大做强，政府的支持弥足珍贵。从嘉诚的成长轨迹来看，在做文化园区的过程中，嘉诚已经具有一种平台的概念和功能。一方面是按照市场化机制经营孵化器，另一方面就是要把孵化器的运营同政府的优惠政策和资源结合起来，共同完善文化产业园区的平台功能。

(三) 美国硅谷产业园区金融服务模式案例

硅谷是世界上最成功的高科技园区。全方位的金融服务及投融资环境是硅谷中小企业获得成功的关键因素。硅谷中小企业金融融资主要包括风险投资、硅谷银行及纳斯达克(NASDAQ)挂牌上市等模式。

模式一：硅谷风险投资

风险投资概述：随着硅谷向民用市场的发展，20世纪70年代初以来，风险投资取代国防军费的支持成为硅谷企业的主要资金来源。硅谷地区的许多风险投资公司集中于门洛帕克市的沙丘路。硅谷的风险投资公司主要投资种子阶段的企业，投资额在10万—100万美元，对于早期阶段的公司投资100万—1000万美元，对于成长阶段的公司投资在1000万—1亿美元之间。比如，国际知名投资公司红杉资本投资过的公司市值占到NASDAQ市值的14%，包括苹果、谷歌、思科、甲骨文、艺电、雅虎和英伟达等高科技公司。

风险投资的资金来源：硅谷80%以上的风险投资资金来源于个人资本、大公司资本、私募证券基金及机构投资者资金。个人资本相当一部分投到早期风险企业；大公司资本是大公司常投资于与自己战略利益有关的风险企业，以合资或联营的方式注资;私募证券基金通常将一部分资金投资于接近成熟的风险企业,以期得到高额回报;机构投资者资金包括退休养老基金、大学后备基金、各种非盈利基金及共同基金等。由于政策管制,共同基金一般不投资于上市前的风险企业,但某些高科技产业允许共同基金将不超过基金总额的 2% 左右投资于变现性低的风险企业,尤其是即将上市的企业。

风险投资的组织形式:(1)有限合伙制。是由私人资本参与的专门向风险企业提供资金的投资公司形式。它不能从政府获得优惠贷款,但可以参与美国小企业管理局制定的投资计划。(2)股份制。这类风险投资公司完全按股份制企业运作,入股者可以是私人、企业法人、银行和事业部门等。公司经营者可以是股东,也可以是由董事会聘请来的风险投资专家。(3)子公司型。这类风险投资公司的资金和管理者来源于母公司,主要目的在于为母公司提供多样化或创新的可能性,一般不对外投资。

政府在风险投资中的作用:对于硅谷风险投资的形成与发展,美国政府起到了间接扶植和引导的作用。首先,政府对风险投资业务基本不干预,因为风险投资文化与政府文化很难相容。其次,政府的一些间接政策又为风险投资的发展给予了极大的支持。美国政府的间接扶持政策主要是通过立法,制定政策和发展计划,健全服务与监管体系来规范风险投资的规则,优化风险投资环境,令风险投资社会化和市场化,提高风险投资能力。如小企业投资法(SBIC)、小企业研究计划(SBIR)、知识产权保护政策和对外贸易政策等都有力地支持了风险投资的发展。

模式二:硅谷银行

硅谷银行概况:硅谷银行成立于 1983 年,总部位于加利福尼亚州的圣克拉拉,当时的注册资本仅为 500 万美元。1993 年以前,硅谷银行所服务的客户群体和提供的金融服务业务与其他商业银行相比没有太大区别。1993 年是硅谷银行的重要转型期,也是它从一家传统商业银行成功转型为科技银行的关键点。当时在硅谷开设的银行虽达 350 家,其中包括美洲银行、巴黎国民银行和标准渣打银行的分支机构等。目前硅谷银行通过位于美国的 27 家办事处、3 家国际分公司以及在英国、印度、以色列和中国的广泛商业关系网,共为 3 万多家科技企业以及 550 多家风险投资和私募基金公司提供了服务支持。

经营模式:硅谷银行的经营理念是致力于为处于成长阶段的各种规模的技术和生命科学公司提供创新型金融服务。硅谷银行的客户主要有风险投资公司和科技公司。硅谷银行同风险投资公司合作的方式共有三种:一是向获得风险投资的科技公司提供金融服务;二是作为风险投资公司的开户银行;三是直接投资于风险投资公司成为合伙人。硅谷银行对于科技公司的选择,会通过各种可能的途径做最全面、详尽的调查,包括对公司管理层的尽职调查。通过向相关公司的财务顾问、法律顾问咨询了解这些公司的历史和现状,同时银行会把借款和公司的现金流量相匹配,每月查看公司的资金使用情况。硅谷银行与已经向科技公司投资的风险投资公司实现信息共享,使硅谷银行可以通过风险投资公司进一步了解科技公司的经营管理状况,从而降低投资风险。

银行投资方式:第一,硅谷银行突破了债权式投资和股权式投资的限制。对于债权式投资,硅谷银行主要提取部分客户基金作为创业投资的资本,以减少通过发行债券和股票所募集的创业投资资金,之后银行以高利率将资金借贷给创业企业。对于股权式投资,硅谷银行与创业企业通过签订协议,收取股权或认股权以便获利。硅谷银行在投资中往往混合利用两种方式:将资金贷给创业企业,收取高于市场一般借贷的利息,同时与创业企业达成协议,获得其部分股权或认股权。第二,硅谷银行模糊了直接投资和间接投资的界限。直接投资是指硅谷银行将资金直接投入风险投资公司已经投资过的创业企业,但参与比例一般低于风险投资所投资的比例。在产生回报时,由创业企业直接交给银行。间接投资是指硅谷银行将资金投入风险投资公司,由风险投资公司进行投资,同时由创业投资公司回报给银行。

银行退出方式:硅谷银行主要采用公开上市的方式进行创业投资的退出。在创业公司上市后通过抛售股权获得利润。对于没有上市的创业企业,硅谷银行采用两种收购方式:一是兼并,又称一般收购;二是其他创业投资介入,也称第二期收购。创业投资已经衍生出众多的新品种,逐渐由传统创业投资向新兴的创业投资过渡。

模式三:纳斯达克(NASDAQ)市场挂牌上市

纳斯达克(NASDAQ)为硅谷创业公司提供了上市融资的便利条件,为风险资本增值后的退出提供了高效的退出方式。目前在NASDAQ股票交易所上市的有来自加州的500多家公司,其中硅谷就有40%的规模。硅谷公司的市值占加州公司市值的75%,占NASDAQ总市值的29%。在NASDAQ-100指数的成分股中有28家总市值为954亿美元的硅谷公司。

(四)欧盟"资金+非货币"型文化金融支持模式案例

欧盟地区文化企业主要是由中小企业和微型企业构成,这些不同国家的文化企业主要特征是创意活跃度高、对于公共投资计划依赖性较强,但普遍缺乏资金支持。近年来设立了专门针对文化产业发展的金融支持计划,这些计划分为贷款和担保计划、权益资本计划、税收激励和政府补助计划及非货币支持计划等。

1. 贷款和担保计划

贷款是欧盟地区文化企业融资的重要渠道,它所发挥的作用在文化创意产业的子行业之间有所区别。提供贷款给文化创意企业的金融机构一般是银行,贷款额度一般较小。欧盟地区有一些针对文化创意企业的贷款计划,包括荷兰的文化贷款和 Triodos 文化基金。这些计划的主要受益者是视听行业、音乐行业。

担保计划旨在通过分担投资者的风险来刺激对文化创意产业的贷款。目前欧盟地区文化创意产业能获得的担保贷款主要有以下两种:第一,仅针对文化创意产业的政府—民间合作的担保贷款(法国的 IFCIC;西班牙的 Audiovisual SGR);第二,近来出现的为文化创意产业中某些子产业提供资金的民间担保计划。

2. 权益融资计划

少数欧盟地区文化创意产业使用过权益融资,目前有以下一些权益融资方式:第一,风险投资基金和夹层投资基金。在欧洲大约有 62 家特殊的权益资本基金,它们大部分是最近才建立的,其中 32 支基金为数字视听企业服务。这些基金大多是地区性的,是政府资助的。在英国,企业资本基金(Enterprise Capital Funds)为创新性中小企业提供了共同投资计划。由企业资本基金支持的企业中大约有 25% 是文化创意企业。类似的还有法国针对时装行业的风尚基金(Modeet Finance)。第二,天使投资和"P2P 融资"。天使投资(Business Angel)是指个人出资协助具有专门技术或独特概念的原创项目或小型初创企业,进行一次性的前期投资。"P2P 融资"是新型融资渠道,指企业可以通过互联网吸引消费者的个人投资。

3. 税收优惠和政府补助计划

在欧盟地区,专门针对文化创意产业的税收优惠政策,主要有以下两种:鼓励产业生产文化产品和提供文化服务的政策、激励民间对文化创意产业投资的政策。根据以往经验,电影企业是这些政策的主要受惠者。法国、意大利、爱尔兰也对音乐、视频行业提供上述优惠政策。近来也出现了新的政府补助形式，例如"创新补助金券"。它不仅帮助推动企业创新，而且帮助文化创意企业得到资金以聘请营销专家、知识产权专家、管理专家，对文化创意产业较为有利。

4.非货币支持计划和"投资准备"

非货币支持计划为文化创意产业提供的服务包括：第一，设立投资准备项目。这是一个短期培训项目，在这个项目中专家将给予企业一些指导，帮助企业了解自身的市场地位、优势和劣势，以帮助中小企业提高获得种子基金或风险投资基金的可能性。例如 NESTA 创意先锋项目（NESTA Creative Pioneer Programme）和德国 Creative NRW 项目。第二，举办企业和投资者的交流会，例如法国的 Start West、英国的创意投资者项目（Creative Investor Awareness Project）。第三，举办知识产权咨询会、法律咨询会、营销支持交流会，例如伦敦的 Own-it。第四，提供企业孵化服务，例如荷兰的 Incubator Design。

5.欧盟提供的融资渠道

欧盟通过支持一些地区的项目和政策对文化创意产业进行支持。例如，伯明翰的优先创意基金（Advantage Creative Fund）已取得欧盟结构基金（EU Structural Funds）的支持；欧洲社会基金（European Social Fund）资助了一些对文化创意企业主的培训计划；欧洲投资银行（European Investment Bank）和欧洲投资基金（European Investment Fund）也将为文化创意产业提供更多资金。

(五) 日本筑波产业园区多样化金融服务模式案例

日本典型的高科技产业园区是筑波科技园区，成立于 1963 年，位于筑波市中心。筑波是日本政府第一个尝试建立的科学城，完全由中央政府资助，以基础科研为主，集中式布局，属于国家级研究中心。其科技金融支持体系以政策性金融为主，并注重金融服务的多样化。

1.强有力的金融服务体系

日本的经济发展中带有明显的银行主导金融财阀的痕迹，这也使得日本的筑波产业园区在发展过程中也不例外地主要依靠银行作为金融服务的主体。因此，筑波产业园的金融服务与美国呈现出完全不同的特征，风险投资基金在日本的高科技产业园区发展中并没有扮演完全主导的角色，而且现有的风险投资机构一般都隶属于各类银行，使得其高科技产业园区的融资渠道最终仍然是商业银行。

日本也效仿美国引进了创业板交易市场,即 JASDAQ。但是其制定了较 NASDAQ 更为严格的上市门槛制度,因此对于那些中小型的高科技企业而言,通过 IPO 上市融资存在较大的困难。从美日两国的高科技产业园融资服务特征看,融资服务环境有赖于各个国家自身的发展状况和国情特色。美国融资服务中以风险投资基金为主导,而日本却是以商业银行为主导,当然日本的商业银行并不仅仅局限于银行业务。

2. 多样化的金融服务

日本筑波产业园区的金融体系主要以科技信贷、科技保险和信用担保的形式存在,在日本的银行导向型金融体系的影响下,银行系统的间接融资是中小企业融资的主要渠道。此外,中小科技企业为其贷款进行保险甚至再保险,比信用担保成本更低。日本是亚洲地区风险投资发展最早的国家,但由于风险投资公司大部分为金融机构所有,风险投资几乎成为债权融资的变种,投资对象也以大中型企业为主,很少涉足高风险的技术创新领域,发展较为缓慢。

在日本筑波产业园区中,政府的资金投入占主导地位,同时充分调动企业和社会的财力,发挥民间企业的积极性,风险投资系统正在积极探索与发展过程中,目前资金来源主要靠地方公开团体、财团和企业财团与政府合建,投资渠道的多元化为筑波的发展注入了长久的发展动力。

三、以金融为核心的企业全程孵化模式分析

经过前述分析,我们已经初步了解到我国文化产业园发展面临的种种问题,也看到国内外一些园区金融服务的成功经验,金融服务是万能的吗?成功经验可否复制?有没有更好的模式?笔者所在的北京歌华文化发展集团先后开发了中关村科技园雍和园、北京天竺综合保税区文化保税园两个文化产业园区,笔者也有幸全程参与。这里将我们最新推出的一个概念——以金融为核心的企业全程孵化模式分享给大家,也希望这个模式在实践中不断被证明和完善。

(一)文化产业园区建设应该以中小企业为首选

虽然国内相当部分的产业园区热衷于招募大型及知名企业入驻,但是在文化产业领域,吸引招募中小企业才是前期园区经营者的理智判断。数据显示,

中小型的网商、微商及创意型文化企业大量存在,且文化企业大多数属于轻资产等固定资产较少的企业,文化产业园区的招商理应面向文化创意企业的中间层。大型的企业大部分基本有自己的产业区域规划,比如阿里巴巴、海尔等,类似企业都在做文化品牌及互联网业务,本身对园区需求有限,且企业自身实力的优势,足够在当地游说政府建设产业园区,更高效地与产业上下游产业链衔接。而作为中小型企业,如此配套需求显然依靠企业自身难以实现,需要产业园区在硬件设施及优惠政策等软性配套方面提供支持。面对大型企业的强势议价能力和自身需培养明星企业的需求,产业园区更适合招募中小企业进场发展,即使有大型企业入驻,也更倾向于引进产业的某个横切面功能,发挥园区在业态功能上的整合优势。

文化产业园区对于经营方式的选择,更需要打破现有国有产业园区的模式。首先是用地方式上,要逐步改变传统征地模式,比如通过集体经济清资核产和股份化的方式,将农民的集体土地使用权逐步转变为财产权或股权,然后以此作价入股国有园区,长期分红和参与园区管理。其次是降低中小企业的入园门槛,采取分层租赁、虚拟注册等方式,取消入园企业租用物业规模、用地面积、注册资金及投资强度等限制,引入科学灵活的企业"进入"与"退出"机制,帮助企业自主发展。最后是为企业提供智慧的服务。如今相当多的入园企业,真正在意的不是来自于税收等方面的优惠,而是更关注能否站在中小企业发展的角度来提供支持和服务,帮助其解决发展过程中出现的困难和问题,比如市场、资源、资金、企业管理上的困难。基于此,园区经营者更应从互联网生存环境、资本市场培育及企业治理等领域孵化企业发展,解决其面临的可持续发展难题,提供全方位的支持。

(二)选择具有竞争力的产业链横切面功能

不同的文化产业园区应该具备不同的功能定位和发展模式。在文化产业园区版图上,美国好莱坞、印度宝莱坞、中国横店,已经成为电影产业的坐标,而伦敦西区、美国百老汇是戏剧艺术的汇集地,纽约苏荷区、北京798及宋庄艺术园区是艺术创意园区的典范。这些文化产业园区以其强大的吸纳和辐射力,对区域经济发展作出了巨大贡献,其发展速度和效率也成为行业企业、政府效仿的范本。纵观国内外案例发现,成功的文化产业园区其功能定位较为清晰明确,选择以产业某个横切面功能为核心,以规模化的产业方式发展,实现了文化经济规模和范围的扩张。

我国文化资源分布广泛且数量众多,但却缺少具有较强全球竞争力的文化精品。其根本原因在于我国缺乏基于文化产业横切面功能的文化产品生产的分工与合作机制,文化产业的高端化发展趋势与低端化经营管理矛盾突出,总体上还未形成较强的文化产品供给体系。综观上述成熟的文化产业园区,无不是在特色文化资源、上下游横切面资源的基础上发展起来的。可见,以特色文化资源为基础,以市场化经济和资本市场手段为杠杆,打造着力于转变文化产业发展方式,实现产业结构、需求结构和要素结构优化的特色文化产业园区,是推动文化产业集约化、规模化和专业化发展的重要路径。

文化产业园区的功能定位必须符合产业发展的实际需要。必须从整个城市层面上来考虑城市已有的文化产业资源和文化产业基础,厘清城市已有文化产业园区的功能定位、空间布局和发展方向,避免不同园区的功能定位和产业结构雷同。采取横切面功能互补原则,不同的文化产业园之间在发挥比较优势的同时要注重功能定位的差异性,避免定位雷同,产业过度竞争。根据所在区域的经济特征和各种资源优势,确定文化产业园的功能定位,发展与区域经济相适应的相关产业。

总之,针对文化产业园区要做细致的基础现状与相关资料的调研,了解所在区域的特色和优势产业,了解政府有关部门的相关政策,合理定位文化产业园区的功能和产业,以产业链不可替代的横切面功能为核心,加速文化产业市场的建设。

(三)注入"互联网+资本+企业治理"的基因

1.互联网将成为文化产业园区可持续发展的生存环境

互联网在深刻影响着人们的生产生活水平的同时,也改变着产业园区发展的业态,它已由产业园区企业的技术支撑升级为生存环境。如此背景下,产业园区如何在互联网背景下孵化培育入园的中小企业是新的命题。

针对以往产业园区招商引资由于拼地价和硬件设施等造成的投资效率低下、产业规划雷同等现实问题,产业园区应注入互联网基因,可概括为专注、极致、口碑、快。产业园区的互联网基因,就是园区开发者必须根据园区的资源禀赋以及自身定位,深耕产品和园区的不可替代性,利用成熟的互联网技术提升园区经营者的新思维。并且做到一定的规模与专业度,以达到"专注"和"极致",不单单依靠普通的推广营销渠道,而是依靠"粉丝效应"打造社群与圈层。

即便产业园区不具备互联网产品的"快"基因,也需要通过入园企业的反馈迅速提升园区产品与服务的质量,而不是出租园区物业就算成功。

而谈及互联网时代下的产业园区,业内人士无不强调"社群思维",即如何打造产业园区的粉丝效应,打破园区与客户之间原有的单一的买卖关系。从线上线下多渠道与客户形成"朋友关系",将会是未来的突破点。与所有传统行业企业一样,互联网带来的变革也让走在前沿的产业商感到焦虑。不可否认,不是所有的"猪"都能在风口处飞起来,但一定要有做"猪"的态度,产业园区要利用互联网的技术和思维为自己注入互联网基因,培育园区企业成为那只能站在风口上的猪。

另外,小米和海尔的管理模式也值得借鉴。产业园区要以"产品驱动"的思维来武装团队,这一点小米比较成功。与之形成鲜明对比的是"管理驱动"思维,它也是传统行业与互联网思维融合的成果,这一点以海尔集团为代表。海尔强调互联网思维的"管理驱动",在公司内部消灭中层概念。每个分公司团队都成为小微公司,让员工在为客户创造价值的同时,也实现自身的价值,以管理带动产品创新,创造一切围绕客户的产品与服务价值,全方位提升客户的体验。

2. 全程资本驱动助力文化产业园区在孵中小企业发展

在资本经济与产业园区融合发展的背景下,企业凭借自身拥有的有限资源已很难获得绝对竞争优势,对于资源匮乏的创业企业而言,这一趋势尤为明显。比如银行,当经济处于上行期,银行会锦上添花,主动、过度地放贷给企业。而一旦经济进入下行期,银行就立刻釜底抽薪,这使下行的经济雪上加霜,这也是中国银行盈利模式和监管模式决定的。在此背景下,国家鼓励支持新型文化产业园区的规划与建设,通过文化产业园区的资源整合与归集,能够帮助中小企业建立与资本经济的对话和实践,为企业提供绿色的资本条件和友好的经商环境,弥补资源获取能力的不足。

所谓全程资本服务,其核心功能是助推中小企业积累运营知识、开发创造能力和运用自有资源,促使园区的企业具备富有竞争力的运营能力。这不仅要求文化产业园区在办公场地设施、培训、咨询、政策、融资、法律和市场推广等服务上下足功夫,更要具备为企业提供发掘和利用资本市场资源的渠道。资本市场对企业的影响主要体现在社会混合性资源的整合、联系强化和高效利用上。处于上升期的中小企业一旦进入具有提供资本市场资源的园区,就必然嵌入已有的多维度资源,得到政府部门、科研院所、金融机构、文化服务、法律等机构的支持下的资本培育,为企业获取各类资源提供了更多的渠道选择。同时,通过园区开展的沙龙、培训、项目对接等活动,企业与各类机构间的交互作用将不断强化企业的社会资源的强度,帮助其建立稳定的资本市场合作关系。

文化产业园区提供的全程资本服务能够提高企业的经营效率。文化产业园区为企业提供资本服务时,通过提供关键信息帮助企业发现商业机会,提高企业评估与利用机会的能力。这样的信息主要来源于资本的技术、市场、金融法规三个方面,企业往往需要通过资本市场去感知社会资源建立的伙伴关系的获得最初的创意。资本的规模也同时决定了其对机会的认知水平和产生创意的动机。

在多种资本渠道中,企业一般倾向于从金融机构或其他投资机构渠道融资,但由于缺乏抵押和担保,中小企业通常难以获得银行等金融机构的信任。企业在耗尽自身的经济资本后,不得不求助于基于信任的内部融资渠道为新项目运营提供资金支持,但从效率上看,类似渠道并不是最佳创业融资选择,复杂的程序和不可预见性,往往会导致融资失败。因此,文化产业园区自身服务于中小企业的投融资功能异常重要,手续便捷高效是其竞争于传统信贷的特征,园区能为企业提供发展所需的资金,又能减少企业的融资时间与成本,从而提高了企业融资的速度与效率。

3.培育完善文化产业园区中小企业治理结构

文化产业园区不仅要从互联网的生存环境、资本市场的时代基因方面培育园区的企业,更要深入企业骨髓,在企业治理结构上孵化企业发展。目前业界没有一种最佳的企业治理模式,对于文化企业亦是如此,但企业治理模式最终会趋于一种有效的商业方向。文化产业园区的中小企业治理模式呈现多样化,对于文化产业园区来说则意味着在服务企业时要观察其阶段特征:初期的成长多依靠团队和产品,中期的提升主要依靠资本的力量,而最终做大做强的力量一定来自于企业治理能力。从企业治理角度来看,文化产业园区的服务应能够引导企业完善自我结构,在多元利益主体博弈下,既能保障内部激励又能有利于企业矛盾自我修复。文化产业园区对于企业的培育应充分考虑其生存环境与商业习惯,可从以下方面着手:

一是园区要及时矫正企业加强内部制衡机制塑造,防范团队小而散。为防范经营者的逆向选择与道德风险等机会主义行为,降低公司治理的监督成本,落实员工在公司决策层及合作人大会中的任职比例,参与公司重大决策。制定经营者收入与普通职工平均收入以及公司经营业绩双重挂钩的薪酬机制,调动普通职工监督经营者的积极性,增强普通职工工作积极性,促进公司经营绩效的提高。

二是园区经营者在孵化文化企业时要弱化政府在公司治理模式中的行政干预色彩,强化政府的公共决策职能。应对政府所有者行为与公共决策行为的职能进行仔细甄别并以法律法规进行明确,防止政府在公司治理模式问题上出现错位、越位与缺位,特别是要注意防止利益偏好主宰公司治理模式。目前,世界范围内公司治理的价值取向日益重视利益和谐,避免公司与股东或其他利益相关者出现利益转移或输送等不公平的零和博弈,激励利益相关者同心协力,促进公司在可持续发展的前提下创造更多的剩余收益。因此,制定切实可行的中小文化投资者保护措施,为大小股东创造公平博弈的机会与平台,是园区经营者在为企业服务中应优先考虑的问题。

三是园区经营者在孵化文化企业时要大力培育合格的机构投资者,防止股权过度分散,避免搭便车倾向,导致监督力度不足和成本上升。机构投资者资金雄厚,研究开发能力强,投资行为比较理性,同时也有较强的动力去监督经营者行为,可以提高公司治理效率,降低委托代理成本。此外,完善资本市场中介机构尽职行为制度建设、完善信息披露制度、实行股权多元化、适度增加银行在公司治理中的作用等,也有利于治理模式的完善。

现代企业管理中不存在最佳企业治理模式,只存在有效的治理模式,文化产业园区在经营中更是如此。有效的文化企业治理模式不是完美无缺的企业治理模式,而是能够在制度演变过程中不断克服缺陷,维持治理机制有效性的制度集合。文化产业园区引导中小企业治理模式的创建应具有自身的特色,具体到不同的公司,则要根据自身的特征来寻找低制度成本的治理机制。

总之,按照我们的构想,精选符合园区业态发展的企业,从入园开始就通过优化互联网环境、全程金融辅助和公司治理结构三个方面的反复提炼,就能够培养出园区的明星企业,并形成生生不息的企业上升通道。当然,为了达成此目标,园区产业范围也必须精确控制,从"大而全"转向"小而美",而形成园区间的分工协作机制必然是园区发展的大趋势。

参考文献:

1. 孙赵军:《我国高科技产业园金融服务研究》,《中外企业家》2012 年第 15 期。
2. 谢萍:《产业园区金融吸纳能力的投入产出分析》,《财经科学》2013 年第 3 期。
3. 张爱军:《我国文化产业基金发展困境及政策选择》,《青年记者》2014 年第 16 期。
4. 蔡琪:《文化资本运营与文化产业发展研究》,《经营者》2014 年第 3 期。

5. 张国磊:《中美文化产业投资融资体系比较研究》,《商》2014 年第 13 期。
6. 蔡尚伟、钟勤:《对我国发展文化金融的初步探讨》,《深圳大学学报》2013 年第 4 期。
7. 牛禄青:《创客,中国创新新势力》,《新经济导刊》2014 年第 12 期。
8. 佘广文:《基于社会资本视角的科技企业孵化器孵化作用机制分析》,《江苏科技信息》2013 年第 21 期。

(王昱东:北京歌华文化发展集团副总经理;殷欧阳,国家对外文化贸易基地(北京)研发主管)

第十二章
文化产业海外投资分析报告

○刘德良

文化产业海外直接投资是推进本国文化产业增长与发展的重要路径与战略手段,也是一国文化产业融入经济全球化、适应经济全球化的微观表现。自2013年后,我国政府陆续出台发布政策引导、财政支持、税收减免及奖励补贴等政策来鼓励文化企业以海外投资、并购重组以及设立分支机构等方式来扩大海外经营。至2014年10月,国内文化企业海外投资范围从亚洲地区逐渐扩大到北美及欧洲等文化产业发达地区,涉及领域也从早期的互联网和网络游戏行业向出版、广告传媒、影视、社交及旅游等行业扩展,投资金额也逐步加大。

文化海外投资拥有巨大的发展空间和难得的发展机遇,同时也必然存在着要素供给不足、支持体系不完善、创新不足等问题的制约。本文从我国企业的海外股权投资、海外并购和海外项目投资(海外分支机构)三方面分别解析我国文化企业海外投资现状,就海外投资模式进行分析,并提出了相应的策略建议。

一、文化企业海外股权投资领域分析

随着实力的增长和管理水平的提升,国内文化企业开始主动寻找海外投资机会来增加企业在海外的影响并有效增强自身竞争力,涉及的投资金额也越来越大。同时基于国家政策和财政的有利支持,国内文化企业海外投资的信心和积极性都得到了很大的提升,海外投资的利益也获得了国家有力的保障。

(一)股权投资积极性提升

2013年至2014年,国内文化企业在海外进行股权投资事件51起,涉及金额40.76亿美元,标的方主要涉及软件网络及计算机服务领域、游戏动漫领域、SNS社交领域、教育培训领域及文化产业外的其他领域。投资方主要以阿里巴巴、腾讯及百度等互联网企业为代表。

1.主要投向软件网络及计算机服务业

表1 2013—2014年投资软件网络及计算机服务业事件一览

序号	领域	投资方	标的方	地区	时间	金额
1	软件网络及计算机服务	阿里巴巴	V-Key	新加坡	2014年	(合投)1200万美元
2		阿里巴巴	Quixey	美国	2013年	5000万美元
3		阿里巴巴	Tango	美国	2014年	2.8亿美元
4		腾讯	AltspaceVR	美国	2014年	520万美元
5		腾讯	CyanogenMod	美国	2013年	(合投)2300万美元
6		腾讯	Scaled Inference	美国	2014年	未透露
7		百度	Pixellot	以色列	2014年	300万美元
8		时尚传媒&联创策源	Asap54	英国	2014年	200万美元
9		网信金融	Hailo	英国	2014年	未透露
10		奇虎360	PSafe	巴西	2013年	(合投)3000万美元
11		小米科技&顺为基金	Pebbles Interfaces	以色列	2013年	(合投)1100万美元
12		复兴昆仲资本	Mainspring	印度尼西亚	2014年	(合投)数千万美元
13		联创策源	Delectabl	美国	2014年	300万美元
14		21世纪天使创投	M87	美国	2014年	(合投)300万美元
15		戈壁投资	Mainspring	印度尼西亚	2013年	数百万美元

数据来源:北京新元文智咨询服务有限公司整理

投资软件网络及计算机服务业的事件数最多,有15起,涉及金额45520万美元,投资方主要是阿里巴巴、腾讯和百度,而像网信和奇虎等稍小型的互联网企业也开始走向海外。其中复兴资本投资东南亚的移动互联网企业Mainspring,是复星昆仲第一家海外TMT投资项目,Mainspring专注于印尼及其他东南亚新兴市场的互联网尤其是移动互联网业务,旨在成为"东南亚最大的移动互联网企业"。在平台方面,Mainspring拥有印尼最大的安卓下载及功略网站；在游戏方面，引入了多款经中国等市场充分验证的游戏产品，Mainspring 很有机会成为东南亚地区最具影响力的移动互联网服务平台。

2. 阿里巴巴主导的电子商务领域也是投资重点

表2 2013—2014年投资电子商务领域事件一览

序号	领域	投资方	标的方	地区	时间	金额
1	电子商务	阿里巴巴	ShopRunner	美国	2013年	7000万美元
2		阿里巴巴	ShopRunner	美国	2013年	2.06亿美元
3		阿里巴巴	1stdibs	美国	2014年	1500万美元
4		阿里巴巴	Fanatics	美国	2013年	（合投）1.7亿美元
5		腾讯	Fab	美国	2013年	1.5亿美元
6		君联资本	Wish	美国	2014年	（合投）5000万美元

数据来源：北京新元文智咨询服务有限公司整理

投资电子商务领域的事件有6起，涉及金额66100万美元，投资方以阿里巴巴为主导，阿里巴巴以电子商务起家，一直致力于更加快捷高效的电子商务服务，2014年9月阿里巴巴在美国纽约证券交易所（New York Stock Exchange，NYSE，以下简称"纽交所"）成功上市，预计其在美国及更广阔的海外地区还将有后续的投资计划。

3. 文化艺术及相关服务等领域投资看涨

投资游戏动漫领域事件8起，SNS社交网络领域事件5起，教育培训领域事件2起，旅游休闲服务领域、广告会展领域和广播电视电影领域事件各1起，共涉及金额14.608亿美元。其中游戏动漫领域和SNS社交网络领域事件最多，投资方主要为腾讯。腾讯是中国最早起步的互联网社交应用企业，也是目前中国最大的网络游戏服务提供商，腾讯近年来一直积极努力拓展海外市场，最早是投资韩国、日本和东南亚周边的一些游戏企业，目前也逐渐向美国等北美和欧洲地区发展。

表3 2013—2014年投资文化艺术及相关服务等领域事件一览

序号	领域	投资方	标的方	地区	时间	金额
1	游戏动漫	腾讯	CJ E&M	韩国	2014年	5亿美元
2		腾讯	kamcord	美国	2013年	100万美元
3		腾讯	Plain Vanilla	冰岛	2013年	（合投）2200万美元
4		腾讯	Playdots	美国	2014年	（合投）1000万美元
5		腾讯	Aiming	日本	2014年	未透露
6		腾讯	Kamcord	美国	2014年	1500万美元
7		腾讯	4：33 Creative Lab	韩国	2014年	1.1亿美元
8		阿里巴巴	Kabam	美国	2014年	1.2亿美元
9	SNS社交网络	腾讯	Snapchat	美国	2013年	8000万美元
10		腾讯	Whisper	美国	2014年	（合投）3600万美元
11		腾讯	Yo	美国	2014年	150万美元
12		平安创投基金	eToro	俄罗斯	2014年	2700万美元
13		复星昆仲资本	Connect	美国	2014年	1030万美元
14	教育培训	好未来	Minerva	美国	2014年	1800万美元
15		阿里巴巴	TutorGroup	美国	2014年	（合投）1亿美元
16	旅游、休闲服务	携程	Tours4fun	美国	2013年	1亿美元
17	广告会展	百度	IndoorAtlas	芬兰	2014年	1000万美元
18	广播、电视、电影	复星集团	Studio 8	美国	2014年	1亿美元以上

数据来源：北京新元文智咨询服务有限公司整理

教育培训领域的海外投资是众多股权投资中的一个亮点。2014年10月，好未来教育集团领衔中国投资财团与美国硅谷著名的Benchmark资本共同投资美国Minerva大学，其中好未来单方出资1800万美元。好未来十分看重Minerva在独特的教学方法与互联网结合方面的创新型实践，此次与Minerva达成战略投资，搭建一座中美教育衔接的新桥梁，将为中国的优秀学生提供极其前沿创新的学习视角。如今,全世界范围内教育行业正迎来前所未有的大变革,科技、互联网与教育的结合如火如荼,未来教育行业定会在全球范围内共享资源和创新,并得到更加迅速的发展。

4.文化产业外的其他领域的投资更加丰富

表4 2013—2014年投资文化产业外的其他领域事件一览

序号	领域	投资方	标的方	地区	时间	金额
1	其他	阿里巴巴	Peel(电子硬件)	美国	2014年	5000万美元
2		阿里巴巴	Lyft(汽车交通)	美国	2014年	2.5亿美元
3		阿里巴巴	SingPost(新加坡邮政)	新加坡	2014年	2.49亿美元
4		奇虎360	EyeVerify(生物技术)	美国	2014年	600万美元
5		奇虎360	Spire(企业服务)	美国	2014年	(合投)2500万美元
6		百度	Carmel Ventures(风投机构)	以色列	2014年	1.94亿美元
7		百度	Uber(汽车交通)	美国	2014年	6亿美元
8		腾讯	Tile(智能设备)	美国	2014年	1300万美元
9		人人网	Fundrise(房产酒店)	美国	2014年	3100万美元
10		小米科技	Misfit Wearables(电子硬件)	美国	2014年	(合投)4000万美元
11		去哪儿	GrabTaxi(汽车交通)	新加坡	2014年	(合投)1500万美元
12		华为	XMOS(电子硬件)	英国	2014年	(合投)2600万美元

数据来源:北京新元文智咨询服务有限公司整理

投资于文化产业外其他行业的国内文化企业以阿里巴巴、奇虎360和百度这些互联网企业为主,投资的领域也基本与其自身的业务领域相关或者具有产业业务延伸功能。如阿里巴巴投资美国的Peel、Lyft和SingPost,都与本身电子商务主营业务相关,特别是阿里巴巴在美国上市之后,并购这些企业有助于未来阿里巴巴在海外展开业务,而阿里巴巴作为大股东的"去哪儿"并购GrabTaxi也是对旅游相关业务的产业链的延伸。

现阶段大规模进行海外并购的文化企业以互联网企业为主,这些企业的主营业务以游戏、社交和互联网应用为主,投资地区主要集中在互联网发达的美国和互联网游戏发展迅速的韩国等地。

(二) 投资领域和投资金额定位密集

我们共收集了 2013 年至 2014 年来自腾讯、阿里巴巴、百度和奇虎 360 等 18 家文化企业 51 起海外股权投资事件来分析。这 51 起投资事件的投资金额约 40.76 亿美元。其中,2013 年发生事件 13 起,涉及金额约 9.16 亿美元;2014 年发生事件 38 起,涉及金额约 31.6 亿美元。2014 年与 2013 年相比,投资事件数增加了 25 起,投资总额增加了 245%,单笔事件平均投资额变化不明显。

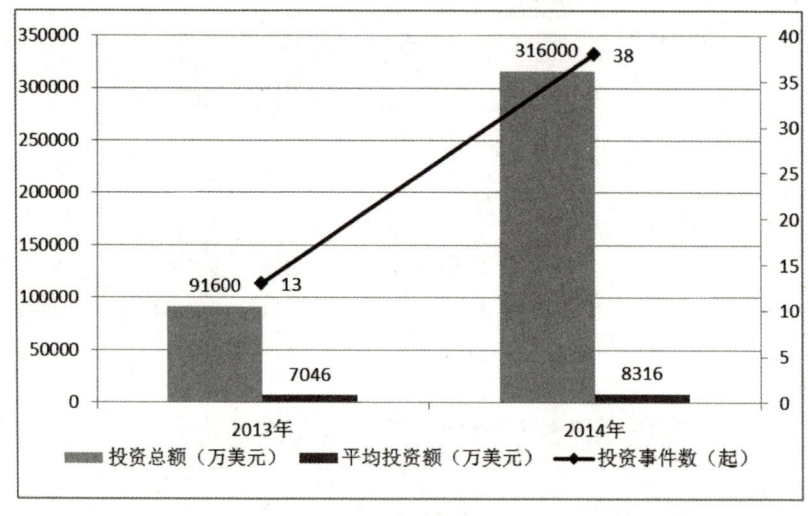

数据来源:北京新元文智咨询服务有限公司整理

图 1 2013 年与 2014 年股权投资事件及规模对比

在 51 起股权投资事件中,标的方涉及了软件网络及计算机服务领域、游戏动漫领域、SNS 社交领域、教育培训领域及文化产业外的其他领域等 9 大板块。

其中软件网络及计算机服务领域事件数最多,为 15 起,占事件总数的 29%,然后依次是游戏动漫领域 8 起,占 16%,电子商务领域 6 起,占 12%,SNS 社交领域 5 起,占 10%,教育培训领域 2 起,占 4%,广播电视电影领域、广告会展领域和旅游休闲服务领域各 1 起,均占 2%,另外文化产业外的其他领域有 12 起,占 23%。

51 起投资事件所涉领域中,游戏动漫领域 8 起事件涉及金额 77800 万美元,排在首位;电子商务领域 6 起事件涉及金额 66100 万美元,排在第二位;而事件数最多的软件网络及计算机服务领域 15 起事件涉及金额 45520 万美元,

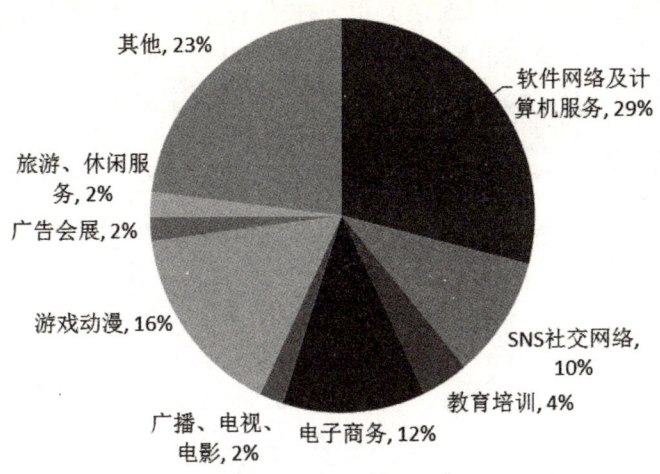

数据来源:北京新元文智咨询服务有限公司整理

图2　股权投资事件涉及领域事件数占比分布示意图

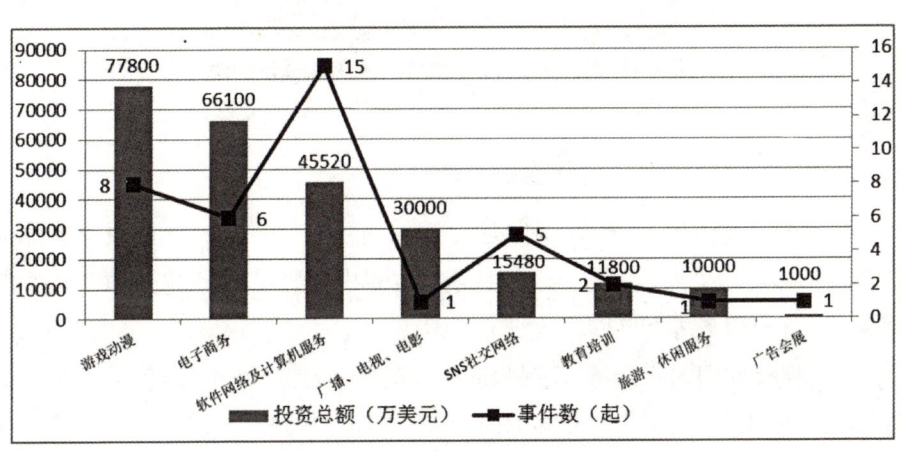

数据来源:北京新元文智咨询服务有限公司整理

图3　股权投资事件涉及领域投资金额示意图

排在第三位。游戏行业涉及的投资事件数不是最多但投资金额最多,游戏行业涉及的单体投资金额相对较大。

(三)投资地域目前相对比较集中

1.国内文化企业股权投资项目美国占比最大

2014年投资事件主要发生在美国,51起投资事件有33起在美国,占事件总数的64.7%,投资金额约28亿美元,占投资总金额的69.5%;新加坡和以色列各有3起事件;韩国和印度尼西亚各有2起事件;另外像巴西、俄罗斯、英国、芬兰和日本等都有投资事件发生。

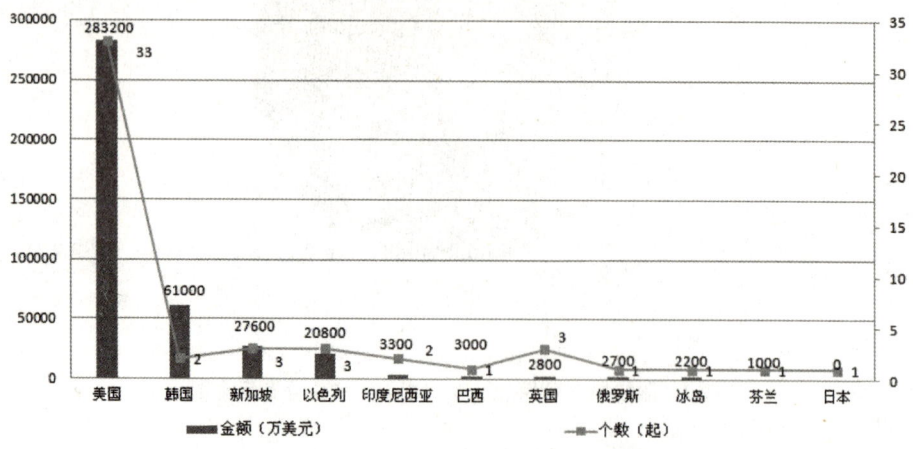

数据来源:北京新元文智咨询服务有限公司整理

图4 股权投资事件涉及地区个数及规模示意图

2.美国的互联网及应用行业是主投

综合51起投资事件来看,美国是投资事件的主要发生地,51起投资事件有33起发生在美国。而标的方涉及的行业主要集中在游戏动漫、电子商务和软件网络及计算机服务等互联网周边行业。

美国是互联网起步最早、发展程度最高的国家,渗透率也极高,互联网与金融、社交、游戏、教育、文化等众多方面形成了很好的融合,美国人在互联网的基础上创造的一个又一个企业盈利模式的奇迹也不断吸引着全球的关注。百度、腾讯的上市开启了中国互联网企业的爆炸式增长,中国庞大的用户基础始终吸引着众多投资者参与互联网的发展。中国互联网企业可以从标的方了解到更深层次的市场模式和需求,2014年阿里巴巴在美国的上市又带来了一波互联网海外投资的热潮。

3.腾讯和阿里巴巴是主要投资者

参与51起海外投资的企业共约18家,其中腾讯和阿里巴巴2家主导了27起投资事件。腾讯主要投资在社交、游戏和互联网行业;阿里巴巴主要投资在电子商务和互联网行业。

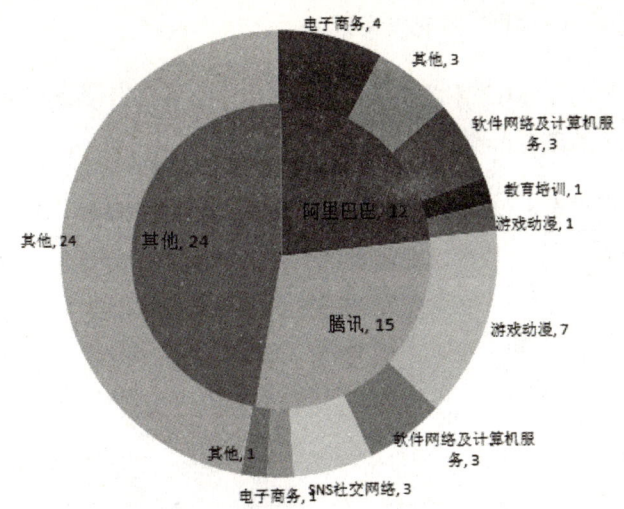

数据来源:北京新元文智咨询服务有限公司整理

图5 海外投资主要企业及涉及行业分布

腾讯是以交友软件为主体、游戏运营为主业的大型互联网企业,近年来积极拓展游戏运营业务,现已成为国内最大的游戏运营商。其投资主要定位于韩国的游戏企业和美国的社交行业企业,腾讯在国际上的投资一直都比较频繁,且多以游戏行业为主。

阿里巴巴是国内的大型多元化互联网企业,旗下淘宝商城和支付宝是国内电子商务行业的典范,阿里巴巴一直致力于海外互联网和电子商务行业的投资,2014年阿里巴巴在纽约成功上市更提升了自身在海外市场的影响。阿里巴巴主要围绕自身电子商务及互联网周边应用进行海外投资。

二、文化企业海外并购事件规模分析

近年来,我国文化企业管理水平稳步提高,经营规模也逐渐扩大,在国家政策和财政的有力支持下,越来越多的文化企业走出国门,并购海外企业并参与其管理,学习先进的管理知识,了解国外企业的经营状况和策略,更加深入地贴近海外用户,结合中外差异来完善自身的管理和发展体系,打通国际市场,并提升自身的海外营销能力。

(一)海外并购事件和规模持续加大

以下收集的是2013年至2014年国内文化企业海外并购的事件,按照标的方企业所在领域进行分类。

表5 2013—2014年国内文化企业海外并购事件一览

序号	领域	买方	标的方	地区	时间	金额	占股
1	游戏动漫	腾讯	PATI Games	韩国	2014年	200亿韩元	20%
2		腾讯	Riot Games	美国	2013年	2.31亿美元	92.78%
3		完美	DigitalExtremes	加拿大	2014年	360万美元	3%
4		奇虎360	KLab	日本	2013年	5亿9400万日元	2.56%
5		天舟文化	ON HOLDING INC	日本	2014年	120万美元	25%
6	广播、电视、电影	华策影视	NEW	韩国	2014年	535.8亿韩币	15%
7		华谊兄弟	Studio 8	美国	2014年	1.5亿美元	——
8		搜狐	Keyeast	韩国	2014年	150亿韩元	6%
9	广告会展	蓝色光标	Vision 7	加拿大	2014年	11.2亿人民币	85%
10		蓝色光标	Fuseproject	美国	2014年	4667万美元	75%
11	电子商务	兰亭集势	Ador	美国	2014年	未透露	100%
12		百度	Peixe Urbano	巴西	2014年	未透露	0%
13	软件网络及计算机服务	久邦数码	GetJar	美国	2014年	530万美元	100%
14		百度	TrustGo(移动安全公司)	美国	2013年	3000万美元	100%
15	旅游、休闲服务	探路者	Asiatravel公司	新加坡	2014年	400万新元	7.07%
16		探路者	Asiatravel公司	新加坡	2013年	800万新元	14.15%
17	新闻出版	凤凰传媒	PIL	美国	2014年	8000万美元	100%
18		广西师大出版集团	澳大利亚视觉出版集团	澳大利亚	2014年	200万美元	100%
19	SNS社交网络	富智康	mig33	新加坡	2014年	960万美元	19.90%

续表

序号	领域	买方	标的方	地区	时间	金额	占股
20	其他	山东远大网络	AutoAgronom	以色列	2014年	2000万美元	100%
21		阿里巴巴	SingPost（新加坡邮政）	新加坡	2014年	3.125亿新元	10.35%
22		万达	圣汐公司	英国	2014年	3.2亿英镑	98.81%
23		美盛文化	Agenturen en Handelsmij Scheepers	荷兰	2013年	1062.5万欧元	85%
24		华为	Neul	英国	2014年	2500万美元	100%
25		联想集团	IBM	美国	2014年	23亿美元	——

数据来源：北京新元文智咨询服务有限公司整理

2013年至2014年，共收集到来自阿里巴巴、华谊兄弟、腾讯、百度及搜狐等21家国内文化企业海外并购事件25起，并购金额达39亿美元。标的方企业涉及游戏动漫、广播电视电影、广告会展、软件网络及计算机服务和新闻出版以及文化产业外的其他行业等9个板块，并购地区涵盖了美国、韩国、日本、新加坡、英国及澳大利亚等10个国家和地区。

(二) 海外并购的领域和地域跨度大

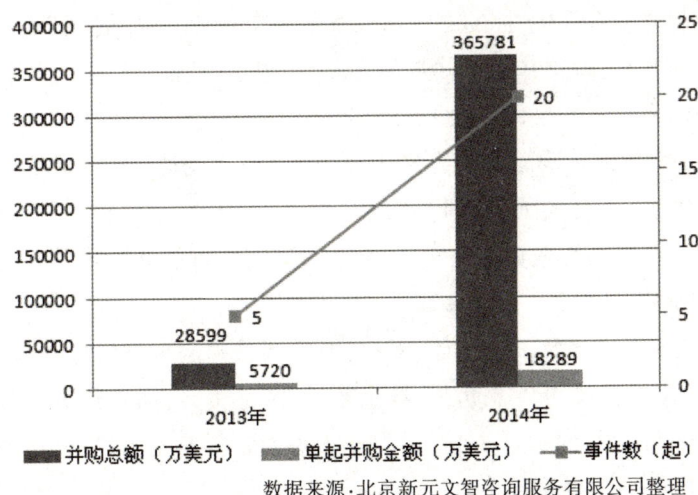

数据来源：北京新元文智咨询服务有限公司整理

图6　2013年与2014年并购事件及规模对比

2013年至2014年,共收集国内企业海外并购事件25起,其中2013年5起,并购金额约2.9亿美元;2014年20起,并购金额约36.6亿美元,相较于2013年增加了10倍。2013年单笔并购金额5720万美元,2014年单笔并购金额18.289亿美元,相较于2013年增加了2倍。

在统计的25起并购事件中,参与并购的国内文化企业数量多且行业广泛,标的方企业涉及的领域和地区范围广。参与并购的国内文化企业达21家,标的方企业涵盖了10个国家和地区的8大行业。

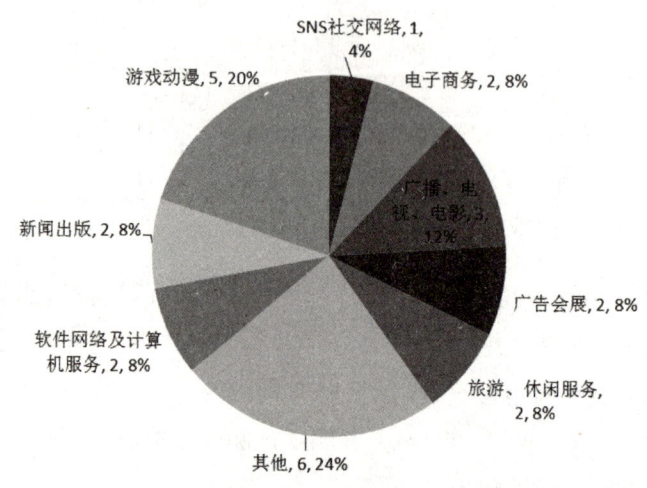

数据来源:北京新元文智咨询服务有限公司整理
图7 并购事件涉及领域个数占比示意图

在25起并购事件中,标的方企业涉及了8个行业,其中游戏动漫领域并购事件最多,为5起,占总并购事件数的20%;其次是广播、电视、电影领域,并购事件为3起,占总并购事件数的12%。

25起并购事件并购总金额约39亿美元,其中游戏动漫行业并购事件5起,并购金额约为2.6亿美元,位列并购总额的首位;其次是广告会展行业并购事件2起,并购金额约为2.2亿美元;广播、电视、电影行业并购事件3起,并购金额约为2.16亿美元。

25起并购事件涉及了10个国家,其中美国是并购事件发生数量和并购金额最大的国家。并购事件8起,并购金额约28亿美元,居并购总金额的首位;其次是英国,发生并购事件2起,并购金额约5.3亿美元;然后是新加坡,发生并购事件4起,并购金额约2.7亿美元。

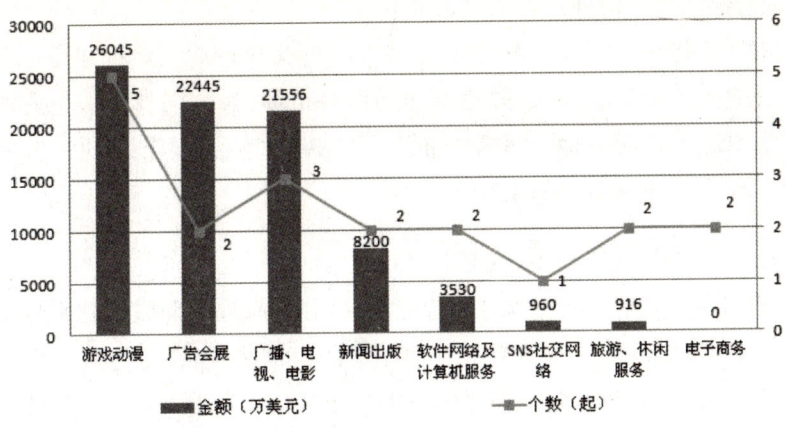

数据来源:北京新元文智咨询服务有限公司整理

图8　并购事件涉及领域及并购金额示意图

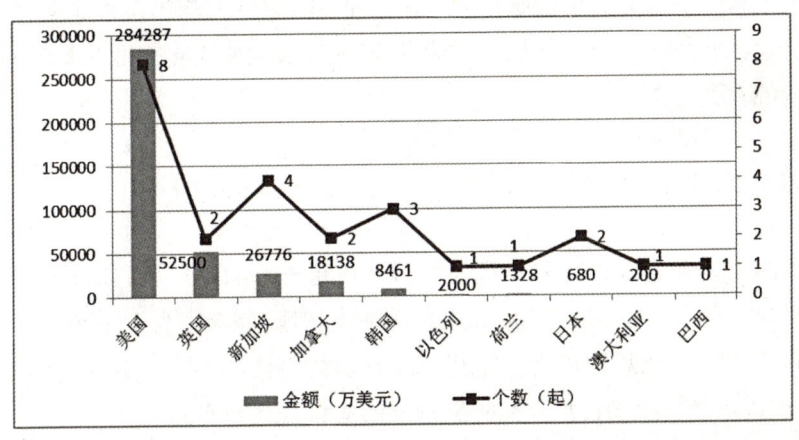

数据来源:北京新元文智咨询服务有限公司整理

图9　并购事件涉及地区个数及规模示意图

(三)国内文化企业海外并购更加积极

1.并购涉及地域向经济发达地区扩展

中国自20世纪90年代开始出现国企海外并购事件,早期并购区域主要在中国港澳台等地区,然后是东南亚等经济次发达地区,并逐步向日本、韩国等亚洲发达国家扩展,直至现在并购区域已经延伸至全球众多发达国家和地区。像美国等经济发达国家,企业生产力和管理运营水平都较高,通过并购发达国家的企业,国内文化产业企业可以获得高级的技术、高信誉的品牌、先进的管理经验等,同时也取得了海外并购的宝贵经验。

同时随着国内经济体制改革和政策的引导,文化产业企业特别是众多民营优秀文化企业不断发展壮大,并逐渐走向海外市场,参与国外优秀企业的管理和运营,因此,更加深入地了解国外市场需求和未来发展态势,对进一步制定企业发展战略有积极的帮助作用。

2.并购规模还有待提高

虽然国内越来越多的优秀文化企业走向国际,海外并购数量越来越多且并购规模也越来越大,但是与世界上其他国家的案例比较,在企业数量和并购金额上还有很大的发展空间,国内文化企业海外并购鲜有重大且能影响所在行业的事件出现。

由于国内文化企业起步较晚,在整体规模和经济实力方面还稍有欠缺,目前国内也只有少数的文化企业有实力并购并有效整合收购的海外企业,阿里巴巴、腾讯、百度、华谊兄弟和凤凰传媒等几家规模较大的文化企业是最近几年海外并购的有力主体。

三、国内文化企业海外投资项目(分支机构)分析

我国文化企业以设立分支机构等形式进行海外项目投资,如:乐视积极在美国影视城设立公司,更加贴近美国影视制作基地,寻求影视未来新技术、业务布局和知识产权解决方案;阿里巴巴寻求在美国经济体制下运营商务网站的新模式;国内出版集团积极扩大海外影响来增加自身品牌实力等。

表6共收集了2013年至2014年10月文化企业海外投资的20个项目,涉及影视、传媒和出版等3大行业。

表6 部分国内文化企业海外投资项目一览

投资方	投资项目	地区	时间	投资目标
中国移动多媒体广播	亚洲之星卫星	美国	2014年	扩大覆盖范围,增加影响
阿里巴巴	Golden Leading (Cayman) Holding Limited	开曼群岛	2014年	在不扰乱国内O2O的基础上扩大外部市场
阿里巴巴	11MAIN	美国	2014年	进驻美国高端电子商务的首家网站
乐视	洛杉矶分部	美国	2014年	乐视影业内容制作业务线

续表

投资方	投资项目	地区	时间	投资目标
乐视	硅谷分部	美国	2014年	乐视影业互联网业务线和智能终端业务线
乐视	Radical Vision China 乐视野文化创意知识产权研发公司	美国	2014年	负责乐视影业内容以及知识产权开发
乐视	洛杉矶子公司	美国	2014年	开拓好莱坞市场
华谊兄弟	美国全资子公司	美国	2014年	电影、电视剧、电视节目的投资、制作、发行、营销宣传,海外公司股权的投资并购及海外项目投资
奇虎360	硅谷办公室	美国	2014年	开拓新市场并寻找新需求
李彦宏	《悟空》(Kong)	美国	2014年	跟好莱坞合作打造亚洲最大动画项目
万达	文旅商业项目	英国	2014年	扩大投资范围,增加海外影响
中播控股	New York Broadband	美国	2014年	筹备视频新一代移动网络
中青宝	海外投资基金	——	2014年	整合资源,提升实力
中视国际传媒(北京)	中央电视台中文国际频道悉尼观众俱乐部	澳大利亚	2013年	加大海外交流,了解海外需求
腾讯	美国 EAFIFA online	美国	2013年	以跨公司、跨地域、跨产业的合作,为用户创造多元化的价值和体验
江西出版集团	美国意联科技公司	美国	2013年	进一步增强在全球物联网研发技术及专利等领域的核心竞争力
安徽出版集团	时代—马尔沙维克集团	波兰	2014年	打造集团向欧洲"走出去"发展的桥头堡和总部基地
昆明新知集团	新知马来西亚吉隆坡华文书局	马来西亚	2013年	率先拓展中国出版物国际营销渠道
昆明新知集团	新知缅甸曼德勒华文书局	缅甸	2013年	率先拓展中国出版物国际营销渠道
昆明新知集团	新知斯里兰卡科伦坡华文书局	斯里兰卡	2013年	率先拓展中国出版物国际营销渠道

数据来源:北京新元文智咨询服务有限公司整理

总体上,其反映的现状特点是:

第一,这种海外投资主要集中在美国等发达国家和地区,说明文化企业在项目投资地的选择上不受原料、市场和生产过程的限制,不必就近市场和原材料供应地,但受科技、人才制约明显。

第二,部分国内文化企业在海外开展投资项目,不以收益为直接目的,主要是为了寻求科技革新,增强企业生产力、核心竞争力和品牌实力。

第三,设立相应的机构或渠道建设,了解海外市场需求,为进一步开发市场做准备。如中视传媒在澳大利亚设立俱乐部、新知集团在东南亚各国设立书店等,都是为了在自己掌控的渠道内认知海外市场。

四、文化企业海外投资的模式分析与策略建议

(一) 文化企业海外投资的模式分析

海外投资指投资主体通过投入货币、有价证券、实物、知识产权或技术、股权、债权等资产和权益或提供担保,获得境外所有权、经营管理权及其他相关权益的活动。根据不同的投资方式又可以分为国际直接投资和海外间接投资。

国际直接投资(International Direct Investment)。也称对外直接投资(Foreign Direct Investment,FDI)、跨国直接投资(Transnational Direct Investment,TDI)、海外直接投资(Overseas Direct Investment,ODI),是指企业以跨国经营的方式所形成的国际间资本转移。一般认为对外直接投资是一国投资者为取得国外企业经营管理上的有效控制权而输出资本、设备、技术和管理技能等无形资产的经济行为。海外间接投资是指资金投入海外的证券等金融资产。

国际市场进入模式是一种制度安排,即企业将产品、技术、管理经验和其他资源进行跨国界转移的方式(Root,1994)。其中,投资进入模式是一种以所有权为基础的进入模式,公司通过在目标国占有部分或全部所有权,将企业的资源转移到目标国家。

海外投资一般包括三个层面的进入模式选择:

一是股权方式和非股权方式的选择。主要指跨国公司对股权投资(合资或独资)和非股权投资(出口、技术许可、战略联盟)的选择。

二是所有权程度的选择。所有权程度的选择是对独资和合资的选择。按投资者对投资企业所拥有的股权比例的不同分类,国际直接投资进入模式可分

为独资方式(Wholly-owned Subsidiary)和合资方式(Joint Venture)。

独资企业指投入企业的资本完全由一国的投资者提供,投资者对投资企业的股权拥有的比例在95%以上的企业。独资企业包括设立分支机构、附属机构、子公司等。它可以采取收买现有企业或建立新的企业来实现。

合资企业指两国或两国以上的投资者在一国境内根据东道国的法律,通过签订合同,按一定比例或股份共同投资建立、共同管理、分享利润、分担亏损和风险的股权式企业。合资企业分为股份公司、有限责任公司或企业、无限共同责任公司,并具有法人地位。采用何种合资方式则由投资各方商定。

三是建立方式的选择。建立方式的选择主要是指对绿地投资或绿地投资方式的选择,绿地投资(Greenfield Investment,即创建投资或新建投资)。这种投资是指投入资金设立独资或合资子公司,在家电、电子、轻纺领域特别明显。另一种为并购投资(M&A, Cross-Boarder Merger&Acquisition,即"褐地投资")的选择。

按投资者投资组建方式的不同分类,国际直接投资进入模式可分为并购方式和新设投资方式。并购方式指一个企业通过购买另一个现有企业的股权而接管该企业的方式。新设投资方式指建立新企业,特别是新工厂,或对其他实际资产进行投资。综上,海外投资的分类结构如图10。

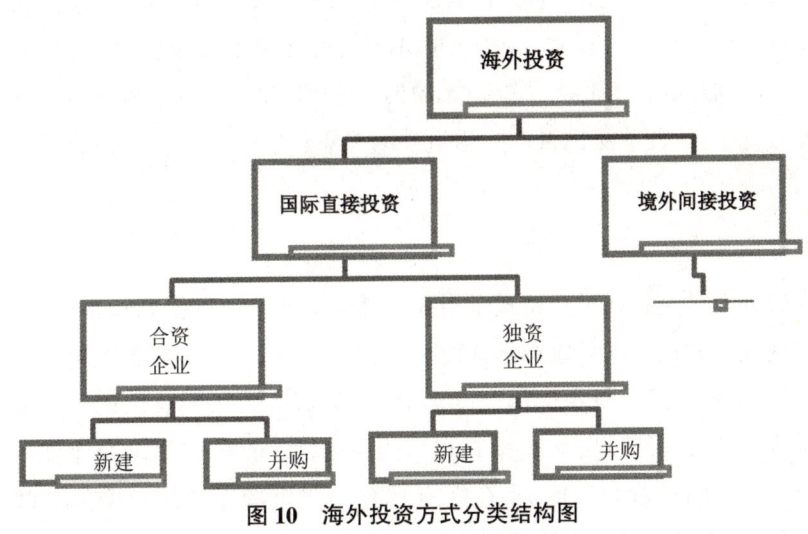

图10 海外投资方式分类结构图

海外间接投资。是指把资金投入证券等金融资产,以取得利息、股利和资本利得收入的投资。

本文在总结中国文化企业对外投资模式选择的基础上，概括出以下主要的六种类型：

1. 并购品牌投资模式

海外并购品牌投资模式是指通过并购国外知名品牌，借助其品牌影响力开拓当地市场的海外投资模式，这种模式的焦点是品牌价值。它的优势在于：一是通过收购国外当地知名品牌这个"壳"，然后借助这个"壳"对产品进行包装，获得或恢复当地消费者的认同，快速进入当地市场。二是由于所并购的多是经营不善或破产的海外公司现成的知名品牌，它仍具有一定的影响力和销售渠道，所以该模式省去了海外品牌塑造和品牌推广的时间与费用。三是该模式适用于具有一定资金基础、信誉较好、有能力收购和驾驭海外知名品牌的大型企业。中国文化企业目前在国际竞争中最缺乏的是品牌优势，通过海外投资并购一些国外知名品牌，有利于提升中国文化企业在国际市场上的竞争力。

富智康（原富士康国际）入股社交网络mig33[①]就属于这类型的投资。2014年4月，富智康间接全资附属公司建鹏企业有限公司（BBE）宣布，以总代价224.4万美元投资社群网站"mig33"控股公司Project Goth, Inc.（PGI）。与migme Limited（MIG）签订配售协议，MIG同意发行4,000万股MIG普通股，发行价为每股0.2澳元，总价为800万澳元（相当于745.9万美元）。集团又签订票据交换协议。MIG同意购入PGI向BBE发行之可换股承付票据，总购入价为4086.9万股MIG普通股。富智康希望通过PGI的策略性投资来增加在新兴市场的曝光率，以便让集团及客户透过mig33平台接触到更多迅速成长的终端用户。

2. 创立自主品牌投资模式

海外创立自主品牌投资模式是指我国某些企业在海外投资过程中，不论是采取绿地投资方式还是采取跨国并购投资方式，均坚持在全球各地树立自主品牌，靠长期的投入培育自主的国际知名品牌，靠消费者认同自己的品牌来开拓海外市场。这种海外投资模式具有相当的挑战性。首先它要求企业拥有雄厚的资金和较强的经营管理能力，在拥有具有一定影响力和知名度的品牌的同时，还需要国内投资企业有熟谙国外当地市场情况的专业人才来成功地打造和

[①] mig33总部设于新加坡，自2006年起经营多平台行动通讯及网际网络业务，营运据点遍及新加坡、马来西亚、印尼及美国硅谷，主要专攻包括东南亚及非洲等新兴市场的社交网络及娱乐。

管理品牌。因为,到海外去办企业已经有一定的难度,而在那里林立的名牌之中创立自己的品牌就更难,而要将一个有待树立和打造的品牌在当地塑造成知名品牌更是难上加难。这要求国内投资企业起点要高,在目前条件下,中国大部分企业不具备这些条件。其次,这种海外投资模式成本较高,风险较大。

这种模式最突出的代表是万达集团。2013 年 6 月万达宣布,将投入 3.2 亿英镑并购英国圣汐游艇公司,投入近 7 亿英镑在伦敦核心区建设五星级万达酒店。2014 年 1 月万达宣布,将投资 20 亿至 30 亿英镑(约合 199.6 亿元至 299.4 亿元人民币)在英国开展城市改造项目。万达将投资在英国建设文旅商业综合项目,主要投资万达具有知识产权的文化旅游商业综合项目。英国是万达海外投资最重要的欧洲目的地之一,且将英国视为海外扩张计划的重要部分。

万达海外投资计划显示,未来 10 年万达将计划在全球 8—10 个主要城市投资建设万达酒店,王健林表示,希望到 2020 年万达三分之一的收入来自海外,即大约 300 亿美元,而要想实现这一目标,万达势必还要进行海外收购。截止到目前,万达已经确定的海外投资总规模已接近 500 亿元人民币。现在无论利用何种形式的海外投资,很重要的目的之一就是通过这样的方式布局国际房地产市场,使其在国内规模化之后,迅速在国际房地产市场上实现品牌全球化、国际化的战略部署。

3. 资产并购模式

海外资产并购模式是指收购方购买海外目标企业的全部或主要的运营资产,或收购其一定数量的股份,以实现对其进行控制或参股的投资行为。中方企业并购目标企业后一般不承担目标企业原有的债权债务及可能发生的赔偿,只承接目标企业原有的资产和业务。目前国际直接投资业务中主要的方式是并购投资,而不是新建投资方式("绿地投资方式")。资产并购模式是以大量非上市企业为交易对象,上市公司终归只是海外企业群体中的小部分,因而这一模式比海外股权并购模式具有更广阔的应用空间,更适合广大中小企业。随着我国海外投资规模的日趋扩大,并购投资将日益成为企业海外投资的重要方式,其中资产并购模式会被更多的企业选用。

万达收购圣汐公司[①]即属于海外资产并购模式。2013 年 6 月 19 日,万达拟受让圣汐 91.8%股份,作价 3.2 亿英镑。万达收购圣汐,也是看好国内市场对

---

① 圣汐游艇公司是世界顶级奢华游艇品牌,创立于 1968 年,年销售额约 5 亿美元,拥有员工超过 2500 人。圣汐游艇公司能独立完成豪华游艇的全部设计与建造,被誉为"海上劳斯莱斯"。

西方奢侈品的需求。收购完成后,万达集团将保留圣汐公司现有管理层、英国生产基地以及全部员工。此次收购是自2012年9月以26亿美元并购美国AMC影院之后,万达国际化的又一实质性进展,提升了万达在国际上的品牌影响力。

4.股权并购模式

海外股权并购模式是指通过购买一家海外目标公司发行在外的具有表决权的股份或认购其新增注册资本,所获得的股份达到一定比例后可对该公司行使经营管理控制权的一种海外投资行为。在海外股权并购模式下,其交易的对象是海外目标公司的股权,而最终取得的是对目标公司的控制权,最终收购方成为海外目标公司的新股东。

例如,2014年年初华谊兄弟曾拟以1.5亿美元投资美国Studio8。公司拟与公司另行确定的其他投资人共同组成"华谊兄弟投资方"作为一个投资主体,合计向美国Studio8公司投资1.2亿至1.5亿美元,购买美国Studio8公司的股权。据媒体报道,这个投资计划后来因为复星集团的介入没有顺利完成。

又如,腾讯在2014年3月斥资5亿美元收购韩国游戏公司CJ Games28%的股份后,8月,又以200亿韩元收购PATI Games,腾讯以第三者配股有偿增资的方式向其投资200亿韩元。通过本次投资,腾讯将成为PATI Games的第二大股东。PATI Games旗下的著名作品 *I love coffee* 中文版会通过App Store平台进入中国市场。此前,该游戏通过手机通讯软件LINE,打入了中国台湾、香港,以及新加坡、泰国等东南亚国家。

韩国市场一直是腾讯的游戏投资重地,之前涉及的韩国公司有韩国游戏公司Reloaded Studios、韩国游戏公司Redduck、游戏开发商GH Hope Island、游戏开发商Topping、韩国游戏公司Studio Hon、韩国游戏公司Next Play。

5.研究开发投资模式

海外研发投资模式是指我国一些企业通过建立海外研发中心,利用海外研发资源使研发国际化,取得具有国际先进水平的自主知识产权,并将对外直接投资与提供服务结合起来。首创这一海外投资模式的是华为。华为的海外研发机构遍及8个地区总部和32个分支机构,在硅谷、达拉斯、班加罗尔、斯德哥尔摩和莫斯科设立了研究所,同摩托罗拉、英特尔、微软、日电等成立联合实验室。截至2002年底,华为申请国际和国外专利198项,是发展中国家企业里最多的。这是通过海外研发取得居国际先进水平的自主知识产权的成功案例。

在文化产业走出去的趋势中,科技与文化相融合、文化企业参与国际竞争,开展海外投资,必须拥有强大的技术开发实力和内容创新能力,拥有自主知识产权。而中国文化企业的弱势和薄弱环节在于创新能力严重不足、普遍缺乏自主知识产权。要解决这个问题,就要进行海外研发投资,建立研发中心,利用海外的研发资源,推动开发国际化,取得居于国际先进水平的自主知识产权的文化成果,提升中国文化产业的国际竞争力。

在此方面乐视影业取得了可喜的成绩。乐视影业早在 2013 年就发布了中美电影产业合作战略,其中就包含设立北美分部、洛杉矶子公司,以及成立中美合资电影视觉知识产权研发机构。乐视影业与好莱坞著名文化创意公司 Radical Studios 合资成立"Radical Vision China"——乐视野文化创意知识产权研发公司。合作模式主要为双方共同进行文化创意知识产权的研发。乐视影业率先从中国制造升级成为中国创造,进入全球电影市场上游产业链,成为掌握市场主动权的版权方。

2014 年 6 月开始,乐视的海外战略也不断在各处落地。乐视 TV 落地香港;乐视影业进军韩国,与 Showbox 和 New 等著名韩国电影公司展开产业级的战略合作;乐视美国公司成立,乐视影业以 2 亿美元的战略基金在洛杉矶成立子公司等等。此外,乐视在 2014 年 12 月公开了他们已经开始实施的"See 计划",即乐视的超级汽车计划,并于 2015 年 1 月 20 日首次向媒体公开了超级汽车"See 计划"的具体进展,并公布了全新的"LeUI 系统",由 UI 和乐视云共同打造,将贯穿汽车、手机、TV 等所有乐视智能终端。乐视跨界做汽车是因为行业内尚没有一家成功的车联网公司。乐视布局车联网,一方面是希望给自家的超级电视做软件上的支持;另一方面,乐视瞄准的是全行业,希望像超级电视一样,建立一个类似的汽车生态系统。

作为一种研发投资模式,乐视在美国硅谷设汽车研发团队,投资电动汽车设计公司 Atieva。团队成员来自特斯拉、奔驰、宝马、通用、福特等汽车企业,乐视拥有自主知识产权。同时乐视与北汽集团共同投资了美国一家纯电动汽车的设计公司 Atieva。取得了这家公司的第一套研究技术,北汽是第一大股东,乐视是第二大股东。研发团队包含了传统汽车设计研发制造、电动车领域、互联网、智能硬件等四个行业的人才。

6.建立海外营销渠道投资模式

建立海外营销渠道投资模式,即海外投资的目的主要是要建立自己的国际营销机构，借此构建自己的海外销售渠道和网络，将产品直接销往海外市场，减少中间环节，提高企业的盈利水平。其优点表现为：一是企业通过构建自己的海外销售渠道，减少中间环节，将产品直接销往海外目标市场，有利于扩大出口规模；二是在此种模式下，企业不仅可以直接扩大产品出口，通过直接掌控海外销售获得流通领域的可观利润，还能直接了解市场信息；三是"国内生产、国外销售"的做法在相当长的时期内对于中国企业具有吸引力，因为导致中国生产的产品具有国际竞争力的劳动力充裕等因素有可能会保持较长时间。四是对于部分大企业而言，设立海外营销渠道，有利于其通盘考虑进出口和国内外市场，通盘考虑国内外可利用资源，做到国际化经营。

但是，中国企业建立海外营销渠道还存在一定的制约条件，即采用这种投资模式主要是销售"走出去"了，但企业的生产、采购和研发等并未"走出去"，因而容易遭受国外包括反倾销在内的各种贸易壁垒的限制，所以企业需要适当增强这方面的应对能力。

例如阿里巴巴收购SingPost(新加坡邮政)的案例。阿里巴巴集团斥资新加坡币3.125亿元收购新加坡邮政(Singapore Post Ltd.)约10%的股份，以发展其在东南亚地区的物流事业。阿里巴巴正在扩大的物流业务，为其电子商务平台所销售的货物搭建了一个更大的运送网络，但由于集团内部并没有专属的物流业务单位，所以通过入股等方式来建立合作关系。阿里巴巴将成为继新加坡电信有限公司(Singapore Telecommunications Ltd.)后的第二大股东，新加坡电信的持股比例将从26%降为23%。此交易不仅可帮助阿里巴巴扩大东南亚的物流业务，对于新加坡邮政而言，也在中国建立了国际物流地位和合作机会。两家公司称，该协议标志着电子商务领域一项"里程碑式的合作"。

另外，阿里巴巴牵头投资亚马逊的竞争对手ShopRunner也属于这类模式的投资。亚马逊的其中一位竞争对手美国物流商ShopRunner日前完成一轮2.06亿美元的融资，领投企业为阿里巴巴集团。ShopRunner为玩具反斗城(Toys "R" Us)和RadioShack等零售商提供2日送达服务。美国运通(American Express)也持有该公司少量股份。

通过天猫和淘宝网，阿里巴巴已经成为中国最大的电子商务网站。根据雅虎向监管机构提交的文件，阿里巴巴在2012年的营收达到创纪录的41亿美元，同比增长74%。雅虎目前持有阿里巴巴集团大约24%的股份。阿里巴巴已经进入美国市场4年。该公司运营2个面向美国的网站：传统的在线市场Aliexpress.com和B2B销售网站Alibaba.com。在2010年，该公司达成协议，通过 eBay 的网上市场销售产品。今年 6 月,阿里巴巴参与一轮 1.7 亿美元的融资,收购 Fanatics 少部分股权。Fanatics 也是由 ShopRunner 母公司 Kynetic 控制。在电子商务方面,美国有很多不同的地方。阿里巴巴需要进行一定了解,才能大规模进入该市场。定价、配送预期甚至支付方式都与中国非常不同。而 ShopRunner 于 2010 年在加州圣马特奥(San Mateo)成立,与亚马逊相比规模较小,不过其会员数量在过去一年增长超过一倍,达到约 100 万。亚马逊并没有透露其 2 日送达服务的会员情况,不过晨星(Morningstar)估计会员数量达到 1000 万/月。

(二)文化产业海外投资策略建议

1.正视面临的风险和存在的问题

自 20 世纪 90 年代中国企业开始进行海外投资至今,中国企业海外投资经历了一段波折的历程,海外投资失败的案例比比皆是。随着国家海外投资相关政策的出台和法律的进一步完善,文化企业管理水平和管理人才能力的提升,海外投资逐渐获得理想效益。综合近年来文化企业海外投资的数据来看,文化企业海外投资依然存在以下问题:

第一,政治风险问题。东道国政局和政策是海外投资首要考虑的问题,海外投资后,企业不仅受当地政府的监督管理,还要受当地政策尤其是文化政策的影响,企业应密切关注东道国政府动态和政策导向,和政府形成良好关系,及时规避风险,避免造成不必要的损失。

第二,专业人才问题。在海外投资特别是参与海外企业经营管理的国内文化企业,一般要聘用当地专业人才,但是由于人力资源或劳动保障方面的法律法规不同,企业文化也不同,常常引起纠纷,导致项目实施遇到困难。虽然储备专业性的、熟知异国文化、熟悉国际市场运作的国内人才是解决办法之一,但是长远来看,必须具有一套当地法律和本企业文化相结合的人才方案。

第三,文化障碍问题。不同的国家有不同的民族、不同的历史、不同的文化积淀,在国际交流和日常管理中,应熟悉不同文化背景下的运营方式。西方国家的文化和历史与中国往往存在差异,在员工任用、日常沟通及品牌宣传方面要时时注意。

第四,文化创新问题。意识形态已不是现阶段中外文化交流的主要障碍,但不同的国家体制以及不同体制下人们的思维方式不同,文化消费需求也就不同，但是现阶段中国文化的创新能力不能满足这种差异带来的挑战。思维的创新力和产品服务的原创力在信息和技术飞速发展的当下，是决定一个企业能否生存以及长期发展的决定因素，这是现阶段中国文化企业应当非常重视的关键点。

第五，发展方向问题。现阶段国家政策鼓励文化企业海外投资，众多文化企业也积极响应，但在进行投资的过程中，有部分企业不能很好地掌握标的企业经营状况，在投资过程中损失人力和物力，不但不能扩大经营，反而给自身带来困境。

2.实施海外投资应具有战略规划和计划性

第一，建议文化企业海外投资首选经济和文化发达的国家和地区。文化企业不受原料和市场的主导，经济全球化减少了很多人为的贸易和投资壁垒，文化企业在海外投资时应选择有利于企业生产率增长的地域。现阶段，伴随着日趋激烈的竞争，一个企业的许多竞争优势不再由企业内部决定，而取决于企业所在地的地域和产业集群，企业所在地政策完善且产业发展良好，将极大地促进企业的长期发展。

第二，海外投资计划应逐次推动。结合近年的文化企业海外投资案例可以看出，许多国内文化企业在进行海外投资时没有明确的线路，很大程度上依靠管理者的直觉和创业者的机会主义方式来考虑问题。而且这些企业通常忽视对投资目标进行全面的调查和分析，使得投资成本增加但期望却降低了。国内文化企业可以学习腾讯的方法，先对投资企业的产品进行测试，再对企业整体进行考察。或者进行试点运营，方便后期的投资与否。

第三，立足全球资源和供应链。国内文化企业在进行海外投资时应放眼全球市场和资源分布，而不能一直盯着一块区域的资源和市场，进行海外投资后企业就要在多国基础上进行整体的运营优化，而不是简单地将两个地区的经营活动进行组合。进行海外投资的目的就是要进行资源整合和流程优化，而不是简单地在国外进行业务的复制和再扩大经营。

第四，必须在产品创新上取得至少是区域性的领先地位。我国的文化产业发展尚处于初期阶段，还缺乏足够的创意将文化资源开发出足够精彩的产品来获得国外用户的肯定，文化企业要成功走出去尚需加强科技与文化的融合发展。文化企业的发展如果没有大量优秀的原创作品作支撑，没有大量具有创新精神的从业人员积极主动地进行文化创造，就很难得到长远的发展。事实上，只有在文化产品的创作生产十分活跃,既有思想内涵又有艺术魅力的原创作品不断出现的国家和地区,才存在着有竞争力的文化企业。这些地区也是现阶段国内文化企业应该积极拓展的区域,这样不但可以让企业得到竞争和锻炼,还可以快速学习并吸收有益的文化元素。

3.充分利用好国家对文化"走出去"的产业扶持政策

第一,政策扶持和财税减免的相关政策文件。自2013年以来,我国与鼓励文化企业海外投资的相关文件出台密度很大,主要有:2014年3月国务院发布的《关于推进文化创意和设计服务与相关产业融合发展的若干意见》;2014年3月国务院发布的《关于加快发展对外文化贸易的意见》;2014年3月文化部、中国人民银行及财政部联合下发的《关于深入推进文化金融合作的意见》;文化部、财政部联合工信部在2014年8月相继出台的《关于大力支持小微文化企业发展的实施意见》和《关于推动特色文化产业发展的指导意见》等。

第二,"走出去"重点企业和重点项目。为鼓励和支持我国文化企业参与国际竞争,扩大文化产品和服务出口,推动文化"走出去",2014年5月,商务部、中宣部、财政部、文化部和新闻出版广电总局联合共同认定了《2013—2014年度国家文化出口重点企业》和《2013—2014年度国家文化出口重点项目》名录,对符合国家政策和财政支持的企业和项目提供运营保障。其中《重点企业》认定了366家,企业主要涉及出版和影视行业。《重点项目》123项,项目主要涉及出版、影视和传媒等行业,投资地区涵盖北美、西欧、北欧和东南亚等地。被认定的企业和项目不但可享受国家财政和税收补贴,对企业以及项目的知名度和资质的认定,也能让企业在海外的投资和项目实施更加便利。

(刘德良:北京新元文智咨询有限公司董事长,清华大学新经济与新产业研究中心研究员)

后 记

编撰本书起于2015年年初的一次小型闭门沙龙。来自政府部门、高校和金融机构的几位青年学人对文化金融问题进行了广泛的研讨。大家一致认为,文化金融合作的根本出路是要打破信息不对称,打破这种不对称就必须大力促进各领域在文化金融课题上的深度交流与合作。基于这一共识,大家决定经常组织文化金融主题的跨界沙龙活动,并发起出版一本"思想众筹"的文化金融主题图书,责成张洪生、金巍担任主编。随后,张洪生提出了总体思路,金巍对全书进行了框架设计并负责统筹和组稿工作。

经过商议,发起人和参与编撰的部分人员成立了编委会,对全书进行总体把握。成员包括:万晓芳(中国民生银行文化产业金融事业部总裁)、孙家宝(文化部政策法规司博士)、刘德良(北京新元文智咨询有限公司董事长)、张洪生(国家文化产业创新实验区中国传媒大学推进办公室主任)、李挺伟(中央文化企业国有资产监督管理领导小组办公室处长)、李磊磊(中国传媒大学博士)、周凯波(国家发改委国合中心政府和社会资本合作项目促进办公室主任)、金巍(中国传媒大学媒介形象与推广研究所研究员)。

我们试图实现"立足创新驱动的多元视野,来自产业实践的真知灼见"这一定位,使文化金融合作与创新集聚各界专业力量,并力图使研究和实践无缝对接。产融结合、产业融合首先需要人的融合,跨界聚焦正是本次"思想众筹"的要点:我们要求每一个界别只有一个专业人士或一家机构参与,在统一框架下聚焦同一问题并达到融合境界。作者多来自产业实践领域,务实而厚学,年富力强,为各界翘楚,日常工作便多有交集,所以沟通顺畅。除了部分编委会成员承担撰写任务外,骆志威总经理、梁化军博士、华淑蕊总经理、鲁长瑜博士、吴江博士、王昱东副总经理和殷欧阳先生先后参与到各章撰写中来,使本书的行业背景和学术结构更加完整和丰满。各位作者数易其稿,体现了极高的专业水准和学术精神。这可能是我国第一部集各领域专业人士的智慧共同打造的文化金融主题的著作。

本着严谨负责的态度，我们对所有文章进行了反复审校，有些章节进行了比较大的调整和完善，原本计划三个月完成的工作，延续至今已半年有余，也可谓殚精竭虑。但是，因为各种原因，本书原定的一些设计并未按计划完成。比如，文化产业投资基金板块、互联网金融板块以及艺术品金融市场板块等，这些专题的稿件都因未能达到本书的要求而不得不放弃。这些缺憾只能寄望在今后的研究和交流中得以补足。在学术独立、百花齐放的原则下，各章文章保持相对独立性，文章之间或有分歧之处概属观点不同，资料的偏差概因来源不同，不为瑕疵。

本书发起、撰稿和研讨期间，很多朋友和专家参与了相关活动并提出了宝贵意见，在此表示感谢，这些朋友和专家包括：国家旅游局政策法规司处长曾博伟、国家工商总局广告司规划发展处处长赵践、西南民族大学教授蒲成毅、中央财经大学保险学院副院长陶存文教授、北京小土科技有限公司副总经理高兴翔、吉林信托财富管理中心李莹博士、中国传媒大学卢威老师、华盖资本创始合作人许小林、北京金一文化发展股份有限公司副总裁徐巍、中国文化产业投资基金综合办公室主任张鹏、中信信托有限公司金融实验室总经理周萍教授、北京科技大学金融工程系刘澄教授、天弘基金副总经理宁辰、江河创建股份有限公司总裁助理程文增、中国太平洋保险公司北京分公司侯洪亮等。

书稿付梓之际，中国传媒大学副校长袁军教授在百忙之中为本书撰写了序言，对本书给予了充分的肯定，这是对我们这些青年学人的莫大鼓励。本书的顾问、中国传媒大学协同创新中心齐勇锋教授仔细审阅了全书，不仅撰写了序言，而且提出了许多中肯的修改意见，在此表达深深的谢意。作为本书的顾问，中国社会科学院文化研究中心常务副主任张晓明研究员多次肯定了我们的工作并给予指导，他认为以经济学、金融学理论为基础分析框架是未来文化产业和文化金融研究的突破点，也是一种必然选择。

在全书编辑校对过程中，中国传媒大学的赵楠老师、江帆老师以及研究助理任香、硕士研究生胥丽等都付出了很多心血，中国传媒大学出版社黄松毅老师对本书给予了极大的支持和帮助，在此一并致谢。

新元文智咨询公司是我国文化产业研究和咨询的领先智库，董事长刘德良先生不仅负责撰写了两章的文章，还对全书提供了技术、数据等多方面支持。在本书即将出版之际，由新元文智发起并主办的"2015第四届中国文化产业资本大会"开始筹备并将在上海召开,在此特别表达祝贺,预祝大会圆满成功!

本书以促进文化金融相关各界的交流合作为目的,期望对我国的文化金融合作与创新事业有所助益。由于编者水平有限,协调互通难免挂一漏万,不足之处还请各界学者同仁指正。

张洪生　金巍

2015 年 7 月　于北京

图书在版编目(CIP)数据

中国文化金融合作与创新/张洪生,金巍主编. —北京:中国传媒大学出版社,2015.9
ISBN 978-7-5657-1479-5

Ⅰ.①中… Ⅱ.①张… ②金… Ⅲ.①文化产业—金融支持—研究—中国 Ⅳ.①G124 ②F832.48

中国版本图书馆CIP数据核字(2015)第210481号

中国文化金融合作与创新

主　　编	张洪生　金　巍
责任编辑	黄松毅　欧丽娜
责任印制	曹　辉
封面制作	泰博瑞国际文化传媒
出 版 人	王巧林
出版发行	中国作媒<i>大学</i>出版社
社　　址	北京市朝阳区定福庄东街1号　邮编:100024
电　　话	86—10—65450528　65450532　传真:65779405
网　　址	http://www.cucp.com.cn
经　　销	全国新华书店
印　　刷	北京艺堂印刷有限公司
开　　本	710mm×1000mm　1/16
印　　张	18
版　　次	2015年9月第1版　2015年9月第1次印刷
书　　号	ISBN 978-7-5657-1479-5/G·1479　定　价 69.00元

版权所有　　翻印必究　　印装错误　　负责调换